U0668162

电网企业安全生产标准化达标评级标准

配套政策法规（2014年增补版）

本书编写组

主　编：郝兴国

副主编：管永生　李兆春

浙江人民出版社
ZHEJIANG PEOPLE'S PUBLISHING HOUSE

国家能源局主管
中国电力传媒集团
CHINA ELECTRIC POWER MEDIA GROUP

图书在版编目（CIP）数据

电网企业安全生产标准化达标评级标准配套政策法规：2014年增补版/《电网企业安全生产标准化达标评级标准配套政策法规：2014年增补版》编写组编. 杭州：浙江人民出版社，2014.10
ISBN 978-7-213-06329-9

Ⅰ. ①电… Ⅱ. ①电… Ⅲ. ①电力工业—安全生产—标准化—法规—中国 Ⅳ. ①D922.54

中国版本图书馆CIP数据核字（2014）第225053号

电网企业安全生产标准化达标评级标准配套政策法规（2014年增补版）

作　　者：本书编写组

出版发行：浙江人民出版社　中国电力传媒集团

经　　销：中电联合（北京）图书销售有限公司
　　　　　销售部电话：（010）63416768　60617430

印　　刷：三河市鑫利来印装有限公司

责任编辑：杜启孟　宗　合

责任印制：郭福宾

版　　次：2014年10月第1版·2014年10月第1次印刷

规　　格：787mm×1092mm　16开本·14.75印张·360千字

书　　号：ISBN 978-7-213-06329-9

定　　价：49.00元

目　　录

01. 中华人民共和国主席令第 4 号　中华人民共和国特种设备安全法 …………… 1
02. 中华人民共和国主席令第 60 号　中华人民共和国电力法 …………………… 14
03. 中华人民共和国主席令第 73 号　中华人民共和国劳动合同法 ……………… 21
04. 中华人民共和国主席令第 9 号　中华人民共和国环境保护法 ……………… 33
05. 中华人民共和国国务院令第 535 号　中华人民共和国劳动合同法实施条例 ……… 41
06. 国家安全生产监督管理总局令第 11 号　注册安全工程师管理规定 ………… 46
07. 国家安全生产监督管理总局令第 42 号　《生产安全事故报告和调查处理
　　条例》罚款处罚暂行规定 …………………………………………………… 52
08. 国家安全生产监督管理总局令第 44 号　安全生产培训管理办法 …………… 56
09. 国家安全生产监督管理总局令第 48 号　职业病危害项目申报办法 ………… 62
10. 国家安全生产监督管理总局令第 49 号　用人单位职业健康监护监督管理办法 …… 64
11. 国家安全生产监督管理总局令第 59 号　工贸企业有限空间作业安全管理与
　　监督暂行规定 ………………………………………………………………… 68
12. 国家安全生产监督管理总局令第 3 号　生产经营单位安全培训规定 ……… 72
13. 安委办〔2010〕27 号　国务院安委会办公室关于贯彻落实国务院《通知》精神
　　加强企业班组长安全培训工作的指导意见 ………………………………… 78
14. 安委〔2012〕10 号　国务院安委会关于进一步加强安全培训工作的决定 ……… 81
15. 安委办〔2012〕34 号　国务院安委会办公室关于大力推进 安全生产文化建设
　　的指导意见 …………………………………………………………………… 86
16. 人发〔2002〕87 号　人事部　国家安全生产监督管理局关于印发《注册安全
　　工程师执业资格制度暂行规定》和《注册安全工程师执业资格认定办法》的
　　通知 …………………………………………………………………………… 91
17. 国资发群工〔2009〕52 号　国务院国有资产监督管理委员会关于加强中央企业
　　班组建设的指导意见 ………………………………………………………… 97
18. 财企〔2012〕16 号　财政部　国家安全生产监督管理总局关于印发《企业安全
　　生产费用提取和使用管理办法》的通知 …………………………………… 100
19. 公治〔2014〕10 号　公安部办公厅　国家能源局综合司关于贯彻执行《电力
　　设施治安风险等级和安全防范要求》的通知 ……………………………… 110
20. 电监安全〔2009〕22 号　国家电力监管委员会关于印发《电力突发事件应急
　　演练导则（试行）》等文件的通知 ………………………………………… 118
21. 电监安全〔2011〕19 号　国家电力监管委员会关于印发《电力二次系统安全
　　管理若干规定》的通知 ……………………………………………………… 157
22. 电监安全〔2011〕21 号　国家电力监管委员会　国家安全生产监督管理总局
　　关于深入开展电力安全生产标准化工作的指导意见 ……………………… 161
23. 电监安全〔2011〕28 号　国家电力监管委员会关于印发《电力安全生产标

准化达标评级管理办法（试行）》的通知 ……………………………… 164

24. 办安全〔2011〕83 号　国家电力监管委员会办公厅关于印发《电力安全生产
　　标准化达标评级实施细则（试行）》的通知 …………………………… 168

25. 电监安全〔2012〕28 号　国家电力监管委员会关于加强电力企业班组安全建设
　　的指导意见 ……………………………………………………………… 171

26. 电监安全〔2013〕5 号　国家电力监管委员会关于印发《电力安全隐患监督管理
　　暂行规定》的通知 ……………………………………………………… 174

27. 电监安全〔2013〕6 号　国家电力监管委员会关于加强电力行业地质灾害防范
　　工作的指导意见 ………………………………………………………… 179

28. 国能综电安〔2013〕210 号　国家能源局综合司关于电力安全生产标准化达标
　　评级修订和补充的通知 ………………………………………………… 184

29. 国能安全〔2013〕427 号　国家能源局关于防范电力人身伤亡事故的指导意见 … 185

30. 国能安全〔2013〕475 号　国家能源局关于印发《电力安全培训监督管理办法》
　　的通知 …………………………………………………………………… 189

31. 国能安全〔2014〕62 号　国家能源局关于印发《发电机组并网安全性评价管理
　　办法》的通知 …………………………………………………………… 194

32. 国能安全〔2014〕123 号　国家能源局关于印发《电网安全风险管控办法（试行）》
　　的通知 …………………………………………………………………… 197

33. 国能安全〔2014〕205 号　国家能源局关于印发《电力安全事件监督管理规定》
　　的通知 …………………………………………………………………… 201

34. 国能综安全〔2014〕198 号　国家能源局综合司关于做好电力安全信息报送工作
　　的通知 …………………………………………………………………… 204

35. 水电生字（85）第 8 号　城乡建设环境保护部 水利电力部关于印发《城市电力网
　　规划设计导则（试行）》的通知 ………………………………………… 212

中华人民共和国主席令

第 4 号

《中华人民共和国特种设备安全法》已由中华人民共和国第十二届全国人民代表大会常务委员会第三次会议于 2013 年 6 月 29 日通过，现予公布，自 2014 年 1 月 1 日起施行。

中华人民共和国主席　习近平

2013 年 6 月 29 日

中华人民共和国特种设备安全法

第一章　总　则

第一条　为了加强特种设备安全工作，预防特种设备事故，保障人身和财产安全，促进经济社会发展，制定本法。

第二条　特种设备的生产（包括设计、制造、安装、改造、修理）、经营、使用、检验、检测和特种设备安全的监督管理，适用本法。

本法所称特种设备，是指对人身和财产安全有较大危险性的锅炉、压力容器（含气瓶）、压力管道、电梯、起重机械、客运索道、大型游乐设施、场（厂）内专用机动车辆，以及法律、行政法规规定适用本法的其他特种设备。

国家对特种设备实行目录管理。特种设备目录由国务院负责特种设备安全监督管理的部门制定，报国务院批准后执行。

第三条　特种设备安全工作应当坚持安全第一、预防为主、节能环保、综合治理的原则。

第四条　国家对特种设备的生产、经营、使用，实施分类的、全过程的安全监督管理。

第五条　国务院负责特种设备安全监督管理的部门对全国特种设备安全实施监督管理。县级以上地方各级人民政府负责特种设备安全监督管理的部门对本行政区域内特种设备安全实施监督管理。

第六条　国务院和地方各级人民政府应当加强对特种设备安全工作的领导，督促各有关部门依法履行监督管理职责。

县级以上地方各级人民政府应当建立协调机制，及时协调、解决特种设备安全监督管理中存在的问题。

第七条 特种设备生产、经营、使用单位应当遵守本法和其他有关法律、法规，建立、健全特种设备安全和节能责任制度，加强特种设备安全和节能管理，确保特种设备生产、经营、使用安全，符合节能要求。

第八条 特种设备生产、经营、使用、检验、检测应当遵守有关特种设备安全技术规范及相关标准。

特种设备安全技术规范由国务院负责特种设备安全监督管理的部门制定。

第九条 特种设备行业协会应当加强行业自律，推进行业诚信体系建设，提高特种设备安全管理水平。

第十条 国家支持有关特种设备安全的科学技术研究，鼓励先进技术和先进管理方法的推广应用，对做出突出贡献的单位和个人给予奖励。

第十一条 负责特种设备安全监督管理的部门应当加强特种设备安全宣传教育，普及特种设备安全知识，增强社会公众的特种设备安全意识。

第十二条 任何单位和个人有权向负责特种设备安全监督管理的部门和有关部门举报涉及特种设备安全的违法行为，接到举报的部门应当及时处理。

第二章 生产、经营、使用

第一节 一般规定

第十三条 特种设备生产、经营、使用单位及其主要负责人对其生产、经营、使用的特种设备安全负责。

特种设备生产、经营、使用单位应当按照国家有关规定配备特种设备安全管理人员、检测人员和作业人员，并对其进行必要的安全教育和技能培训。

第十四条 特种设备安全管理人员、检测人员和作业人员应当按照国家有关规定取得相应资格，方可从事相关工作。特种设备安全管理人员、检测人员和作业人员应当严格执行安全技术规范和管理制度，保证特种设备安全。

第十五条 特种设备生产、经营、使用单位对其生产、经营、使用的特种设备应当进行自行检测和维护保养，对国家规定实行检验的特种设备应当及时申报并接受检验。

第十六条 特种设备采用新材料、新技术、新工艺，与安全技术规范的要求不一致，或者安全技术规范未作要求、可能对安全性能有重大影响的，应当向国务院负责特种设备安全监督管理的部门申报，由国务院负责特种设备安全监督管理的部门及时委托安全技术咨询机构或者相关专业机构进行技术评审，评审结果经国务院负责特种设备安全监督管理的部门批准，方可投入生产、使用。

国务院负责特种设备安全监督管理的部门应当将允许使用的新材料、新技术、新工艺的有关技术要求，及时纳入安全技术规范。

第十七条 国家鼓励投保特种设备安全责任保险。

第二节 生 产

第十八条 国家按照分类监督管理的原则对特种设备生产实行许可制度。特种设备生产单位应当具备下列条件，并经负责特种设备安全监督管理的部门许可，方可从事生产活动：

（一）有与生产相适应的专业技术人员；

（二）有与生产相适应的设备、设施和工作场所；

（三）有健全的质量保证、安全管理和岗位责任等制度。

第十九条　特种设备生产单位应当保证特种设备生产符合安全技术规范及相关标准的要求，对其生产的特种设备的安全性能负责。不得生产不符合安全性能要求和能效指标以及国家明令淘汰的特种设备。

第二十条　锅炉、气瓶、氧舱、客运索道、大型游乐设施的设计文件，应当经负责特种设备安全监督管理的部门核准的检验机构鉴定，方可用于制造。

特种设备产品、部件或者试制的特种设备新产品、新部件以及特种设备采用的新材料，按照安全技术规范的要求需要通过型式试验进行安全性验证的，应当经负责特种设备安全监督管理的部门核准的检验机构进行型式试验。

第二十一条　特种设备出厂时，应当随附安全技术规范要求的设计文件、产品质量合格证明、安装及使用维护保养说明、监督检验证明等相关技术资料和文件，并在特种设备显著位置设置产品铭牌、安全警示标志及其说明。

第二十二条　电梯的安装、改造、修理，必须由电梯制造单位或者其委托的依照本法取得相应许可的单位进行。电梯制造单位委托其他单位进行电梯安装、改造、修理的，应当对其安装、改造、修理进行安全指导和监控，并按照安全技术规范的要求进行校验和调试。电梯制造单位对电梯安全性能负责。

第二十三条　特种设备安装、改造、修理的施工单位应当在施工前将拟进行的特种设备安装、改造、修理情况书面告知直辖市或者设区的市级人民政府负责特种设备安全监督管理的部门。

第二十四条　特种设备安装、改造、修理竣工后，安装、改造、修理的施工单位应当在验收后三十日内将相关技术资料和文件移交特种设备使用单位。特种设备使用单位应当将其存入该特种设备的安全技术档案。

第二十五条　锅炉、压力容器、压力管道元件等特种设备的制造过程和锅炉、压力容器、压力管道、电梯、起重机械、客运索道、大型游乐设施的安装、改造、重大修理过程，应当经特种设备检验机构按照安全技术规范的要求进行监督检验；未经监督检验或者监督检验不合格的，不得出厂或者交付使用。

第二十六条　国家建立缺陷特种设备召回制度。因生产原因造成特种设备存在危及安全的同一性缺陷的，特种设备生产单位应当立即停止生产，主动召回。

国务院负责特种设备安全监督管理的部门发现特种设备存在应当召回而未召回的情形时，应当责令特种设备生产单位召回。

第三节　经　　营

第二十七条　特种设备销售单位销售的特种设备，应当符合安全技术规范及相关标准的要求，其设计文件、产品质量合格证明、安装及使用维护保养说明、监督检验证明等相关技术资料和文件应当齐全。

特种设备销售单位应当建立特种设备检查验收和销售记录制度。

禁止销售未取得许可生产的特种设备，未经检验和检验不合格的特种设备，或者国家明令淘汰和已经报废的特种设备。

第二十八条　特种设备出租单位不得出租未取得许可生产的特种设备或者国家明令淘

汰和已经报废的特种设备，以及未按照安全技术规范的要求进行维护保养和未经检验或者检验不合格的特种设备。

第二十九条 特种设备在出租期间的使用管理和维护保养义务由特种设备出租单位承担，法律另有规定或者当事人另有约定的除外。

第三十条 进口的特种设备应当符合我国安全技术规范的要求，并经检验合格；需要取得我国特种设备生产许可的，应当取得许可。

进口特种设备随附的技术资料和文件应当符合本法第二十一条的规定，其安装及使用维护保养说明、产品铭牌、安全警示标志及其说明应当采用中文。

特种设备的进出口检验，应当遵守有关进出口商品检验的法律、行政法规。

第三十一条 进口特种设备，应当向进口地负责特种设备安全监督管理的部门履行提前告知义务。

第四节 使　　用

第三十二条 特种设备使用单位应当使用取得许可生产并经检验合格的特种设备。

禁止使用国家明令淘汰和已经报废的特种设备。

第三十三条 特种设备使用单位应当在特种设备投入使用前或者投入使用后三十日内，向负责特种设备安全监督管理的部门办理使用登记，取得使用登记证书。登记标志应当置于该特种设备的显著位置。

第三十四条 特种设备使用单位应当建立岗位责任、隐患治理、应急救援等安全管理制度，制定操作规程，保证特种设备安全运行。

第三十五条 特种设备使用单位应当建立特种设备安全技术档案。安全技术档案应当包括以下内容：

（一）特种设备的设计文件、产品质量合格证明、安装及使用维护保养说明、监督检验证明等相关技术资料和文件；

（二）特种设备的定期检验和定期自行检查记录；

（三）特种设备的日常使用状况记录；

（四）特种设备及其附属仪器仪表的维护保养记录；

（五）特种设备的运行故障和事故记录。

第三十六条 电梯、客运索道、大型游乐设施等为公众提供服务的特种设备的运营使用单位，应当对特种设备的使用安全负责，设置特种设备安全管理机构或者配备专职的特种设备安全管理人员；其他特种设备使用单位，应当根据情况设置特种设备安全管理机构或者配备专职、兼职的特种设备安全管理人员。

第三十七条 特种设备的使用应当具有规定的安全距离、安全防护措施。

与特种设备安全相关的建筑物、附属设施，应当符合有关法律、行政法规的规定。

第三十八条 特种设备属于共有的，共有人可以委托物业服务单位或者其他管理人管理特种设备，受托人履行本法规定的特种设备使用单位的义务，承担相应责任。共有人未委托的，由共有人或者实际管理人履行管理义务，承担相应责任。

第三十九条 特种设备使用单位应当对其使用的特种设备进行经常性维护保养和定期自行检查，并作出记录。

特种设备使用单位应当对其使用的特种设备的安全附件、安全保护装置进行定期校验、检修，并作出记录。

第四十条　特种设备使用单位应当按照安全技术规范的要求，在检验合格有效期届满前一个月向特种设备检验机构提出定期检验要求。

特种设备检验机构接到定期检验要求后，应当按照安全技术规范的要求及时进行安全性能检验。特种设备使用单位应当将定期检验标志置于该特种设备的显著位置。

未经定期检验或者检验不合格的特种设备，不得继续使用。

第四十一条　特种设备安全管理人员应当对特种设备使用状况进行经常性检查，发现问题应当立即处理；情况紧急时，可以决定停止使用特种设备并及时报告本单位有关负责人。

特种设备作业人员在作业过程中发现事故隐患或者其他不安全因素，应当立即向特种设备安全管理人员和单位有关负责人报告；特种设备运行不正常时，特种设备作业人员应当按照操作规程采取有效措施保证安全。

第四十二条　特种设备出现故障或者发生异常情况，特种设备使用单位应当对其进行全面检查，消除事故隐患，方可继续使用。

第四十三条　客运索道、大型游乐设施在每日投入使用前，其运营使用单位应当进行试运行和例行安全检查，并对安全附件和安全保护装置进行检查确认。

电梯、客运索道、大型游乐设施的运营使用单位应当将电梯、客运索道、大型游乐设施的安全使用说明、安全注意事项和警示标志置于易于为乘客注意的显著位置。

公众乘坐或者操作电梯、客运索道、大型游乐设施，应当遵守安全使用说明和安全注意事项的要求，服从有关工作人员的管理和指挥；遇有运行不正常时，应当按照安全指引，有序撤离。

第四十四条　锅炉使用单位应当按照安全技术规范的要求进行锅炉水（介）质处理，并接受特种设备检验机构的定期检验。

从事锅炉清洗，应当按照安全技术规范的要求进行，并接受特种设备检验机构的监督检验。

第四十五条　电梯的维护保养应当由电梯制造单位或者依照本法取得许可的安装、改造、修理单位进行。

电梯的维护保养单位应当在维护保养中严格执行安全技术规范的要求，保证其维护保养的电梯的安全性能，并负责落实现场安全防护措施，保证施工安全。

电梯的维护保养单位应当对其维护保养的电梯的安全性能负责；接到故障通知后，应当立即赶赴现场，并采取必要的应急救援措施。

第四十六条　电梯投入使用后，电梯制造单位应当对其制造的电梯的安全运行情况进行跟踪调查和了解，对电梯的维护保养单位或者使用单位在维护保养和安全运行方面存在的问题，提出改进建议，并提供必要的技术帮助；发现电梯存在严重事故隐患时，应当及时告知电梯使用单位，并向负责特种设备安全监督管理的部门报告。电梯制造单位对调查和了解的情况，应当作出记录。

第四十七条　特种设备进行改造、修理，按照规定需要变更使用登记的，应当办理变更登记，方可继续使用。

第四十八条　特种设备存在严重事故隐患，无改造、修理价值，或者达到安全技术规范规定的其他报废条件的，特种设备使用单位应当依法履行报废义务，采取必要措施消除该特种设备的使用功能，并向原登记的负责特种设备安全监督管理的部门办理使用登记证书注销手续。

前款规定报废条件以外的特种设备，达到设计使用年限可以继续使用的，应当按照安全技术规范的要求通过检验或者安全评估，并办理使用登记证书变更，方可继续使用。允许继续使用的，应当采取加强检验、检测和维护保养等措施，确保使用安全。

第四十九条　移动式压力容器、气瓶充装单位，应当具备下列条件，并经负责特种设备安全监督管理的部门许可，方可从事充装活动：

（一）有与充装和管理相适应的管理人员和技术人员；

（二）有与充装和管理相适应的充装设备、检测手段、场地厂房、器具、安全设施；

（三）有健全的充装管理制度、责任制度、处理措施。

充装单位应当建立充装前后的检查、记录制度，禁止对不符合安全技术规范要求的移动式压力容器和气瓶进行充装。

气瓶充装单位应当向气体使用者提供符合安全技术规范要求的气瓶，对气体使用者进行气瓶安全使用指导，并按照安全技术规范的要求办理气瓶使用登记，及时申报定期检验。

第三章　检验、检测

第五十条　从事本法规定的监督检验、定期检验的特种设备检验机构，以及为特种设备生产、经营、使用提供检测服务的特种设备检测机构，应当具备下列条件，并经负责特种设备安全监督管理的部门核准，方可从事检验、检测工作：

（一）有与检验、检测工作相适应的检验、检测人员；

（二）有与检验、检测工作相适应的检验、检测仪器和设备；

（三）有健全的检验、检测管理制度和责任制度。

第五十一条　特种设备检验、检测机构的检验、检测人员应当经考核，取得检验、检测人员资格，方可从事检验、检测工作。

特种设备检验、检测机构的检验、检测人员不得同时在两个以上检验、检测机构中执业；变更执业机构的，应当依法办理变更手续。

第五十二条　特种设备检验、检测工作应当遵守法律、行政法规的规定，并按照安全技术规范的要求进行。

特种设备检验、检测机构及其检验、检测人员应当依法为特种设备生产、经营、使用单位提供安全、可靠、便捷、诚信的检验、检测服务。

第五十三条　特种设备检验、检测机构及其检验、检测人员应当客观、公正、及时地出具检验、检测报告，并对检验、检测结果和鉴定结论负责。

特种设备检验、检测机构及其检验、检测人员在检验、检测中发现特种设备存在严重事故隐患时，应当及时告知相关单位，并立即向负责特种设备安全监督管理的部门报告。

负责特种设备安全监督管理的部门应当组织对特种设备检验、检测机构的检验、检测结果和鉴定结论进行监督抽查，但应当防止重复抽查。监督抽查结果应当向社会公布。

第五十四条　特种设备生产、经营、使用单位应当按照安全技术规范的要求向特种设备检验、检测机构及其检验、检测人员提供特种设备相关资料和必要的检验、检测条件，并对资料的真实性负责。

第五十五条　特种设备检验、检测机构及其检验、检测人员对检验、检测过程中知悉的商业秘密，负有保密义务。

特种设备检验、检测机构及其检验、检测人员不得从事有关特种设备的生产、经营活动，不得推荐或者监制、监销特种设备。

第五十六条 特种设备检验机构及其检验人员利用检验工作故意刁难特种设备生产、经营、使用单位的，特种设备生产、经营、使用单位有权向负责特种设备安全监督管理的部门投诉，接到投诉的部门应当及时进行调查处理。

第四章 监 督 管 理

第五十七条 负责特种设备安全监督管理的部门依照本法规定，对特种设备生产、经营、使用单位和检验、检测机构实施监督检查。

负责特种设备安全监督管理的部门应当对学校、幼儿园以及医院、车站、客运码头、商场、体育场馆、展览馆、公园等公众聚集场所的特种设备，实施重点安全监督检查。

第五十八条 负责特种设备安全监督管理的部门实施本法规定的许可工作，应当依照本法和其他有关法律、行政法规规定的条件和程序以及安全技术规范的要求进行审查；不符合规定的，不得许可。

第五十九条 负责特种设备安全监督管理的部门在办理本法规定的许可时，其受理、审查、许可的程序必须公开，并应当自受理申请之日起三十日内，作出许可或者不予许可的决定；不予许可的，应当书面向申请人说明理由。

第六十条 负责特种设备安全监督管理的部门对依法办理使用登记的特种设备应当建立完整的监督管理档案和信息查询系统；对达到报废条件的特种设备，应当及时督促特种设备使用单位依法履行报废义务。

第六十一条 负责特种设备安全监督管理的部门在依法履行监督检查职责时，可以行使下列职权：

（一）进入现场进行检查，向特种设备生产、经营、使用单位和检验、检测机构的主要负责人和其他有关人员调查、了解有关情况；

（二）根据举报或者取得的涉嫌违法证据，查阅、复制特种设备生产、经营、使用单位和检验、检测机构的有关合同、发票、账簿以及其他有关资料；

（三）对有证据表明不符合安全技术规范要求或者存在严重事故隐患的特种设备实施查封、扣押；

（四）对流入市场的达到报废条件或者已经报废的特种设备实施查封、扣押；

（五）对违反本法规定的行为作出行政处罚决定。

第六十二条 负责特种设备安全监督管理的部门在依法履行职责过程中，发现违反本法规定和安全技术规范要求的行为或者特种设备存在事故隐患时，应当以书面形式发出特种设备安全监察指令，责令有关单位及时采取措施予以改正或者消除事故隐患。紧急情况下要求有关单位采取紧急处置措施的，应当随后补发特种设备安全监察指令。

第六十三条 负责特种设备安全监督管理的部门在依法履行职责过程中，发现重大违法行为或者特种设备存在严重事故隐患时，应当责令有关单位立即停止违法行为、采取措施消除事故隐患，并及时向上级负责特种设备安全监督管理的部门报告。接到报告的负责特种设备安全监督管理的部门应当采取必要措施，及时予以处理。

对违法行为、严重事故隐患的处理需要当地人民政府和有关部门的支持、配合时，负责特种设备安全监督管理的部门应当报告当地人民政府，并通知其他有关部门。当地人民政府和其他有关部门应当采取必要措施，及时予以处理。

第六十四条 地方各级人民政府负责特种设备安全监督管理的部门不得要求已经依照本法规定在其他地方取得许可的特种设备生产单位重复取得许可，不得要求对已经依照本法规定在其他地方检验合格的特种设备重复进行检验。

第六十五条 负责特种设备安全监督管理的部门的安全监察人员应当熟悉相关法律、法规，具有相应的专业知识和工作经验，取得特种设备安全行政执法证件。

特种设备安全监察人员应当忠于职守、坚持原则、秉公执法。

负责特种设备安全监督管理的部门实施安全监督检查时，应当有两名以上特种设备安全监察人员参加，并出示有效的特种设备安全行政执法证件。

第六十六条 负责特种设备安全监督管理的部门对特种设备生产、经营、使用单位和检验、检测机构实施监督检查，应当对每次监督检查的内容、发现的问题及处理情况作出记录，并由参加监督检查的特种设备安全监察人员和被检查单位的有关负责人签字后归档。被检查单位的有关负责人拒绝签字的，特种设备安全监察人员应当将情况记录在案。

第六十七条 负责特种设备安全监督管理的部门及其工作人员不得推荐或者监制、监销特种设备；对履行职责过程中知悉的商业秘密负有保密义务。

第六十八条 国务院负责特种设备安全监督管理的部门和省、自治区、直辖市人民政府负责特种设备安全监督管理的部门应当定期向社会公布特种设备安全总体状况。

第五章 事故应急救援与调查处理

第六十九条 国务院负责特种设备安全监督管理的部门应当依法组织制定特种设备重特大事故应急预案，报国务院批准后纳入国家突发事件应急预案体系。

县级以上地方各级人民政府及其负责特种设备安全监督管理的部门应当依法组织制定本行政区域内特种设备事故应急预案，建立或者纳入相应的应急处置与救援体系。

特种设备使用单位应当制定特种设备事故应急专项预案，并定期进行应急演练。

第七十条 特种设备发生事故后，事故发生单位应当按照应急预案采取措施，组织抢救，防止事故扩大，减少人员伤亡和财产损失，保护事故现场和有关证据，并及时向事故发生地县级以上人民政府负责特种设备安全监督管理的部门和有关部门报告。

县级以上人民政府负责特种设备安全监督管理的部门接到事故报告，应当尽快核实情况，立即向本级人民政府报告，并按照规定逐级上报。必要时，负责特种设备安全监督管理的部门可以越级上报事故情况。对特别重大事故、重大事故，国务院负责特种设备安全监督管理的部门应当立即报告国务院并通报国务院安全生产监督管理部门等有关部门。

与事故相关的单位和人员不得迟报、谎报或者瞒报事故情况，不得隐匿、毁灭有关证据或者故意破坏事故现场。

第七十一条 事故发生地人民政府接到事故报告，应当依法启动应急预案，采取应急处置措施，组织应急救援。

第七十二条 特种设备发生特别重大事故，由国务院或者国务院授权有关部门组织事故调查组进行调查。

发生重大事故，由国务院负责特种设备安全监督管理的部门会同有关部门组织事故调查组进行调查。

发生较大事故，由省、自治区、直辖市人民政府负责特种设备安全监督管理的部门会同有关部门组织事故调查组进行调查。

发生一般事故，由设区的市级人民政府负责特种设备安全监督管理的部门会同有关部门组织事故调查组进行调查。

事故调查组应当依法、独立、公正开展调查，提出事故调查报告。

第七十三条 组织事故调查的部门应当将事故调查报告报本级人民政府，并报上一级人民政府负责特种设备安全监督管理的部门备案。有关部门和单位应当依照法律、行政法规的规定，追究事故责任单位和人员的责任。

事故责任单位应当依法落实整改措施，预防同类事故发生。事故造成损害的，事故责任单位应当依法承担赔偿责任。

第六章 法 律 责 任

第七十四条 违反本法规定，未经许可从事特种设备生产活动的，责令停止生产，没收违法制造的特种设备，处十万元以上五十万元以下罚款；有违法所得的，没收违法所得；已经实施安装、改造、修理的，责令恢复原状或者责令限期由取得许可的单位重新安装、改造、修理。

第七十五条 违反本法规定，特种设备的设计文件未经鉴定，擅自用于制造的，责令改正，没收违法制造的特种设备，处五万元以上五十万元以下罚款。

第七十六条 违反本法规定，未进行型式试验的，责令限期改正；逾期未改正的，处三万元以上三十万元以下罚款。

第七十七条 违反本法规定，特种设备出厂时，未按照安全技术规范的要求随附相关技术资料和文件的，责令限期改正；逾期未改正的，责令停止制造、销售，处二万元以上二十万元以下罚款；有违法所得的，没收违法所得。

第七十八条 违反本法规定，特种设备安装、改造、修理的施工单位在施工前未书面告知负责特种设备安全监督管理的部门即行施工的，或者在验收后三十日内未将相关技术资料和文件移交特种设备使用单位的，责令限期改正；逾期未改正的，处一万元以上十万元以下罚款。

第七十九条 违反本法规定，特种设备的制造、安装、改造、重大修理以及锅炉清洗过程，未经监督检验的，责令限期改正；逾期未改正的，处五万元以上二十万元以下罚款；有违法所得的，没收违法所得；情节严重的，吊销生产许可证。

第八十条 违反本法规定，电梯制造单位有下列情形之一的，责令限期改正；逾期未改正的，处一万元以上十万元以下罚款：

（一）未按照安全技术规范的要求对电梯进行校验、调试的；

（二）对电梯的安全运行情况进行跟踪调查和了解时，发现存在严重事故隐患，未及时告知电梯使用单位并向负责特种设备安全监督管理的部门报告的。

第八十一条 违反本法规定，特种设备生产单位有下列行为之一的，责令限期改正；逾期未改正的，责令停止生产，处五万元以上五十万元以下罚款；情节严重的，吊销生产许可证：

（一）不再具备生产条件、生产许可证已经过期或者超出许可范围生产的；

（二）明知特种设备存在同一性缺陷，未立即停止生产并召回的。

违反本法规定，特种设备生产单位生产、销售、交付国家明令淘汰的特种设备的，责令停止生产、销售，没收违法生产、销售、交付的特种设备，处三万元以上三十万元以下罚款；有违法所得的，没收违法所得。

特种设备生产单位涂改、倒卖、出租、出借生产许可证的，责令停止生产，处五万元以上五十万元以下罚款；情节严重的，吊销生产许可证。

第八十二条 违反本法规定，特种设备经营单位有下列行为之一的，责令停止经营，没收违法经营的特种设备，处三万元以上三十万元以下罚款；有违法所得的，没收违法所得：

（一）销售、出租未取得许可生产，未经检验或者检验不合格的特种设备的；

（二）销售、出租国家明令淘汰、已经报废的特种设备，或者未按照安全技术规范的要求进行维护保养的特种设备的。

违反本法规定，特种设备销售单位未建立检查验收和销售记录制度，或者进口特种设备未履行提前告知义务的，责令改正，处一万元以上十万元以下罚款。

特种设备生产单位销售、交付未经检验或者检验不合格的特种设备的，依照本条第一款规定处罚；情节严重的，吊销生产许可证。

第八十三条 违反本法规定，特种设备使用单位有下列行为之一的，责令限期改正；逾期未改正的，责令停止使用有关特种设备，处一万元以上十万元以下罚款：

（一）使用特种设备未按照规定办理使用登记的；

（二）未建立特种设备安全技术档案或者安全技术档案不符合规定要求，或者未依法设置使用登记标志、定期检验标志的；

（三）未对其使用的特种设备进行经常性维护保养和定期自行检查，或者未对其使用的特种设备的安全附件、安全保护装置进行定期校验、检修，并作出记录的；

（四）未按照安全技术规范的要求及时申报并接受检验的；

（五）未按照安全技术规范的要求进行锅炉水（介）质处理的；

（六）未制定特种设备事故应急专项预案的。

第八十四条 违反本法规定，特种设备使用单位有下列行为之一的，责令停止使用有关特种设备，处三万元以上三十万元以下罚款：

（一）使用未取得许可生产，未经检验或者检验不合格的特种设备，或者国家明令淘汰、已经报废的特种设备的；

（二）特种设备出现故障或者发生异常情况，未对其进行全面检查、消除事故隐患，继续使用的；

（三）特种设备存在严重事故隐患，无改造、修理价值，或者达到安全技术规范规定的其他报废条件，未依法履行报废义务，并办理使用登记证书注销手续的。

第八十五条 违反本法规定，移动式压力容器、气瓶充装单位有下列行为之一的，责令改正，处二万元以上二十万元以下罚款；情节严重的，吊销充装许可证：

（一）未按照规定实施充装前后的检查、记录制度的；

（二）对不符合安全技术规范要求的移动式压力容器和气瓶进行充装的。

违反本法规定，未经许可，擅自从事移动式压力容器或者气瓶充装活动的，予以取缔，没收违法充装的气瓶，处十万元以上五十万元以下罚款；有违法所得的，没收违法所得。

第八十六条　违反本法规定，特种设备生产、经营、使用单位有下列情形之一的，责令限期改正；逾期未改正的，责令停止使用有关特种设备或者停产停业整顿，处一万元以上五万元以下罚款：

（一）未配备具有相应资格的特种设备安全管理人员、检测人员和作业人员的；

（二）使用未取得相应资格的人员从事特种设备安全管理、检测和作业的；

（三）未对特种设备安全管理人员、检测人员和作业人员进行安全教育和技能培训的。

第八十七条　违反本法规定，电梯、客运索道、大型游乐设施的运营使用单位有下列情形之一的，责令限期改正；逾期未改正的，责令停止使用有关特种设备或者停产停业整顿，处二万元以上十万元以下罚款：

（一）未设置特种设备安全管理机构或者配备专职的特种设备安全管理人员的；

（二）客运索道、大型游乐设施每日投入使用前，未进行试运行和例行安全检查，未对安全附件和安全保护装置进行检查确认的；

（三）未将电梯、客运索道、大型游乐设施的安全使用说明、安全注意事项和警示标志置于易为乘客注意的显著位置的。

第八十八条　违反本法规定，未经许可，擅自从事电梯维护保养的，责令停止违法行为，处一万元以上十万元以下罚款；有违法所得的，没收违法所得。

电梯的维护保养单位未按照本法规定以及安全技术规范的要求，进行电梯维护保养的，依照前款规定处罚。

第八十九条　发生特种设备事故，有下列情形之一的，对单位处五万元以上二十万元以下罚款；对主要负责人处一万元以上五万元以下罚款；主要负责人属于国家工作人员的，并依法给予处分：

（一）发生特种设备事故时，不立即组织抢救或者在事故调查处理期间擅离职守或者逃匿的；

（二）对特种设备事故迟报、谎报或者瞒报的。

第九十条　发生事故，对负有责任的单位除要求其依法承担相应的赔偿等责任外，依照下列规定处以罚款：

（一）发生一般事故，处十万元以上二十万元以下罚款；

（二）发生较大事故，处二十万元以上五十万元以下罚款；

（三）发生重大事故，处五十万元以上二百万元以下罚款。

第九十一条　对事故发生负有责任的单位的主要负责人未依法履行职责或者负有领导责任的，依照下列规定处以罚款；属于国家工作人员的，并依法给予处分：

（一）发生一般事故，处上一年年收入百分之三十的罚款；

（二）发生较大事故，处上一年年收入百分之四十的罚款；

（三）发生重大事故，处上一年年收入百分之六十的罚款。

第九十二条　违反本法规定，特种设备安全管理人员、检测人员和作业人员不履行岗位职责，违反操作规程和有关安全规章制度，造成事故的，吊销相关人员的资格。

第九十三条　违反本法规定，特种设备检验、检测机构及其检验、检测人员有下列行为之一的，责令改正，对机构处五万元以上二十万元以下罚款，对直接负责的主管人员和其他直接责任人员处五千元以上五万元以下罚款；情节严重的，吊销机构资质和有关人员的资格：

（一）未经核准或者超出核准范围、使用未取得相应资格的人员从事检验、检测的；

（二）未按照安全技术规范的要求进行检验、检测的；

（三）出具虚假的检验、检测结果和鉴定结论或者检验、检测结果和鉴定结论严重失实的；

（四）发现特种设备存在严重事故隐患，未及时告知相关单位，并立即向负责特种设备安全监督管理的部门报告的；

（五）泄露检验、检测过程中知悉的商业秘密的；

（六）从事有关特种设备的生产、经营活动的；

（七）推荐或者监制、监销特种设备的；

（八）利用检验工作故意刁难相关单位的。

违反本法规定，特种设备检验、检测机构的检验、检测人员同时在两个以上检验、检测机构中执业的，处五千元以上五万元以下罚款；情节严重的，吊销其资格。

第九十四条　违反本法规定，负责特种设备安全监督管理的部门及其工作人员有下列行为之一的，由上级机关责令改正；对直接负责的主管人员和其他直接责任人员，依法给予处分：

（一）未依照法律、行政法规规定的条件、程序实施许可的；

（二）发现未经许可擅自从事特种设备的生产、使用或者检验、检测活动不予取缔或者不依法予以处理的；

（三）发现特种设备生产单位不再具备本法规定的条件而不吊销其许可证，或者发现特种设备生产、经营、使用违法行为不予查处的；

（四）发现特种设备检验、检测机构不再具备本法规定的条件而不撤销其核准，或者对其出具虚假的检验、检测结果和鉴定结论或者检验、检测结果和鉴定结论严重失实的行为不予查处的；

（五）发现违反本法规定和安全技术规范要求的行为或者特种设备存在事故隐患，不立即处理的；

（六）发现重大违法行为或者特种设备存在严重事故隐患，未及时向上级负责特种设备安全监督管理的部门报告，或者接到报告的负责特种设备安全监督管理的部门不立即处理的；

（七）要求已经依照本法规定在其他地方取得许可的特种设备生产单位重复取得许可，或者要求对已经依照本法规定在其他地方检验合格的特种设备重复进行检验的；

（八）推荐或者监制、监销特种设备的；

（九）泄露履行职责过程中知悉的商业秘密的；

（十）接到特种设备事故报告未立即向本级人民政府报告，并按照规定上报的；

（十一）迟报、漏报、谎报或者瞒报事故的；

（十二）妨碍事故救援或者事故调查处理的；

（十三）其他滥用职权、玩忽职守、徇私舞弊的行为。

第九十五条　违反本法规定，特种设备生产、经营、使用单位或者检验、检测机构拒不接受负责特种设备安全监督管理的部门依法实施的监督检查的，责令限期改正；逾期未改正的，责令停产停业整顿，处二万元以上二十万元以下罚款。

特种设备生产、经营、使用单位擅自动用、调换、转移、损毁被查封、扣押的特种设备或者其主要部件的,责令改正,处五万元以上二十万元以下罚款;情节严重的,吊销生产许可证,注销特种设备使用登记证书。

第九十六条 违反本法规定,被依法吊销许可证的,自吊销许可证之日起三年内,负责特种设备安全监督管理的部门不予受理其新的许可申请。

第九十七条 违反本法规定,造成人身、财产损害的,依法承担民事责任。

违反本法规定,应当承担民事赔偿责任和缴纳罚款、罚金,其财产不足以同时支付时,先承担民事赔偿责任。

第九十八条 违反本法规定,构成违反治安管理行为的,依法给予治安管理处罚;构成犯罪的,依法追究刑事责任。

第七章 附　　则

第九十九条 特种设备行政许可、检验的收费,依照法律、行政法规的规定执行。

第一百条 军事装备、核设施、航空航天器使用的特种设备安全的监督管理不适用本法。

铁路机车、海上设施和船舶、矿山井下使用的特种设备以及民用机场专用设备安全的监督管理,房屋建筑工地、市政工程工地用起重机械和场(厂)内专用机动车辆的安装、使用的监督管理,由有关部门依照本法和其他有关法律的规定实施。

第一百零一条 本法自 2014 年 1 月 1 日起施行。

中华人民共和国主席令

第 60 号

《中华人民共和国电力法》已由中华人民共和国第八届全国人民代表大会常务委员会第十七次会议于 1995 年 12 月 28 日通过，现予公布，自 1996 年 4 月 1 日起施行。

中华人民共和国主席　江泽民

1995 年 12 月 28 日

中华人民共和国电力法

（1995 年 12 月 28 日中华人民共和国主席令第 60 号公布　根据 2009 年 8 月 27 日第十一届全国人民代表大会常务委员会第十次会议《关于修改部分法律的决定》修订）

第一章 总　则

第一条　为了保障和促进电力事业的发展，维护电力投资者、经营者和使用者的合法权益，保障电力安全运行，制定本法。

第二条　本法适用于中华人民共和国境内的电力建设、生产、供应和使用活动。

第三条　电力事业应当适应国民经济和社会发展的需要，适当超前发展。国家鼓励、引导国内外的经济组织和个人依法投资开发电源，兴办电力生产企业。

电力事业投资，实行谁投资、谁收益的原则。

第四条　电力设施受国家保护。

禁止任何单位和个人危害电力设施安全或者非法侵占、使用电能。

第五条　电力建设、生产、供应和使用应当依法保护环境，采用新技术，减少有害物质排放，防治污染和其他公害。

国家鼓励和支持利用可再生能源和清洁能源发电。

第六条　国务院电力管理部门负责全国电力事业的监督管理。国务院有关部门在各自的职责范围内负责电力事业的监督管理。

县级以上地方人民政府经济综合主管部门是本行政区域内的电力管理部门，负责电力事业的监督管理。县级以上地方人民政府有关部门在各自的职责范围内负责电力事业的监督管理。

第七条　电力建设企业、电力生产企业、电网经营企业依法实行自主经营、自负盈亏，并接受电力管理部门的监督。

第八条　国家帮助和扶持少数民族地区、边远地区和贫困地区发展电力事业。

第九条　国家鼓励在电力建设、生产、供应和使用过程中，采用先进的科学技术和管理方法，对在研究、开发、采用先进的科学技术和管理方法等方面作出显著成绩的单位和个人给予奖励。

第二章　电力建设

第十条　电力发展规划应当根据国民经济和社会发展的需要制定，并纳入国民经济和社会发展计划。

电力发展规划，应当体现合理利用能源、电源与电网配套发展、提高经济效益和有利于环境保护的原则。

第十一条　城市电网的建设与改造规划，应当纳入城市总体规划。城市人民政府应当按照规划，安排变电设施用地、输电线路走廊和电缆通道。

任何单位和个人不得非法占用变电设施用地、输电线路走廊和电缆通道。

第十二条　国家通过制定有关政策，支持、促进电力建设。

地方人民政府应当根据电力发展规划，因地制宜，采取多种措施开发电源，发展电力建设。

第十三条　电力投资者对其投资形成的电力，享有法定权益。并网运行的，电力投资者有优先使用权；未并网的自备电厂，电力投资者自行支配使用。

第十四条　电力建设项目应当符合电力发展规划，符合国家电力产业政策。

电力建设项目不得使用国家明令淘汰的电力设备和技术。

第十五条　输变电工程、调度通信自动化工程等电网配套工程和环境保护工程，应当与发电工程项目同时设计、同时建设、同时验收、同时投入使用。

第十六条　电力建设项目使用土地，应当依照有关法律、行政法规的规定办理；依法征收、征用土地的，应当依法支付土地补偿费和安置补偿费，做好迁移居民的安置工作。

电力建设应当贯彻切实保护耕地、节约利用土地的原则。

地方人民政府对电力事业依法使用土地和迁移居民，应当予以支持和协助。

第十七条　地方人民政府应当支持电力企业为发电工程建设勘探水源和依法取水、用水。电力企业应当节约用水。

第三章　电力生产与电网管理

第十八条　电力生产与电网运行应当遵循安全、优质、经济的原则。

电网运行应当连续、稳定，保证供电可靠性。

第十九条　电力企业应当加强安全生产管理，坚持安全第一、预防为主的方针，建立、健全安全生产责任制度。

电力企业应当对电力设施定期进行检修和维护，保证其正常运行。

第二十条　发电燃料供应企业、运输企业和电力生产企业应当依照国务院有关规定或者合同约定供应、运输和接卸燃料。

第二十一条　电网运行实行统一调度、分级管理。任何单位和个人不得非法干预电网调度。

第二十二条　国家提倡电力生产企业与电网、电网与电网并网运行。具有独立法人资格的电力生产企业要求将生产的电力并网运行的，电网经营企业应当接受。

并网运行必须符合国家标准或者电力行业标准。

并网双方应当按照统一调度、分级管理和平等互利、协商一致的原则，签订并网协议，确定双方的权利和义务；并网双方达不成协议的，由省级以上电力管理部门协调决定。

第二十三条 电网调度管理办法，由国务院依照本法的规定制定。

第四章 电力供应与使用

第二十四条 国家对电力供应和使用，实行安全用电、节约用电、计划用电的管理原则。

电力供应与使用办法由国务院依照本法的规定制定。

第二十五条 供电企业在批准的供电营业区内向用户供电。

供电营业区的划分，应当考虑电网的结构和供电合理性等因素。一个供电营业区内只设立一个供电营业机构。

省、自治区、直辖市范围内的供电营业区的设立、变更，由供电企业提出申请，经省、自治区、直辖市人民政府电力管理部门会同同级有关部门审查批准后，由省、自治区、直辖市人民政府电力管理部门发给《供电营业许可证》。跨省、自治区、直辖市的供电营业区的设立、变更，由国务院电力管理部门审查批准并发给《供电营业许可证》。供电营业机构持《供电营业许可证》向工商行政管理部门申请领取营业执照，方可营业。

第二十六条 供电营业区内的供电营业机构，对本营业区内的用户有按照国家规定供电的义务；不得违反国家规定对其营业区内申请用电的单位和个人拒绝供电。

申请新装用电、临时用电、增加用电容量、变更用电和终止用电，应当依照规定的程序办理手续。

供电企业应当在其营业场所公告用电的程序、制度和收费标准，并提供用户须知资料。

第二十七条 电力供应与使用双方应当根据平等自愿、协商一致的原则，按照国务院制定的电力供应与使用办法签订供用电合同，确定双方的权利和义务。

第二十八条 供电企业应当保证供给用户的供电质量符合国家标准。对公用供电设施引起的供电质量问题，应当及时处理。

用户对供电质量有特殊要求的，供电企业应当根据其必要性和电网的可能，提供相应的电力。

第二十九条 供电企业在发电、供电系统正常的情况下，应当连续向用户供电，不得中断。因供电设施检修、依法限电或者用户违法用电等原因，需要中断供电时，供电企业应当按照国家有关规定事先通知用户。

用户对供电企业中断供电有异议的，可以向电力管理部门投诉；受理投诉的电力管理部门应当依法处理。

第三十条 因抢险救灾需要紧急供电时，供电企业必须尽速安排供电，所需供电工程费用和应付电费依照国家有关规定执行。

第三十一条 用户应当安装用电计量装置。用户使用的电力电量，以计量检定机构依法认可的用电计量装置的记录为准。

用户受电装置的设计、施工安装和运行管理，应当符合国家标准或者电力行业标准。

第三十二条 用户用电不得危害供电、用电安全和扰乱供电、用电秩序。

对危害供电、用电安全和扰乱供电、用电秩序的，供电企业有权制止。

第三十三条 供电企业应当按照国家核准的电价和用电计量装置的记录，向用户计收电费。

供电企业查电人员和抄表收费人员进入用户，进行用电安全检查或者抄表收费时，应当出示有关证件。

用户应当按照国家核准的电价和用电计量装置的记录，按时交纳电费；对供电企业查电人员和抄表收费人员依法履行职责，应当提供方便。

第三十四条 供电企业和用户应当遵守国家有关规定，采取有效措施，做好安全用电、节约用电和计划用电工作。

第五章 电价与电费

第三十五条 本法所称电价，是指电力生产企业的上网电价、电网间的互供电价、电网销售电价。

电价实行统一政策，统一定价原则，分级管理。

第三十六条 制定电价，应当合理补偿成本，合理确定收益，依法计入税金，坚持公平负担，促进电力建设。

第三十七条 上网电价实行同网同质同价。具体办法和实施步骤由国务院规定。

电力生产企业有特殊情况需另行制定上网电价的，具体办法由国务院规定。

第三十八条 跨省、自治区、直辖市电网和省级电网内的上网电价，由电力生产企业和电网经营企业协商提出方案，报国务院物价行政主管部门核准。

独立电网内的上网电价，由电力生产企业和电网经营企业协商提出方案，报有管理权的物价行政主管部门核准。

地方投资的电力生产企业所生产的电力，属于在省内各地区形成独立电网的或者自发自用的，其电价可以由省、自治区、直辖市人民政府管理。

第三十九条 跨省、自治区、直辖市电网和独立电网之间、省级电网和独立电网之间的互供电价，由双方协商提出方案，报国务院物价行政主管部门或者其授权的部门核准。

独立电网与独立电网之间的互供电价，由双方协商提出方案，报有管理权的物价行政主管部门核准。

第四十条 跨省、自治区、直辖市电网和省级电网的销售电价，由电网经营企业提出方案，报国务院物价行政主管部门或者其授权的部门核准。

独立电网的销售电价，由电网经营企业提出方案，报有管理权的物价行政主管部门核准。

第四十一条 国家实行分类电价和分时电价。分类标准和分时办法由国务院确定。

对同一电网内的同一电压等级、同一用电类别的用户，执行相同的电价标准。

第四十二条 用户用电增容收费标准，由国务院物价行政主管部门会同国务院电力管理部门制定。

第四十三条 任何单位不得超越电价管理权限制定电价。供电企业不得擅自变更电价。

第四十四条 禁止任何单位和个人在电费中加收其他费用；但是，法律、行政法规另有规定的，按照规定执行。

地方集资办电在电费中加收费用的，由省、自治区、直辖市人民政府依照国务院有关规定制定办法。

禁止供电企业在收取电费时，代收其他费用。

第四十五条 电价的管理办法，由国务院依照本法的规定制定。

第六章 农村电力建设和农业用电

第四十六条 省、自治区、直辖市人民政府应当制定农村电气化发展规划，并将其纳入当地电力发展规划及国民经济和社会发展计划。

第四十七条 国家对农村电气化实行优惠政策，对少数民族地区、边远地区和贫困地区的农村电力建设给予重点扶持。

第四十八条 国家提倡农村开发水能资源，建设中、小型水电站，促进农村电气化。

国家鼓励和支持农村利用太阳能、风能、地热能、生物质能和其他能源进行农村电源建设，增加农村电力供应。

第四十九条 县级以上地方人民政府及其经济综合主管部门在安排用电指标时，应当保证农业和农村用电的适当比例，优先保证农村排涝、抗旱和农业季节性生产用电。

电力企业应当执行前款的用电安排，不得减少农业和农村用电指标。

第五十条 农业用电价格按照保本、微利的原则确定。

农民生活用电与当地城镇居民生活用电应当逐步实行相同的电价。

第五十一条 农业和农村用电管理办法，由国务院依照本法的规定制定。

第七章 电 力 设 施 保 护

第五十二条 任何单位和个人不得危害发电设施、变电设施和电力线路设施及其有关辅助设施。

在电力设施周围进行爆破及其他可能危及电力设施安全的作业的，应当按照国务院有关电力设施保护的规定，经批准并采取确保电力设施安全的措施后，方可进行作业。

第五十三条 电力管理部门应当按照国务院有关电力设施保护的规定，对电力设施保护区设立标志。

任何单位和个人不得在依法划定的电力设施保护区内修建可能危及电力设施安全的建筑物、构筑物，不得种植可能危及电力设施安全的植物，不得堆放可能危及电力设施安全的物品。

在依法划定电力设施保护区前已经种植的植物妨碍电力设施安全的，应当修剪或者砍伐。

第五十四条 任何单位和个人需要在依法划定的电力设施保护区内进行可能危及电力设施安全的作业时，应当经电力管理部门批准并采取安全措施后，方可进行作业。

第五十五条 电力设施与公用工程、绿化工程和其他工程在新建、改建或者扩建中相互妨碍时，有关单位应当按照国家有关规定协商，达成协议后方可施工。

第八章 监 督 检 查

第五十六条 电力管理部门依法对电力企业和用户执行电力法律、行政法规的情况进行监督检查。

第五十七条 电力管理部门根据工作需要，可以配备电力监督检查人员。

电力监督检查人员应当公正廉洁，秉公执法，熟悉电力法律、法规，掌握有关电力专业技术。

第五十八条 电力监督检查人员进行监督检查时，有权向电力企业或者用户了解有关执行电力法律、行政法规的情况，查阅有关资料，并有权进入现场进行检查。

电力企业和用户对执行监督检查任务的电力监督检查人员应当提供方便。

电力监督检查人员进行监督检查时，应当出示证件。

第九章 法 律 责 任

第五十九条 电力企业或者用户违反供用电合同，给对方造成损失的，应当依法承担赔偿责任。

电力企业违反本法第二十八条、第二十九条第一款的规定，未保证供电质量或者未事先通知用户中断供电，给用户造成损失的，应当依法承担赔偿责任。

第六十条 因电力运行事故给用户或者第三人造成损害的，电力企业应当依法承担赔偿责任。

电力运行事故由下列原因之一造成的，电力企业不承担赔偿责任：

（一）不可抗力；

（二）用户自身的过错。

因用户或者第三人的过错给电力企业或者其他用户造成损害的，该用户或者第三人应当依法承担赔偿责任。

第六十一条 违反本法第十一条第二款的规定，非法占用变电设施用地、输电线路走廊或者电缆通道的，由县级以上地方人民政府责令限期改正；逾期不改正的，强制清除障碍。

第六十二条 违反本法第十四条规定，电力建设项目不符合电力发展规划、产业政策的，由电力管理部门责令停止建设。

违反本法第十四条规定，电力建设项目使用国家明令淘汰的电力设备和技术的，由电力管理部门责令停止使用，没收国家明令淘汰的电力设备，并处五万元以下的罚款。

第六十三条 违反本法第二十五条规定，未经许可，从事供电或者变更供电营业区的，由电力管理部门责令改正，没收违法所得，可以并处违法所得五倍以下的罚款。

第六十四条 违反本法第二十六条、第二十九条规定，拒绝供电或者中断供电的，由电力管理部门责令改正，给予警告；情节严重的，对有关主管人员和直接责任人员给予行政处分。

第六十五条 违反本法第三十二条规定，危害供电、用电安全或者扰乱供电、用电秩序的，由电力管理部门责令改正，给予警告；情节严重或者拒绝改正的，可以中止供电，可以并处五万元以下的罚款。

第六十六条 违反本法第三十三条、第四十三条、第四十四条规定，未按照国家核准的电价和用电计量装置的记录向用户计收电费、超越权限制定电价或者在电费中加收其他费用的，由物价行政主管部门给予警告，责令返还违法收取的费用，可以并处违法收取费用五倍以下的罚款；情节严重的，对有关主管人员和直接责任人员给予行政处分。

第六十七条 违反本法第四十九条第二款规定，减少农业和农村用电指标的，由电力管理部门责令改正；情节严重的，对有关主管人员和直接责任人员给予行政处分；造成损失的，责令赔偿损失。

第六十八条 违反本法第五十二条第二款和第五十四条规定，未经批准或者未采取安全措施在电力设施周围或者在依法划定的电力设施保护区内进行作业，危及电力设施安全的，由电力管理部门责令停止作业、恢复原状或赔偿损失。

第六十九条 违反本法第五十三条规定，在依法划定的电力设施保护区内修建建筑物、构筑物或者种植植物、堆放物品，危及电力设施安全的，由当地人民政府责令强制拆除、砍伐或者清除。

第七十条 有下列行为之一，应当给予治安管理处罚的，由公安机关依照治安管理处罚法的有关规定予以处罚；构成犯罪的，依法追究刑事责任：

（一）阻碍电力建设或者电力设施抢修，致使电力建设或者电力设施抢修不能正常进行的；

（二）扰乱电力生产企业、变电所、电力调度机构和供电企业的秩序，致使生产、工作和营业不能正常进行的；

（三）殴打、公然侮辱履行职务的查电人员或者抄表收费人员的；

（四）拒绝、阻碍电力监督检查人员依法执行职务的。

第七十一条 盗窃电能的，由电力管理部门责令停止违法行为，追缴电费并处应交电费五倍以下的罚款；构成犯罪的，依照刑法有关规定追究刑事责任。

第七十二条 盗窃电力设施或者以其他方法破坏电力设施，危害公共安全的，依照刑法有关规定追究刑事责任。

第七十三条 电力管理部门的工作人员滥用职权、玩忽职守、徇私舞弊，构成犯罪的，依法追究刑事责任；尚不构成犯罪的，依法给予行政处分。

第七十四条 电力企业职工违反规章制度、违章调度或者不服从调度指令，造成重大事故的，依照刑法有关规定追究刑事责任。

电力企业职工故意延误电力设施抢修或者抢险救灾供电，造成严重后果的，比照刑法第一百一十四条的规定追究刑事责任。

电力企业的管理人员和查电人员、抄表收费人员勒索用户、以电谋私，构成犯罪的，依法追究刑事责任；尚不构成犯罪的，依法给予行政处分。

第十章 附 则

第七十五条 本法自 1996 年 4 月 1 日起施行。

中华人民共和国主席令

第 73 号

《全国人民代表大会常务委员会关于修改〈中华人民共和国劳动合同法〉的决定》已由中华人民共和国第十一届全国人民代表大会常务委员会第三十次会议于 2012 年 12 月 28 日通过，现予公布，自 2013 年 7 月 1 日起施行。

中华人民共和国主席　胡锦涛

2012 年 12 月 28 日

中华人民共和国劳动合同法

（2007 年 6 月 29 日中华人民共和国主席令第 65 号公布　根据 2012 年 12 月 28 日第十一届全国人民代表大会常务委员会第三十次会议《全国人民代表大会常务委员会关于修改〈中华人民共和国劳动合同法〉的决定》修订）

第一章　总　　则

第一条　为了完善劳动合同制度，明确劳动合同双方当事人的权利和义务，保护劳动者的合法权益，构建和发展和谐稳定的劳动关系，制定本法。

第二条　中华人民共和国境内的企业、个体经济组织、民办非企业单位等组织（以下称用人单位）与劳动者建立劳动关系，订立、履行、变更、解除或者终止劳动合同，适用本法。

国家机关、事业单位、社会团体和与其建立劳动关系的劳动者，订立、履行、变更、解除或者终止劳动合同，依照本法执行。

第三条　订立劳动合同，应当遵循合法、公平、平等自愿、协商一致、诚实信用的原则。

依法订立的劳动合同具有约束力，用人单位与劳动者应当履行劳动合同约定的义务。

第四条　用人单位应当依法建立和完善劳动规章制度，保障劳动者享有劳动权利、履行劳动义务。

用人单位在制定、修改或者决定有关劳动报酬、工作时间、休息休假、劳动安全卫生、保险福利、职工培训、劳动纪律以及劳动定额管理等直接涉及劳动者切身利益的规章制度或者重大事项时，应当经职工代表大会或者全体职工讨论，提出方案和意见，与工会或者职工代表平等协商确定。

在规章制度和重大事项决定实施过程中，工会或者职工认为不适当的，有权向用人单位提出，通过协商予以修改完善。

用人单位应当将直接涉及劳动者切身利益的规章制度和重大事项决定公示，或者告知劳动者。

第五条 县级以上人民政府劳动行政部门会同工会和企业方面代表，建立健全协调劳动关系三方机制，共同研究解决有关劳动关系的重大问题。

第六条 工会应当帮助、指导劳动者与用人单位依法订立和履行劳动合同，并与用人单位建立集体协商机制，维护劳动者的合法权益。

第二章 劳动合同的订立

第七条 用人单位自用工之日起即与劳动者建立劳动关系。用人单位应当建立职工名册备查。

第八条 用人单位招用劳动者时，应当如实告知劳动者工作内容、工作条件、工作地点、职业危害、安全生产状况、劳动报酬，以及劳动者要求了解的其他情况；用人单位有权了解劳动者与劳动合同直接相关的基本情况，劳动者应当如实说明。

第九条 用人单位招用劳动者，不得扣押劳动者的居民身份证和其他证件，不得要求劳动者提供担保或者以其他名义向劳动者收取财物。

第十条 建立劳动关系，应当订立书面劳动合同。

已建立劳动关系，未同时订立书面劳动合同的，应当自用工之日起一个月内订立书面劳动合同。

用人单位与劳动者在用工前订立劳动合同的，劳动关系自用工之日起建立。

第十一条 用人单位未在用工的同时订立书面劳动合同，与劳动者约定的劳动报酬不明确的，新招用的劳动者的劳动报酬按照集体合同规定的标准执行；没有集体合同或者集体合同未规定的，实行同工同酬。

第十二条 劳动合同分为固定期限劳动合同、无固定期限劳动合同和以完成一定工作任务为期限的劳动合同。

第十三条 固定期限劳动合同，是指用人单位与劳动者约定合同终止时间的劳动合同。

用人单位与劳动者协商一致，可以订立固定期限劳动合同。

第十四条 无固定期限劳动合同，是指用人单位与劳动者约定无确定终止时间的劳动合同。

用人单位与劳动者协商一致，可以订立无固定期限劳动合同。有下列情形之一，劳动者提出或者同意续订、订立劳动合同的，除劳动者提出订立固定期限劳动合同外，应当订立无固定期限劳动合同：

（一）劳动者在该用人单位连续工作满十年的；

（二）用人单位初次实行劳动合同制度或者国有企业改制重新订立劳动合同时，劳动者在该用人单位连续工作满十年且距法定退休年龄不足十年的；

（三）连续订立二次固定期限劳动合同，且劳动者没有本法第三十九条和第四十条第一项、第二项规定的情形，续订劳动合同的。

用人单位自用工之日起满一年不与劳动者订立书面劳动合同的，视为用人单位与劳动者已订立无固定期限劳动合同。

第十五条 以完成一定工作任务为期限的劳动合同，是指用人单位与劳动者约定以某项工作的完成为合同期限的劳动合同。

用人单位与劳动者协商一致，可以订立以完成一定工作任务为期限的劳动合同。

第十六条 劳动合同由用人单位与劳动者协商一致，并经用人单位与劳动者在劳动合同文本上签字或者盖章生效。

劳动合同文本由用人单位和劳动者各执一份。

第十七条 劳动合同应当具备以下条款：

（一）用人单位的名称、住所和法定代表人或者主要负责人；

（二）劳动者的姓名、住址和居民身份证或者其他有效身份证件号码；

（三）劳动合同期限；

（四）工作内容和工作地点；

（五）工作时间和休息休假；

（六）劳动报酬；

（七）社会保险；

（八）劳动保护、劳动条件和职业危害防护；

（九）法律、法规规定应当纳入劳动合同的其他事项。

劳动合同除前款规定的必备条款外，用人单位与劳动者可以约定试用期、培训、保守秘密、补充保险和福利待遇等其他事项。

第十八条 劳动合同对劳动报酬和劳动条件等标准约定不明确，引发争议的，用人单位与劳动者可以重新协商；协商不成的，适用集体合同规定；没有集体合同或者集体合同未规定劳动报酬的，实行同工同酬；没有集体合同或者集体合同未规定劳动条件等标准的，适用国家有关规定。

第十九条 劳动合同期限三个月以上不满一年的，试用期不得超过一个月；劳动合同期限一年以上不满三年的，试用期不得超过二个月；三年以上固定期限和无固定期限的劳动合同，试用期不得超过六个月。

同一用人单位与同一劳动者只能约定一次试用期。

以完成一定工作任务为期限的劳动合同或者劳动合同期限不满三个月的，不得约定试用期。

试用期包含在劳动合同期限内。劳动合同仅约定试用期的，试用期不成立，该期限为劳动合同期限。

第二十条 劳动者在试用期的工资不得低于本单位相同岗位最低档工资或者劳动合同约定工资的百分之八十，并不得低于用人单位所在地的最低工资标准。

第二十一条 在试用期中，除劳动者有本法第三十九条和第四十条第一项、第二项规定的情形外，用人单位不得解除劳动合同。用人单位在试用期解除劳动合同的，应当向劳动者说明理由。

第二十二条 用人单位为劳动者提供专项培训费用，对其进行专业技术培训的，可以与该劳动者订立协议，约定服务期。

劳动者违反服务期约定的，应当按照约定向用人单位支付违约金。违约金的数额不得超过用人单位提供的培训费用。用人单位要求劳动者支付的违约金不得超过服务期尚未履行部分所应分摊的培训费用。

用人单位与劳动者约定服务期的，不影响按照正常的工资调整机制提高劳动者在服务期期间的劳动报酬。

第二十三条 用人单位与劳动者可以在劳动合同中约定保守用人单位的商业秘密和与知识产权相关的保密事项。

对负有保密义务的劳动者，用人单位可以在劳动合同或者保密协议中与劳动者约定竞业限制条款，并约定在解除或者终止劳动合同后，在竞业限制期限内按月给予劳动者经济补偿。劳动者违反竞业限制约定的，应当按照约定向用人单位支付违约金。

第二十四条 竞业限制的人员限于用人单位的高级管理人员、高级技术人员和其他负有保密义务的人员。竞业限制的范围、地域、期限由用人单位与劳动者约定，竞业限制的约定不得违反法律、法规的规定。

在解除或者终止劳动合同后，前款规定的人员到与本单位生产或者经营同类产品、从事同类业务的有竞争关系的其他用人单位，或者自己开业生产或者经营同类产品、从事同类业务的竞业限制期限，不得超过二年。

第二十五条 除本法第二十二条和第二十三条规定的情形外，用人单位不得与劳动者约定由劳动者承担违约金。

第二十六条 下列劳动合同无效或者部分无效：

（一）以欺诈、胁迫的手段或者乘人之危，使对方在违背真实意思的情况下订立或者变更劳动合同的；

（二）用人单位免除自己的法定责任、排除劳动者权利的；

（三）违反法律、行政法规强制性规定的。

对劳动合同的无效或者部分无效有争议的，由劳动争议仲裁机构或者人民法院确认。

第二十七条 劳动合同部分无效，不影响其他部分效力的，其他部分仍然有效。

第二十八条 劳动合同被确认无效，劳动者已付出劳动的，用人单位应当向劳动者支付劳动报酬。劳动报酬的数额，参照本单位相同或者相近岗位劳动者的劳动报酬确定。

第三章 劳动合同的履行和变更

第二十九条 用人单位与劳动者应当按照劳动合同的约定，全面履行各自的义务。

第三十条 用人单位应当按照劳动合同约定和国家规定，向劳动者及时足额支付劳动报酬。

用人单位拖欠或者未足额支付劳动报酬的，劳动者可以依法向当地人民法院申请支付令，人民法院应当依法发出支付令。

第三十一条 用人单位应当严格执行劳动定额标准，不得强迫或者变相强迫劳动者加班。用人单位安排加班的，应当按照国家有关规定向劳动者支付加班费。

第三十二条 劳动者拒绝用人单位管理人员违章指挥、强令冒险作业的，不视为违反劳动合同。

劳动者对危害生命安全和身体健康的劳动条件，有权对用人单位提出批评、检举和控告。

第三十三条 用人单位变更名称、法定代表人、主要负责人或者投资人等事项，不影响劳动合同的履行。

第三十四条 用人单位发生合并或者分立等情况，原劳动合同继续有效，劳动合同由承继其权利和义务的用人单位继续履行。

第三十五条 用人单位与劳动者协商一致，可以变更劳动合同约定的内容。变更劳动合同，应当采用书面形式。

变更后的劳动合同文本由用人单位和劳动者各执一份。

第四章 劳动合同的解除和终止

第三十六条 用人单位与劳动者协商一致，可以解除劳动合同。

第三十七条 劳动者提前三十日以书面形式通知用人单位，可以解除劳动合同。劳动者在试用期内提前三日通知用人单位，可以解除劳动合同。

第三十八条 用人单位有下列情形之一的，劳动者可以解除劳动合同：

（一）未按照劳动合同约定提供劳动保护或者劳动条件的；

（二）未及时足额支付劳动报酬的；

（三）未依法为劳动者缴纳社会保险费的；

（四）用人单位的规章制度违反法律、法规的规定，损害劳动者权益的；

（五）因本法第二十六条第一款规定的情形致使劳动合同无效的；

（六）法律、行政法规规定劳动者可以解除劳动合同的其他情形。

用人单位以暴力、威胁或者非法限制人身自由的手段强迫劳动者劳动的，或者用人单位违章指挥、强令冒险作业危及劳动者人身安全的，劳动者可以立即解除劳动合同，不需事先告知用人单位。

第三十九条 劳动者有下列情形之一的，用人单位可以解除劳动合同：

（一）在试用期间被证明不符合录用条件的；

（二）严重违反用人单位的规章制度的；

（三）严重失职，营私舞弊，给用人单位造成重大损害的；

（四）劳动者同时与其他用人单位建立劳动关系，对完成本单位的工作任务造成严重影响，或者经用人单位提出，拒不改正的；

（五）因本法第二十六条第一款第一项规定的情形致使劳动合同无效的；

（六）被依法追究刑事责任的。

第四十条 有下列情形之一的，用人单位提前三十日以书面形式通知劳动者本人或者额外支付劳动者一个月工资后，可以解除劳动合同：

（一）劳动者患病或者非因工负伤，在规定的医疗期满后不能从事原工作，也不能从事由用人单位另行安排的工作的；

（二）劳动者不能胜任工作，经过培训或者调整工作岗位，仍不能胜任工作的；

（三）劳动合同订立时所依据的客观情况发生重大变化，致使劳动合同无法履行，经用人单位与劳动者协商，未能就变更劳动合同内容达成协议的。

第四十一条 有下列情形之一，需要裁减人员二十人以上或者裁减不足二十人但占企业职工总数百分之十以上的，用人单位提前三十日向工会或者全体职工说明情况，听取工会或者职工的意见后，裁减人员方案经向劳动行政部门报告，可以裁减人员：

（一）依照企业破产法规定进行重整的；

（二）生产经营发生严重困难的；

（三）企业转产、重大技术革新或者经营方式调整，经变更劳动合同后，仍需裁减人员的；

（四）其他因劳动合同订立时所依据的客观经济情况发生重大变化，致使劳动合同无法履行的。

裁减人员时，应当优先留用下列人员：

（一）与本单位订立较长期限的固定期限劳动合同的；

（二）与本单位订立无固定期限劳动合同的；

（三）家庭无其他就业人员，有需要扶养的老人或者未成年人的。

用人单位依照本条第一款规定裁减人员，在六个月内重新招用人员的，应当通知被裁减的人员，并在同等条件下优先招用被裁减的人员。

第四十二条 劳动者有下列情形之一的，用人单位不得依照本法第四十条、第四十一条的规定解除劳动合同：

（一）从事接触职业病危害作业的劳动者未进行离岗前职业健康检查，或者疑似职业病病人在诊断或者医学观察期间的；

（二）在本单位患职业病或者因工负伤并被确认丧失或者部分丧失劳动能力的；

（三）患病或者非因工负伤，在规定的医疗期内的；

（四）女职工在孕期、产期、哺乳期的；

（五）在本单位连续工作满十五年，且距法定退休年龄不足五年的；

（六）法律、行政法规规定的其他情形。

第四十三条 用人单位单方解除劳动合同，应当事先将理由通知工会。用人单位违反法律、行政法规规定或者劳动合同约定的，工会有权要求用人单位纠正。用人单位应当研究工会的意见，并将处理结果书面通知工会。

第四十四条 有下列情形之一的，劳动合同终止：

（一）劳动合同期满的；

（二）劳动者开始依法享受基本养老保险待遇的；

（三）劳动者死亡，或者被人民法院宣告死亡或者宣告失踪的；

（四）用人单位被依法宣告破产的；

（五）用人单位被吊销营业执照、责令关闭、撤销或者用人单位决定提前解散的；

（六）法律、行政法规规定的其他情形。

第四十五条 劳动合同期满，有本法第四十二条规定情形之一的，劳动合同应当续延至相应的情形消失时终止。但是，本法第四十二条第二项规定丧失或者部分丧失劳动能力劳动者的劳动合同的终止，按照国家有关工伤保险的规定执行。

第四十六条 有下列情形之一的，用人单位应当向劳动者支付经济补偿：

（一）劳动者依照本法第三十八条规定解除劳动合同的；

（二）用人单位依照本法第三十六条规定向劳动者提出解除劳动合同并与劳动者协商一致解除劳动合同的；

（三）用人单位依照本法第四十条规定解除劳动合同的；

（四）用人单位依照本法第四十一条第一款规定解除劳动合同的；

（五）除用人单位维持或者提高劳动合同约定条件续订劳动合同，劳动者不同意续订的情形外，依照本法第四十四条第一项规定终止固定期限劳动合同的；

（六）依照本法第四十四条第四项、第五项规定终止劳动合同的；

（七）法律、行政法规规定的其他情形。

第四十七条 经济补偿按劳动者在本单位工作的年限，每满一年支付一个月工资的标准向劳动者支付。六个月以上不满一年的，按一年计算；不满六个月的，向劳动者支付半个月工资的经济补偿。

劳动者月工资高于用人单位所在直辖市、设区的市级人民政府公布的本地区上年度职工月平均工资三倍的，向其支付经济补偿的标准按职工月平均工资三倍的数额支付，向其支付经济补偿的年限最高不超过十二年。

本条所称月工资是指劳动者在劳动合同解除或者终止前十二个月的平均工资。

第四十八条 用人单位违反本法规定解除或者终止劳动合同，劳动者要求继续履行劳动合同的，用人单位应当继续履行；劳动者不要求继续履行劳动合同或者劳动合同已经不能继续履行的，用人单位应当依照本法第八十七条规定支付赔偿金。

第四十九条 国家采取措施，建立健全劳动者社会保险关系跨地区转移接续制度。

第五十条 用人单位应当在解除或者终止劳动合同时出具解除或者终止劳动合同的证明，并在十五日内为劳动者办理档案和社会保险关系转移手续。

劳动者应当按照双方约定，办理工作交接。用人单位依照本法有关规定应当向劳动者支付经济补偿的，在办结工作交接时支付。

用人单位对已经解除或者终止的劳动合同的文本，至少保存二年备查。

第五章 特 别 规 定

第一节 集 体 合 同

第五十一条 企业职工一方与用人单位通过平等协商，可以就劳动报酬、工作时间、休息休假、劳动安全卫生、保险福利等事项订立集体合同。集体合同草案应当提交职工代表大会或者全体职工讨论通过。

集体合同由工会代表企业职工一方与用人单位订立；尚未建立工会的用人单位，由上级工会指导劳动者推举的代表与用人单位订立。

第五十二条 企业职工一方与用人单位可以订立劳动安全卫生、女职工权益保护、工资调整机制等专项集体合同。

第五十三条 在县级以下区域内，建筑业、采矿业、餐饮服务业等行业可以由工会与企业方面代表订立行业性集体合同，或者订立区域性集体合同。

第五十四条 集体合同订立后，应当报送劳动行政部门；劳动行政部门自收到集体合同文本之日起十五日内未提出异议的，集体合同即行生效。

依法订立的集体合同对用人单位和劳动者具有约束力。行业性、区域性集体合同对当地本行业、本区域的用人单位和劳动者具有约束力。

第五十五条 集体合同中劳动报酬和劳动条件等标准不得低于当地人民政府规定的最低标准；用人单位与劳动者订立的劳动合同中劳动报酬和劳动条件等标准不得低于集体合同规定的标准。

第五十六条 用人单位违反集体合同，侵犯职工劳动权益的，工会可以依法要求用人单位承担责任；因履行集体合同发生争议，经协商解决不成的，工会可以依法申请仲裁、提起诉讼。

第二节 劳 务 派 遣

第五十七条 经营劳务派遣业务应当具备下列条件：

（一）注册资本不得少于人民币二百万元；

（二）有与开展业务相适应的固定的经营场所和设施；

（三）有符合法律、行政法规规定的劳务派遣管理制度；

（四）法律、行政法规规定的其他条件。

经营劳务派遣业务，应当向劳动行政部门依法申请行政许可；经许可的，依法办理相应的公司登记。未经许可，任何单位和个人不得经营劳务派遣业务。

第五十八条 劳务派遣单位是本法所称用人单位，应当履行用人单位对劳动者的义务。劳务派遣单位与被派遣劳动者订立的劳动合同，除应当载明本法第十七条规定的事项外，还应当载明被派遣劳动者的用工单位以及派遣期限、工作岗位等情况。

劳务派遣单位应当与被派遣劳动者订立二年以上的固定期限劳动合同，按月支付劳动报酬；被派遣劳动者在无工作期间，劳务派遣单位应当按照所在地人民政府规定的最低工资标准，向其按月支付报酬。

第五十九条 劳务派遣单位派遣劳动者应当与接受以劳务派遣形式用工的单位（以下称用工单位）订立劳务派遣协议。劳务派遣协议应当约定派遣岗位和人员数量、派遣期限、劳动报酬和社会保险费的数额与支付方式以及违反协议的责任。

用工单位应当根据工作岗位的实际需要与劳务派遣单位确定派遣期限，不得将连续用工期限分割订立数个短期劳务派遣协议。

第六十条 劳务派遣单位应当将劳务派遣协议的内容告知被派遣劳动者。

劳务派遣单位不得克扣用工单位按照劳务派遣协议支付给被派遣劳动者的劳动报酬。

劳务派遣单位和用工单位不得向被派遣劳动者收取费用。

第六十一条 劳务派遣单位跨地区派遣劳动者的，被派遣劳动者享有的劳动报酬和劳动条件，按照用工单位所在地的标准执行。

第六十二条 用工单位应当履行下列义务：

（一）执行国家劳动标准，提供相应的劳动条件和劳动保护；

（二）告知被派遣劳动者的工作要求和劳动报酬；

（三）支付加班费、绩效奖金，提供与工作岗位相关的福利待遇；

（四）对在岗被派遣劳动者进行工作岗位所必需的培训；

（五）连续用工的，实行正常的工资调整机制。

用工单位不得将被派遣劳动者再派遣到其他用人单位。

第六十三条 被派遣劳动者享有与用工单位的劳动者同工同酬的权利。用工单位应当按照同工同酬原则，对被派遣劳动者与本单位同类岗位的劳动者实行相同的劳动报酬分配办法。用工单位无同类岗位劳动者的，参照用工单位所在地相同或者相近岗位劳动者的劳动报酬确定。

劳务派遣单位与被派遣劳动者订立的劳动合同和与用工单位订立的劳务派遣协议，载明或者约定的向被派遣劳动者支付的劳动报酬应当符合前款规定。

第六十四条 被派遣劳动者有权在劳务派遣单位或者用工单位依法参加或者组织工

会，维护自身的合法权益。

第六十五条 被派遣劳动者可以依照本法第三十六条、第三十八条的规定与劳务派遣单位解除劳动合同。

被派遣劳动者有本法第三十九条和第四十条第一项、第二项规定情形的，用工单位可以将劳动者退回劳务派遣单位，劳务派遣单位依照本法有关规定，可以与劳动者解除劳动合同。

第六十六条 劳动合同用工是我国的企业基本用工形式。劳务派遣用工是补充形式，只能在临时性、辅助性或者替代性的工作岗位上实施。

前款规定的临时性工作岗位是指存续时间不超过六个月的岗位；辅助性工作岗位是指为主营业务岗位提供服务的非主营业务岗位；替代性工作岗位是指用工单位的劳动者因脱产学习、休假等原因无法工作的一定期间内，可以由其他劳动者替代工作的岗位。

用工单位应当严格控制劳务派遣用工数量，超过其用工总量规定的比例，具体比例由国务院劳动行政部门规定。

第六十七条 用人单位不得设立劳务派遣单位向本单位或者所属单位派遣劳动者。

第 三 节 非 全 日 制 用 工

第六十八条 非全日制用工，是指以小时计酬为主，劳动者在同一用人单位一般平均每日工作时间不超过四小时，每周工作时间累计不超过二十四小时的用工形式。

第六十九条 非全日制用工双方当事人可以订立口头协议。

从事非全日制用工的劳动者可以与一个或者一个以上用人单位订立劳动合同；但是，后订立的劳动合同不得影响先订立的劳动合同的履行。

第七十条 非全日制用工双方当事人不得约定试用期。

第七十一条 非全日制用工双方当事人任何一方都可以随时通知对方终止用工。终止用工，用人单位不向劳动者支付经济补偿。

第七十二条 非全日制用工小时计酬标准不得低于用人单位所在地人民政府规定的最低小时工资标准。

非全日制用工劳动报酬结算支付周期最长不得超过十五日。

第六章 监 督 检 查

第七十三条 国务院劳动行政部门负责全国劳动合同制度实施的监督管理。

县级以上地方人民政府劳动行政部门负责本行政区域内劳动合同制度实施的监督管理。

县级以上各级人民政府劳动行政部门在劳动合同制度实施的监督管理工作中，应当听取工会、企业方面代表以及有关行业主管部门的意见。

第七十四条 县级以上地方人民政府劳动行政部门依法对下列实施劳动合同制度的情况进行监督检查：

（一）用人单位制定直接涉及劳动者切身利益的规章制度及其执行的情况；

（二）用人单位与劳动者订立和解除劳动合同的情况；

（三）劳务派遣单位和用工单位遵守劳务派遣有关规定的情况；

（四）用人单位遵守国家关于劳动者工作时间和休息休假规定的情况；

（五）用人单位支付劳动合同约定的劳动报酬和执行最低工资标准的情况；

（六）用人单位参加各项社会保险和缴纳社会保险费的情况；

（七）法律、法规规定的其他劳动监察事项。

第七十五条 县级以上地方人民政府劳动行政部门实施监督检查时，有权查阅与劳动合同、集体合同有关的材料，有权对劳动场所进行实地检查，用人单位和劳动者都应当如实提供有关情况和材料。

劳动行政部门的工作人员进行监督检查，应当出示证件，依法行使职权，文明执法。

第七十六条 县级以上人民政府建设、卫生、安全生产监督管理等有关主管部门在各自职责范围内，对用人单位执行劳动合同制度的情况进行监督管理。

第七十七条 劳动者合法权益受到侵害的，有权要求有关部门依法处理，或者依法申请仲裁、提起诉讼。

第七十八条 工会依法维护劳动者的合法权益，对用人单位履行劳动合同、集体合同的情况进行监督。用人单位违反劳动法律、法规和劳动合同、集体合同的，工会有权提出意见或者要求纠正；劳动者申请仲裁、提起诉讼的，工会依法给予支持和帮助。

第七十九条 任何组织或者个人对违反本法的行为都有权举报，县级以上人民政府劳动行政部门应当及时核实、处理，并对举报有功人员给予奖励。

第七章 法 律 责 任

第八十条 用人单位直接涉及劳动者切身利益的规章制度违反法律、法规规定的，由劳动行政部门责令改正，给予警告；给劳动者造成损害的，应当承担赔偿责任。

第八十一条 用人单位提供的劳动合同文本未载明本法规定的劳动合同必备条款或者用人单位未将劳动合同文本交付劳动者的，由劳动行政部门责令改正；给劳动者造成损害的，应当承担赔偿责任。

第八十二条 用人单位自用工之日起超过一个月不满一年未与劳动者订立书面劳动合同的，应当向劳动者每月支付二倍的工资。

用人单位违反本法规定不与劳动者订立无固定期限劳动合同的，自应当订立无固定期限劳动合同之日起向劳动者每月支付二倍的工资。

第八十三条 用人单位违反本法规定与劳动者约定试用期的，由劳动行政部门责令改正；违法约定的试用期已经履行的，由用人单位以劳动者试用期满月工资为标准，按已经履行的超过法定试用期的期间向劳动者支付赔偿金。

第八十四条 用人单位违反本法规定，扣押劳动者居民身份证等证件的，由劳动行政部门责令限期退还劳动者本人，并依照有关法律规定给予处罚。

用人单位违反本法规定，以担保或者其他名义向劳动者收取财物的，由劳动行政部门责令限期退还劳动者本人，并以每人五百元以上二千元以下的标准处以罚款；给劳动者造成损害的，应当承担赔偿责任。

劳动者依法解除或者终止劳动合同，用人单位扣押劳动者档案或者其他物品的，依照前款规定处罚。

第八十五条 用人单位有下列情形之一的，由劳动行政部门责令限期支付劳动报酬、加班费或者经济补偿；劳动报酬低于当地最低工资标准的，应当支付其差额部分；逾期不支付的，责令用人单位按应付金额百分之五十以上百分之一百以下的标准向劳动者加付赔偿金：

（一）未按照劳动合同的约定或者国家规定及时足额支付劳动者劳动报酬的；

（二）低于当地最低工资标准支付劳动者工资的；

（三）安排加班不支付加班费的；

（四）解除或者终止劳动合同，未依照本法规定向劳动者支付经济补偿的。

第八十六条　劳动合同依照本法第二十六条规定被确认无效，给对方造成损害的，有过错的一方应当承担赔偿责任。

第八十七条　用人单位违反本法规定解除或者终止劳动合同的，应当依照本法第四十七条规定的经济补偿标准的二倍向劳动者支付赔偿金。

第八十八条　用人单位有下列情形之一的，依法给予行政处罚；构成犯罪的，依法追究刑事责任；给劳动者造成损害的，应当承担赔偿责任：

（一）以暴力、威胁或者非法限制人身自由的手段强迫劳动的；

（二）违章指挥或者强令冒险作业危及劳动者人身安全的；

（三）侮辱、体罚、殴打、非法搜查或者拘禁劳动者的；

（四）劳动条件恶劣、环境污染严重，给劳动者身心健康造成严重损害的。

第八十九条　用人单位违反本法规定未向劳动者出具解除或者终止劳动合同的书面证明，由劳动行政部门责令改正；给劳动者造成损害的，应当承担赔偿责任。

第九十条　劳动者违反本法规定解除劳动合同，或者违反劳动合同中约定的保密义务或者竞业限制，给用人单位造成损失的，应当承担赔偿责任。

第九十一条　用人单位招用与其他用人单位尚未解除或者终止劳动合同的劳动者，给其他用人单位造成损失的，应当承担连带赔偿责任。

第九十二条　违反本法规定，未经许可，擅自经营劳务派遣业务的，由劳动行政部门责令停止违法行为，没收违法所得，并处违法所得一倍以上五倍以下的罚款；没有违法所得的，可以处五万元以下的罚款。

劳务派遣单位、用工单位违反本法有关劳务派遣规定的，由劳动行政部门责令限期改正；逾期不改正的，以每人五千元到一万元的标准处以罚款，对劳务派遣单位，吊销其劳务派遣业务经营许可证。用工单位给被派遣劳动者造成损害的，劳务派遣单位与用工单位承担连带赔偿责任。

第九十三条　对不具备合法经营资格的用人单位的违法犯罪行为，依法追究法律责任；劳动者已经付出劳动的，该单位或者其出资人应当依照本法有关规定向劳动者支付劳动报酬、经济补偿、赔偿金；给劳动者造成损害的，应当承担赔偿责任。

第九十四条　个人承包经营违反本法规定招用劳动者，给劳动者造成损害的，发包的组织与个人承包经营者承担连带赔偿责任。

第九十五条　劳动行政部门和其他有关主管部门及其工作人员玩忽职守、不履行法定职责，或者违法行使职权，给劳动者或者用人单位造成损害的，应当承担赔偿责任；对直接负责的主管人员和其他直接责任人员，依法给予行政处分；构成犯罪的，依法追究刑事责任。

第八章　附　　则

第九十六条　事业单位与实行聘用制的工作人员订立、履行、变更、解除或者终止劳动合同，法律、行政法规或者国务院另有规定的，依照其规定；未作规定的，依照本法有关规定执行。

　　第九十七条　本法施行前已依法订立且在本法施行之日存续的劳动合同，继续履行；本法第十四条第二款第三项规定连续订立固定期限劳动合同的次数，自本法施行后续订固定期限劳动合同时开始计算。

　　本法施行前已建立劳动关系，尚未订立书面劳动合同的，应当自本法施行之日起一个月内订立。

　　本法施行之日存续的劳动合同在本法施行后解除或者终止，依照本法第四十六条规定应当支付经济补偿的，经济补偿年限自本法施行之日起计算；本法施行前按照当时有关规定，用人单位应当向劳动者支付经济补偿的，按照当时有关规定执行。

　　第九十八条　本法自 2008 年 1 月 1 日起施行。

中华人民共和国主席令

第 9 号

《中华人民共和国环境保护法》已由中华人民共和国第十二届全国人民代表大会常务委员会第八次会议于 2014 年 4 月 24 日修订通过，现将修订后的《中华人民共和国环境保护法》公布，自 2015 年 1 月 1 日起施行。

中华人民共和国主席　习近平

2014 年 4 月 24 日

中华人民共和国环境保护法

（1989 年 12 月 26 日第七届全国人民代表大会常务委员会第十一次会议通过　2014 年 4 月 24 日第十二届全国人民代表大会常务委员会第八次会议修订）

第一章　总　　则

第一条　为保护和改善环境，防治污染和其他公害，保障公众健康，推进生态文明建设，促进经济社会可持续发展，制定本法。

第二条　本法所称环境，是指影响人类生存和发展的各种天然的和经过人工改造的自然因素的总体，包括大气、水、海洋、土地、矿藏、森林、草原、湿地、野生生物、自然遗迹、人文遗迹、自然保护区、风景名胜区、城市和乡村等。

第三条　本法适用于中华人民共和国领域和中华人民共和国管辖的其他海域。

第四条　保护环境是国家的基本国策。

国家采取有利于节约和循环利用资源、保护和改善环境、促进人与自然和谐的经济、技术政策和措施，使经济社会发展与环境保护相协调。

第五条　环境保护坚持保护优先、预防为主、综合治理、公众参与、损害担责的原则。

第六条　一切单位和个人都有保护环境的义务。

地方各级人民政府应当对本行政区域的环境质量负责。

企业事业单位和其他生产经营者应当防止、减少环境污染和生态破坏，对所造成的损害依法承担责任。

公民应当增强环境保护意识，采取低碳、节俭的生活方式，自觉履行环境保护义务。

第七条 国家支持环境保护科学技术研究、开发和应用，鼓励环境保护产业发展，促进环境保护信息化建设，提高环境保护科学技术水平。

第八条 各级人民政府应当加大保护和改善环境、防治污染和其他公害的财政投入，提高财政资金的使用效益。

第九条 各级人民政府应当加强环境保护宣传和普及工作，鼓励基层群众性自治组织、社会组织、环境保护志愿者开展环境保护法律法规和环境保护知识的宣传，营造保护环境的良好风气。

教育行政部门、学校应当将环境保护知识纳入学校教育内容，培养学生的环境保护意识。

新闻媒体应当开展环境保护法律法规和环境保护知识的宣传，对环境违法行为进行舆论监督。

第十条 国务院环境保护主管部门，对全国环境保护工作实施统一监督管理；县级以上地方人民政府环境保护主管部门，对本行政区域环境保护工作实施统一监督管理。

县级以上人民政府有关部门和军队环境保护部门，依照有关法律的规定对资源保护和污染防治等环境保护工作实施监督管理。

第十一条 对保护和改善环境有显著成绩的单位和个人，由人民政府给予奖励。

第十二条 每年6月5日为环境日。

第二章 监 督 管 理

第十三条 县级以上人民政府应当将环境保护工作纳入国民经济和社会发展规划。

国务院环境保护主管部门会同有关部门，根据国民经济和社会发展规划编制国家环境保护规划，报国务院批准并公布实施。

县级以上地方人民政府环境保护主管部门会同有关部门，根据国家环境保护规划的要求，编制本行政区域的环境保护规划，报同级人民政府批准并公布实施。

环境保护规划的内容应当包括生态保护和污染防治的目标、任务、保障措施等，并与主体功能区规划、土地利用总体规划和城乡规划等相衔接。

第十四条 国务院有关部门和省、自治区、直辖市人民政府组织制定经济、技术政策，应当充分考虑对环境的影响，听取有关方面和专家的意见。

第十五条 国务院环境保护主管部门制定国家环境质量标准。

省、自治区、直辖市人民政府对国家环境质量标准中未作规定的项目，可以制定地方环境质量标准；对国家环境质量标准中已作规定的项目，可以制定严于国家环境质量标准的地方环境质量标准。地方环境质量标准应当报国务院环境保护主管部门备案。

国家鼓励开展环境基准研究。

第十六条 国务院环境保护主管部门根据国家环境质量标准和国家经济、技术条件，制定国家污染物排放标准。

省、自治区、直辖市人民政府对国家污染物排放标准中未作规定的项目，可以制定地方污染物排放标准；对国家污染物排放标准中已作规定的项目，可以制定严于国家污染物排放标准的地方污染物排放标准。地方污染物排放标准应当报国务院环境保护主管部门备案。

第十七条　国家建立、健全环境监测制度。国务院环境保护主管部门制定监测规范，会同有关部门组织监测网络，统一规划国家环境质量监测站（点）的设置，建立监测数据共享机制，加强对环境监测的管理。

有关行业、专业等各类环境质量监测站（点）的设置应当符合法律法规规定和监测规范的要求。

监测机构应当使用符合国家标准的监测设备，遵守监测规范。监测机构及其负责人对监测数据的真实性和准确性负责。

第十八条　省级以上人民政府应当组织有关部门或者委托专业机构，对环境状况进行调查、评价，建立环境资源承载能力监测预警机制。

第十九条　编制有关开发利用规划，建设对环境有影响的项目，应当依法进行环境影响评价。

未依法进行环境影响评价的开发利用规划，不得组织实施；未依法进行环境影响评价的建设项目，不得开工建设。

第二十条　国家建立跨行政区域的重点区域、流域环境污染和生态破坏联合防治协调机制，实行统一规划、统一标准、统一监测、统一的防治措施。

前款规定以外的跨行政区域的环境污染和生态破坏的防治，由上级人民政府协调解决，或者由有关地方人民政府协商解决。

第二十一条　国家采取财政、税收、价格、政府采购等方面的政策和措施，鼓励和支持环境保护技术装备、资源综合利用和环境服务等环境保护产业的发展。

第二十二条　企业事业单位和其他生产经营者，在污染物排放符合法定要求的基础上，进一步减少污染物排放的，人民政府应当依法采取财政、税收、价格、政府采购等方面的政策和措施予以鼓励和支持。

第二十三条　企业事业单位和其他生产经营者，为改善环境，依照有关规定转产、搬迁、关闭的，人民政府应当予以支持。

第二十四条　县级以上人民政府环境保护主管部门及其委托的环境监察机构和其他负有环境保护监督管理职责的部门，有权对排放污染物的企业事业单位和其他生产经营者进行现场检查。被检查者应当如实反映情况，提供必要的资料。实施现场检查的部门、机构及其工作人员应当为被检查者保守商业秘密。

第二十五条　企业事业单位和其他生产经营者违反法律法规规定排放污染物，造成或者可能造成严重污染的，县级以上人民政府环境保护主管部门和其他负有环境保护监督管理职责的部门，可以查封、扣押造成污染物排放的设施、设备。

第二十六条　国家实行环境保护目标责任制和考核评价制度。县级以上人民政府应当将环境保护目标完成情况纳入对本级人民政府负有环境保护监督管理职责的部门及其负责人和下级人民政府及其负责人的考核内容，作为对其考核评价的重要依据。考核结果应当向社会公开。

第二十七条　县级以上人民政府应当每年向本级人民代表大会或者人民代表大会常务委员会报告环境状况和环境保护目标完成情况，对发生的重大环境事件应当及时向本级人民代表大会常务委员会报告，依法接受监督。

第三章　保护和改善环境

第二十八条　地方各级人民政府应当根据环境保护目标和治理任务，采取有效措施，改善环境质量。

未达到国家环境质量标准的重点区域、流域的有关地方人民政府，应当制定限期达标规划，并采取措施按期达标。

第二十九条　国家在重点生态功能区、生态环境敏感区和脆弱区等区域划定生态保护红线，实行严格保护。

各级人民政府对具有代表性的各种类型的自然生态系统区域，珍稀、濒危的野生动植物自然分布区域，重要的水源涵养区域，具有重大科学文化价值的地质构造、著名溶洞和化石分布区、冰川、火山、温泉等自然遗迹，以及人文遗迹、古树名木，应当采取措施予以保护，严禁破坏。

第三十条　开发利用自然资源，应当合理开发，保护生物多样性，保障生态安全，依法制定有关生态保护和恢复治理方案并予以实施。

引进外来物种以及研究、开发和利用生物技术，应当采取措施，防止对生物多样性的破坏。

第三十一条　国家建立、健全生态保护补偿制度。

国家加大对生态保护地区的财政转移支付力度。有关地方人民政府应当落实生态保护补偿资金，确保其用于生态保护补偿。

国家指导受益地区和生态保护地区人民政府通过协商或者按照市场规则进行生态保护补偿。

第三十二条　国家加强对大气、水、土壤等的保护，建立和完善相应的调查、监测、评估和修复制度。

第三十三条　各级人民政府应当加强对农业环境的保护，促进农业环境保护新技术的使用，加强对农业污染源的监测预警，统筹有关部门采取措施，防治土壤污染和土地沙化、盐渍化、贫瘠化、石漠化、地面沉降以及防治植被破坏、水土流失、水体富营养化、水源枯竭、种源灭绝等生态失调现象，推广植物病虫害的综合防治。

县级、乡级人民政府应当提高农村环境保护公共服务水平，推动农村环境综合整治。

第三十四条　国务院和沿海地方各级人民政府应当加强对海洋环境的保护。向海洋排放污染物、倾倒废弃物，进行海岸工程和海洋工程建设，应当符合法律法规规定和有关标准，防止和减少对海洋环境的污染损害。

第三十五条　城乡建设应当结合当地自然环境的特点，保护植被、水域和自然景观，加强城市园林、绿地和风景名胜区的建设与管理。

第三十六条　国家鼓励和引导公民、法人和其他组织使用有利于保护环境的产品和再生产品，减少废弃物的产生。

国家机关和使用财政资金的其他组织应当优先采购和使用节能、节水、节材等有利于保护环境的产品、设备和设施。

第三十七条　地方各级人民政府应当采取措施，组织对生活废弃物的分类处置、回收利用。

第三十八条　公民应当遵守环境保护法律法规，配合实施环境保护措施，按照规定对生活废弃物进行分类放置，减少日常生活对环境造成的损害。

第三十九条 国家建立、健全环境与健康监测、调查和风险评估制度；鼓励和组织开展环境质量对公众健康影响的研究，采取措施预防和控制与环境污染有关的疾病。

第四章 防治污染和其他公害

第四十条 国家促进清洁生产和资源循环利用。

国务院有关部门和地方各级人民政府应当采取措施，推广清洁能源的生产和使用。

企业应当优先使用清洁能源，采用资源利用率高、污染物排放量少的工艺、设备以及废弃物综合利用技术和污染物无害化处理技术，减少污染物的产生。

第四十一条 建设项目中防治污染的设施，应当与主体工程同时设计、同时施工、同时投产使用。防治污染的设施应当符合经批准的环境影响评价文件的要求，不得擅自拆除或者闲置。

第四十二条 排放污染物的企业事业单位和其他生产经营者，应当采取措施，防治在生产建设或者其他活动中产生的废气、废水、废渣、医疗废物、粉尘、恶臭气体、放射性物质以及噪声、振动、光辐射、电磁辐射等对环境的污染和危害。

排放污染物的企业事业单位，应当建立环境保护责任制度，明确单位负责人和相关人员的责任。

重点排污单位应当按照国家有关规定和监测规范安装使用监测设备，保证监测设备正常运行，保存原始监测记录。

严禁通过暗管、渗井、渗坑、灌注或者篡改、伪造监测数据，或者不正常运行防治污染设施等逃避监管的方式违法排放污染物。

第四十三条 排放污染物的企业事业单位和其他生产经营者，应当按照国家有关规定缴纳排污费。排污费应当全部专项用于环境污染防治，任何单位和个人不得截留、挤占或者挪作他用。

依照法律规定征收环境保护税的，不再征收排污费。

第四十四条 国家实行重点污染物排放总量控制制度。重点污染物排放总量控制指标由国务院下达，省、自治区、直辖市人民政府分解落实。企业事业单位在执行国家和地方污染物排放标准的同时，应当遵守分解落实到本单位的重点污染物排放总量控制指标。

对超过国家重点污染物排放总量控制指标或者未完成国家确定的环境质量目标的地区，省级以上人民政府环境保护主管部门应当暂停审批其新增重点污染物排放总量的建设项目环境影响评价文件。

第四十五条 国家依照法律规定实行排污许可管理制度。

实行排污许可管理的企业事业单位和其他生产经营者应当按照排污许可证的要求排放污染物；未取得排污许可证的，不得排放污染物。

第四十六条 国家对严重污染环境的工艺、设备和产品实行淘汰制度。任何单位和个人不得生产、销售或者转移、使用严重污染环境的工艺、设备和产品。

禁止引进不符合我国环境保护规定的技术、设备、材料和产品。

第四十七条 各级人民政府及其有关部门和企业事业单位，应当依照《中华人民共和国突发事件应对法》的规定，做好突发环境事件的风险控制、应急准备、应急处置和事后恢复等工作。

县级以上人民政府应当建立环境污染公共监测预警机制，组织制定预警方案；环境受到污染，可能影响公众健康和环境安全时，依法及时公布预警信息，启动应急措施。

企业事业单位应当按照国家有关规定制定突发环境事件应急预案，报环境保护主管部门和有关部门备案。在发生或者可能发生突发环境事件时，企业事业单位应当立即采取措施处理，及时通报可能受到危害的单位和居民，并向环境保护主管部门和有关部门报告。

突发环境事件应急处置工作结束后，有关人民政府应当立即组织评估事件造成的环境影响和损失，并及时将评估结果向社会公布。

第四十八条 生产、储存、运输、销售、使用、处置化学物品和含有放射性物质的物品，应当遵守国家有关规定，防止污染环境。

第四十九条 各级人民政府及其农业等有关部门和机构应当指导农业生产经营者科学种植和养殖，科学合理施用农药、化肥等农业投入品，科学处置农用薄膜、农作物秸秆等农业废弃物，防止农业面源污染。

禁止将不符合农用标准和环境保护标准的固体废物、废水施入农田。施用农药、化肥等农业投入品及进行灌溉，应当采取措施，防止重金属和其他有毒有害物质污染环境。

畜禽养殖场、养殖小区、定点屠宰企业等的选址、建设和管理应当符合有关法律法规规定。从事畜禽养殖和屠宰的单位和个人应当采取措施，对畜禽粪便、尸体和污水等废弃物进行科学处置，防止污染环境。

县级人民政府负责组织农村生活废弃物的处置工作。

第五十条 各级人民政府应当在财政预算中安排资金，支持农村饮用水水源地保护、生活污水和其他废弃物处理、畜禽养殖和屠宰污染防治、土壤污染防治和农村工矿污染治理等环境保护工作。

第五十一条 各级人民政府应当统筹城乡建设污水处理设施及配套管网，固体废物的收集、运输和处置等环境卫生设施，危险废物集中处置设施、场所以及其他环境保护公共设施，并保障其正常运行。

第五十二条 国家鼓励投保环境污染责任保险。

第五章　信息公开和公众参与

第五十三条 公民、法人和其他组织依法享有获取环境信息、参与和监督环境保护的权利。

各级人民政府环境保护主管部门和其他负有环境保护监督管理职责的部门，应当依法公开环境信息、完善公众参与程序，为公民、法人和其他组织参与和监督环境保护提供便利。

第五十四条 国务院环境保护主管部门统一发布国家环境质量、重点污染源监测信息及其他重大环境信息。省级以上人民政府环境保护主管部门定期发布环境状况公报。

县级以上人民政府环境保护主管部门和其他负有环境保护监督管理职责的部门，应当依法公开环境质量、环境监测、突发环境事件以及环境行政许可、行政处罚、排污费的征收和使用情况等信息。

县级以上地方人民政府环境保护主管部门和其他负有环境保护监督管理职责的部门，应当将企业事业单位和其他生产经营者的环境违法信息记入社会诚信档案，及时向社会公布违法者名单。

第五十五条　重点排污单位应当如实向社会公开其主要污染物的名称、排放方式、排放浓度和总量、超标排放情况，以及防治污染设施的建设和运行情况，接受社会监督。

第五十六条　对依法应当编制环境影响报告书的建设项目，建设单位应当在编制时向可能受影响的公众说明情况，充分征求意见。

负责审批建设项目环境影响评价文件的部门在收到建设项目环境影响报告书后，除涉及国家秘密和商业秘密的事项外，应当全文公开；发现建设项目未充分征求公众意见的，应当责成建设单位征求公众意见。

第五十七条　公民、法人和其他组织发现任何单位和个人有污染环境和破坏生态行为的，有权向环境保护主管部门或者其他负有环境保护监督管理职责的部门举报。

公民、法人和其他组织发现地方各级人民政府、县级以上人民政府环境保护主管部门和其他负有环境保护监督管理职责的部门不依法履行职责的，有权向其上级机关或者监察机关举报。

接受举报的机关应当对举报人的相关信息予以保密，保护举报人的合法权益。

第五十八条　对污染环境、破坏生态，损害社会公共利益的行为，符合下列条件的社会组织可以向人民法院提起诉讼：

（一）依法在设区的市级以上人民政府民政部门登记；

（二）专门从事环境保护公益活动连续五年以上且无违法记录。

符合前款规定的社会组织向人民法院提起诉讼，人民法院应当依法受理。

提起诉讼的社会组织不得通过诉讼牟取经济利益。

第六章　法　律　责　任

第五十九条　企业事业单位和其他生产经营者违法排放污染物，受到罚款处罚，被责令改正，拒不改正的，依法作出处罚决定的行政机关可以自责令改正之日的次日起，按照原处罚数额按日连续处罚。

前款规定的罚款处罚，依照有关法律法规按照防治污染设施的运行成本、违法行为造成的直接损失或者违法所得等因素确定的规定执行。

地方性法规可以根据环境保护的实际需要，增加第一款规定的按日连续处罚的违法行为的种类。

第六十条　企业事业单位和其他生产经营者超过污染物排放标准或者超过重点污染物排放总量控制指标排放污染物的，县级以上人民政府环境保护主管部门可以责令其采取限制生产、停产整治等措施；情节严重的，报经有批准权的人民政府批准，责令停业、关闭。

第六十一条　建设单位未依法提交建设项目环境影响评价文件或者环境影响评价文件未经批准，擅自开工建设的，由负有环境保护监督管理职责的部门责令停止建设，处以罚款，并可以责令恢复原状。

第六十二条　违反本法规定，重点排污单位不公开或者不如实公开环境信息的，由县级以上地方人民政府环境保护主管部门责令公开，处以罚款，并予以公告。

第六十三条　企业事业单位和其他生产经营者有下列行为之一，尚不构成犯罪的，除依照有关法律法规规定予以处罚外，由县级以上人民政府环境保护主管部门或者其他有关部门将案件移送公安机关，对其直接负责的主管人员和其他直接责任人员，处十日以上十五日以下拘留；情节较轻的，处五日以上十日以下拘留：

（一）建设项目未依法进行环境影响评价，被责令停止建设，拒不执行的；

（二）违反法律规定，未取得排污许可证排放污染物，被责令停止排污，拒不执行的；

（三）通过暗管、渗井、渗坑、灌注或者篡改、伪造监测数据，或者不正常运行防治污染设施等逃避监管的方式违法排放污染物的；

（四）生产、使用国家明令禁止生产、使用的农药，被责令改正，拒不改正的。

第六十四条 因污染环境和破坏生态造成损害的，应当依照《中华人民共和国侵权责任法》的有关规定承担侵权责任。

第六十五条 环境影响评价机构、环境监测机构以及从事环境监测设备和防治污染设施维护、运营的机构，在有关环境服务活动中弄虚作假，对造成的环境污染和生态破坏负有责任的，除依照有关法律法规规定予以处罚外，还应当与造成环境污染和生态破坏的其他责任者承担连带责任。

第六十六条 提起环境损害赔偿诉讼的时效期间为三年，从当事人知道或者应当知道其受到损害时起计算。

第六十七条 上级人民政府及其环境保护主管部门应当加强对下级人民政府及其有关部门环境保护工作的监督。发现有关工作人员有违法行为，依法应当给予处分的，应当向其任免机关或者监察机关提出处分建议。

依法应当给予行政处罚，而有关环境保护主管部门不给予行政处罚的，上级人民政府环境保护主管部门可以直接作出行政处罚的决定。

第六十八条 地方各级人民政府、县级以上人民政府环境保护主管部门和其他负有环境保护监督管理职责的部门有下列行为之一的，对直接负责的主管人员和其他直接责任人员给予记过、记大过或者降级处分；造成严重后果的，给予撤职或者开除处分，其主要负责人应当引咎辞职：

（一）不符合行政许可条件准予行政许可的；

（二）对环境违法行为进行包庇的；

（三）依法应当作出责令停业、关闭的决定而未作出的；

（四）对超标排放污染物、采用逃避监管的方式排放污染物、造成环境事故以及不落实生态保护措施造成生态破坏等行为，发现或者接到举报未及时查处的；

（五）违反本法规定，查封、扣押企业事业单位和其他生产经营者的设施、设备的；

（六）篡改、伪造或者指使篡改、伪造监测数据的；

（七）应当依法公开环境信息而未公开的；

（八）将征收的排污费截留、挤占或者挪作他用的；

（九）法律法规规定的其他违法行为。

第六十九条 违反本法规定，构成犯罪的，依法追究刑事责任。

第七章 附　则

第七十条 本法自 2015 年 1 月 1 日起施行。

中华人民共和国国务院令

第 535 号

《中华人民共和国劳动合同法实施条例》已经 2008 年 9 月 3 日国务院第 25 次常务会议通过，现予公布，自公布之日起施行。

总理 温家宝

2008 年 9 月 18 日

中华人民共和国劳动合同法实施条例

第一章 总 则

第一条 为了贯彻实施《中华人民共和国劳动合同法》（以下简称劳动合同法），制定本条例。

第二条 各级人民政府和县级以上人民政府劳动行政等有关部门以及工会等组织，应当采取措施，推动劳动合同法的贯彻实施，促进劳动关系的和谐。

第三条 依法成立的会计师事务所、律师事务所等合伙组织和基金会，属于劳动合同法规定的用人单位。

第二章 劳动合同的订立

第四条 劳动合同法规定的用人单位设立的分支机构，依法取得营业执照或者登记证书的，可以作为用人单位与劳动者订立劳动合同；未依法取得营业执照或者登记证书的，受用人单位委托可以与劳动者订立劳动合同。

第五条 自用工之日起一个月内，经用人单位书面通知后，劳动者不与用人单位订立书面劳动合同的，用人单位应当书面通知劳动者终止劳动关系，无需向劳动者支付经济补偿，但是应当依法向劳动者支付其实际工作时间的劳动报酬。

第六条 用人单位自用工之日起超过一个月不满一年未与劳动者订立书面劳动合同的，应当依照劳动合同法第八十二条的规定向劳动者每月支付两倍的工资，并与劳动者补订书面劳动合同；劳动者不与用人单位订立书面劳动合同的，用人单位应当书面通知劳动者终止劳动关系，并依照劳动合同法第四十七条的规定支付经济补偿。

前款规定的用人单位向劳动者每月支付两倍工资的起算时间为用工之日起满一个月的

次日，截止时间为补订书面劳动合同的前一日。

第七条　用人单位自用工之日起满一年未与劳动者订立书面劳动合同的，自用工之日起满一个月的次日至满一年的前一日应当依照劳动合同法第八十二条的规定向劳动者每月支付两倍的工资，并视为自用工之日起满一年的当日已经与劳动者订立无固定期限劳动合同，应当立即与劳动者补订书面劳动合同。

第八条　劳动合同法第七条规定的职工名册，应当包括劳动者姓名、性别、公民身份号码、户籍地址及现住址、联系方式、用工形式、用工起始时间、劳动合同期限等内容。

第九条　劳动合同法第十四条第二款规定的连续工作满 10 年的起始时间，应当自用人单位用工之日起计算，包括劳动合同法施行前的工作年限。

第十条　劳动者非因本人原因从原用人单位被安排到新用人单位工作的，劳动者在原用人单位的工作年限合并计算为新用人单位的工作年限。原用人单位已经向劳动者支付经济补偿的，新用人单位在依法解除、终止劳动合同计算支付经济补偿的工作年限时，不再计算劳动者在原用人单位的工作年限。

第十一条　除劳动者与用人单位协商一致的情形外，劳动者依照劳动合同法第十四条第二款的规定，提出订立无固定期限劳动合同的，用人单位应当与其订立无固定期限劳动合同。对劳动合同的内容，双方应当按照合法、公平、平等自愿、协商一致、诚实信用的原则协商确定；对协商不一致的内容，依照劳动合同法第十八条的规定执行。

第十二条　地方各级人民政府及县级以上地方人民政府有关部门为安置就业困难人员提供的给予岗位补贴和社会保险补贴的公益性岗位，其劳动合同不适用劳动合同法有关无固定期限劳动合同的规定以及支付经济补偿的规定。

第十三条　用人单位与劳动者不得在劳动合同法第四十四条规定的劳动合同终止情形之外约定其他的劳动合同终止条件。

第十四条　劳动合同履行地与用人单位注册地不一致的，有关劳动者的最低工资标准、劳动保护、劳动条件、职业危害防护和本地区上年度职工月平均工资标准等事项，按照劳动合同履行地的有关规定执行；用人单位注册地的有关标准高于劳动合同履行地的有关标准，且用人单位与劳动者约定按照用人单位注册地的有关规定执行的，从其约定。

第十五条　劳动者在试用期的工资不得低于本单位相同岗位最低档工资的 80% 或者不得低于劳动合同约定工资的 80%，并不得低于用人单位所在地的最低工资标准。

第十六条　劳动合同法第二十二条第二款规定的培训费用，包括用人单位为了对劳动者进行专业技术培训而支付的有凭证的培训费用、培训期间的差旅费用以及因培训产生的用于该劳动者的其他直接费用。

第十七条　劳动合同期满，但是用人单位与劳动者依照劳动合同法第二十二条的规定约定的服务期尚未到期的，劳动合同应当续延至服务期满；双方另有约定的，从其约定。

第三章　劳动合同的解除和终止

第十八条　有下列情形之一的，依照劳动合同法规定的条件、程序，劳动者可以与用人单位解除固定期限劳动合同、无固定期限劳动合同或者以完成一定工作任务为期限的劳动合同：

（一）劳动者与用人单位协商一致的；

（二）劳动者提前 30 日以书面形式通知用人单位的；

（三）劳动者在试用期内提前 3 日通知用人单位的；

（四）用人单位未按照劳动合同约定提供劳动保护或者劳动条件的；

（五）用人单位未及时足额支付劳动报酬的；

（六）用人单位未依法为劳动者缴纳社会保险费的；

（七）用人单位的规章制度违反法律、法规的规定，损害劳动者权益的；

（八）用人单位以欺诈、胁迫的手段或者乘人之危，使劳动者在违背真实意思的情况下订立或者变更劳动合同的；

（九）用人单位在劳动合同中免除自己的法定责任、排除劳动者权利的；

（十）用人单位违反法律、行政法规强制性规定的；

（十一）用人单位以暴力、威胁或者非法限制人身自由的手段强迫劳动者劳动的；

（十二）用人单位违章指挥、强令冒险作业危及劳动者人身安全的；

（十三）法律、行政法规规定劳动者可以解除劳动合同的其他情形。

第十九条　有下列情形之一的，依照劳动合同法规定的条件、程序，用人单位可以与劳动者解除固定期限劳动合同、无固定期限劳动合同或者以完成一定工作任务为期限的劳动合同：

（一）用人单位与劳动者协商一致的；

（二）劳动者在试用期间被证明不符合录用条件的；

（三）劳动者严重违反用人单位的规章制度的；

（四）劳动者严重失职，营私舞弊，给用人单位造成重大损害的；

（五）劳动者同时与其他用人单位建立劳动关系，对完成本单位的工作任务造成严重影响，或者经用人单位提出，拒不改正的；

（六）劳动者以欺诈、胁迫的手段或者乘人之危，使用人单位在违背真实意思的情况下订立或者变更劳动合同的；

（七）劳动者被依法追究刑事责任的；

（八）劳动者患病或者非因工负伤，在规定的医疗期满后不能从事原工作，也不能从事由用人单位另行安排的工作的；

（九）劳动者不能胜任工作，经过培训或者调整工作岗位，仍不能胜任工作的；

（十）劳动合同订立时所依据的客观情况发生重大变化，致使劳动合同无法履行，经用人单位与劳动者协商，未能就变更劳动合同内容达成协议的；

（十一）用人单位依照企业破产法规定进行重整的；

（十二）用人单位生产经营发生严重困难的；

（十三）企业转产、重大技术革新或者经营方式调整，经变更劳动合同后，仍需裁减人员的；

（十四）其他因劳动合同订立时所依据的客观经济情况发生重大变化，致使劳动合同无法履行的。

第二十条　用人单位依照劳动合同法第四十条的规定，选择额外支付劳动者一个月工资解除劳动合同的，其额外支付的工资应当按照该劳动者上一个月的工资标准确定。

第二十一条　劳动者达到法定退休年龄的，劳动合同终止。

第二十二条　以完成一定工作任务为期限的劳动合同因任务完成而终止的，用人单位应当依照劳动合同法第四十七条的规定向劳动者支付经济补偿。

第二十三条　用人单位依法终止工伤职工的劳动合同的，除依照劳动合同法第四十七条的规定支付经济补偿外，还应当依照国家有关工伤保险的规定支付一次性工伤医疗补助金和伤残就业补助金。

第二十四条　用人单位出具的解除、终止劳动合同的证明，应当写明劳动合同期限、解除或者终止劳动合同的日期、工作岗位、在本单位的工作年限。

第二十五条　用人单位违反劳动合同法的规定解除或者终止劳动合同，依照劳动合同法第八十七条的规定支付了赔偿金的，不再支付经济补偿。赔偿金的计算年限自用工之日起计算。

第二十六条　用人单位与劳动者约定了服务期，劳动者依照劳动合同法第三十八条的规定解除劳动合同的，不属于违反服务期的约定，用人单位不得要求劳动者支付违约金。

有下列情形之一，用人单位与劳动者解除约定服务期的劳动合同的，劳动者应当按照劳动合同的约定向用人单位支付违约金：

（一）劳动者严重违反用人单位的规章制度的；

（二）劳动者严重失职，营私舞弊，给用人单位造成重大损害的；

（三）劳动者同时与其他用人单位建立劳动关系，对完成本单位的工作任务造成严重影响，或者经用人单位提出，拒不改正的；

（四）劳动者以欺诈、胁迫的手段或者乘人之危，使用人单位在违背真实意思的情况下订立或者变更劳动合同的；

（五）劳动者被依法追究刑事责任的。

第二十七条　劳动合同法第四十七条规定的经济补偿的月工资按照劳动者应得工资计算，包括计时工资或者计件工资以及奖金、津贴和补贴等货币性收入。劳动者在劳动合同解除或者终止前12个月的平均工资低于当地最低工资标准的，按照当地最低工资标准计算。劳动者工作不满12个月的，按照实际工作的月数计算平均工资。

第四章　劳务派遣特别规定

第二十八条　用人单位或者其所属单位出资或者合伙设立的劳务派遣单位，向本单位或者所属单位派遣劳动者的，属于劳动合同法第六十七条规定的不得设立的劳务派遣单位。

第二十九条　用工单位应当履行劳动合同法第六十二条规定的义务，维护被派遣劳动者的合法权益。

第三十条　劳务派遣单位不得以非全日制用工形式招用被派遣劳动者。

第三十一条　劳务派遣单位或者被派遣劳动者依法解除、终止劳动合同的经济补偿，依照劳动合同法第四十六条、第四十七条的规定执行。

第三十二条　劳务派遣单位违法解除或者终止被派遣劳动者的劳动合同的，依照劳动合同法第四十八条的规定执行。

第五章　法　律　责　任

第三十三条　用人单位违反劳动合同法有关建立职工名册规定的，由劳动行政部门责令限期改正；逾期不改正的，由劳动行政部门处2000元以上2万元以下的罚款。

第三十四条　用人单位依照劳动合同法的规定应当向劳动者每月支付两倍的工资或者

应当向劳动者支付赔偿金而未支付的，劳动行政部门应当责令用人单位支付。

第三十五条 用工单位违反劳动合同法和本条例有关劳务派遣规定的，由劳动行政部门和其他有关主管部门责令改正；情节严重的，以每位被派遣劳动者1000元以上5000元以下的标准处以罚款；给被派遣劳动者造成损害的，劳务派遣单位和用工单位承担连带赔偿责任。

第六章 附 则

第三十六条 对违反劳动合同法和本条例的行为的投诉、举报，县级以上地方人民政府劳动行政部门依照《劳动保障监察条例》的规定处理。

第三十七条 劳动者与用人单位因订立、履行、变更、解除或者终止劳动合同发生争议的，依照《中华人民共和国劳动争议调解仲裁法》的规定处理。

第三十八条 本条例自公布之日起施行。

国家安全生产监督管理总局令

第 11 号

《注册安全工程师管理规定》已经 2006 年 12 月 22 日国家安全生产监督管理总局局长办公会议审议通过，现予公布，自 2007 年 3 月 1 日起施行。原国家安全生产监督管理局 2004 年公布的《注册安全工程师注册管理办法》同时废止。

局长　李毅中

2007 年 1 月 11 日

注册安全工程师管理规定

第一章　总　　则

第一条　为了加强注册安全工程师的管理，保障注册安全工程师依法执业，根据《安全生产法》等有关法律、行政法规，制定本规定。

第二条　取得中华人民共和国注册安全工程师执业资格证书的人员注册以及注册后的执业、继续教育及其监督管理，适用本规定。

第三条　本规定所称注册安全工程师是指取得中华人民共和国注册安全工程师执业资格证书（以下简称资格证书），在生产经营单位从事安全生产管理、安全技术工作或者在安全生产中介机构从事安全生产专业服务工作，并按照本规定注册取得中华人民共和国注册安全工程师执业证（以下简称执业证）和执业印章的人员。

第四条　注册安全工程师应当严格执行国家法律、法规和本规定，恪守职业道德和执业准则。

第五条　国家安全生产监督管理总局（以下简称安全监管总局）对全国注册安全工程师的注册、执业活动实施统一监督管理。国务院有关主管部门（以下简称部门注册机构）对本系统注册安全工程师的注册、执业活动实施监督管理。

省、自治区、直辖市人民政府安全生产监督管理部门对本行政区域内注册安全工程师的注册、执业活动实施监督管理。

省级煤矿安全监察机构（以下与省、自治区、直辖市人民政府安全生产监督管理部门统称省级注册机构）对所辖区域内煤矿安全注册安全工程师的注册、执业活动实施监督管理。

第六条　从业人员 300 人以上的煤矿、非煤矿矿山、建筑施工单位和危险物品生产、经营单位，应当按照不少于安全生产管理人员 15％的比例配备注册安全工程师；安全生产管理人员在 7 人以下的，至少配备 1 名。

前款规定以外的其他生产经营单位，应当配备注册安全工程师或者委托安全生产中介机构选派注册安全工程师提供安全生产服务。

安全生产中介机构应当按照不少于安全生产专业服务人员 30％的比例配备注册安全工程师。

生产经营单位和安全生产中介机构（以下统称聘用单位）应当为本单位专业技术人员参加注册安全工程师执业资格考试以及注册安全工程师注册、继续教育提供便利。

第二章　注　　册

第七条　取得资格证书的人员，经注册取得执业证和执业印章后方可以注册安全工程师的名义执业。

第八条　申请注册的人员，必须同时具备下列条件：

（一）取得资格证书；

（二）在生产经营单位从事安全生产管理、安全技术工作或者在安全生产中介机构从事安全生产专业服务工作。

第九条　注册安全工程师实行分类注册，注册类别包括：

（一）煤矿安全；

（二）非煤矿矿山安全；

（三）建筑施工安全；

（四）危险物品安全；

（五）其他安全。

第十条　取得资格证书的人员申请注册，按照下列程序办理：

（一）申请人向聘用单位提出申请，聘用单位同意后，将申请人按本规定第十一条、第十三条、第十四条规定的申请材料报送部门、省级注册机构；中央企业总公司（总厂、集团公司）经安全监管总局认可，可以将本企业申请人的申请材料直接报送安全监管总局；申请人和聘用单位应当对申请材料的真实性负责。

（二）部门、省级注册机构在收到申请人的申请材料后，应当作出是否受理的决定，并向申请人出具书面凭证；申请材料不齐全或者不符合要求，应当当场或者在 5 日内一次性告知申请人需要补正的全部内容。逾期不告知的，自收到申请材料之日起即为受理。部门、省级注册机构自受理申请之日起 20 日内将初步核查意见和全部申请材料报送安全监管总局。

（三）安全监管总局自收到部门、省级注册机构以及中央企业总公司（总厂、集团公司）报送的材料之日起 20 日内完成复审并作出书面决定。准予注册的，自作出决定之日起 10 日内，颁发执业证和执业印章，并在公众媒体上予以公告；不予注册的，应当书面说明理由。

第十一条　申请初始注册应当提交下列材料：

（一）注册申请表；

（二）申请人资格证书（复印件）；

（三）申请人与聘用单位签订的劳动合同或者聘用文件（复印件）；

（四）申请人有效身份证件或者身份证明（复印件）。

第十二条 申请人有下列情形之一的，不予注册：

（一）不具有完全民事行为能力的；

（二）在申请注册过程中有弄虚作假行为的；

（三）同时在两个或者两个以上聘用单位申请注册的；

（四）安全监管总局规定的不予注册的其他情形。

第十三条 注册有效期为 3 年，自准予注册之日起计算。

注册有效期满需要延续注册的，申请人应当在有效期满 30 日前，按照本规定第十条规定的程序提出申请。注册审批机关应当在有效期满前作出是否准予延续注册的决定；逾期未作决定的，视为准予延续。

申请延续注册，应当提交下列材料：

（一）注册申请表；

（二）申请人执业证；

（三）申请人与聘用单位签订的劳动合同或者聘用文件（复印件）；

（四）聘用单位出具的申请人执业期间履职情况证明材料；

（五）注册有效期内达到继续教育要求的证明材料。

第十四条 在注册有效期内，注册安全工程师变更执业单位，应当按照本规定第十条规定的程序提出申请，办理变更注册手续。变更注册后仍延续原注册有效期。

申请变更注册，应当提交下列材料：

（一）注册申请表；

（二）申请人执业证；

（三）申请人与原聘用单位合同到期或解聘证明（复印件）；

（四）申请人与新聘用单位签订的劳动合同或者聘用文件（复印件）。

注册安全工程师在办理变更注册手续期间不得执业。

第十五条 有下列情形之一的，注册安全工程师应当及时告知执业证和执业印章颁发机关；重新具备条件的，按照本规定第十一条、第十四条申请重新注册或者变更注册：

（一）注册有效期满未延续注册的；

（二）聘用单位被吊销营业执照的；

（三）聘用单位被吊销相应资质证书的；

（四）与聘用单位解除劳动关系的。

第十六条 执业证颁发机关发现有下列情形之一的，应当将执业证和执业印章收回，并办理注销注册手续：

（一）注册安全工程师受到刑事处罚的；

（二）有本规定第十五条规定情形之一未申请重新注册或者变更注册的；

（三）法律、法规规定的其他情形。

第三章 执 业

第十七条 注册安全工程师的执业范围包括：

（一）安全生产管理；

（二）安全生产检查；

（三）安全评价或者安全评估；

（四）安全检测检验；

（五）安全生产技术咨询、服务；

（六）安全生产教育和培训；

（七）法律、法规规定的其他安全生产技术服务。

第十八条 注册安全工程师应当由聘用单位委派，并按照注册类别在规定的执业范围内执业，同时在出具的各种文件、报告上签字和加盖执业印章。

第十九条 生产经营单位的下列安全生产工作，应有注册安全工程师参与并签署意见：

（一）制定安全生产规章制度、安全技术操作规程和作业规程；

（二）排查事故隐患，制定整改方案和安全措施；

（三）制定从业人员安全培训计划；

（四）选用和发放劳动防护用品；

（五）生产安全事故调查；

（六）制定重大危险源检测、评估、监控措施和应急救援预案；

（七）其他安全生产工作事项。

第二十条 聘用单位应当为注册安全工程师建立执业活动档案，并保证档案内容的真实性。

第四章　权利和义务

第二十一条 注册安全工程师享有下列权利：

（一）使用注册安全工程师称谓；

（二）从事规定范围内的执业活动；

（三）对执业中发现的不符合安全生产要求的事项提出意见和建议；

（四）参加继续教育；

（五）使用本人的执业证和执业印章；

（六）获得相应的劳动报酬；

（七）对侵犯本人权利的行为进行申诉；

（八）法律、法规规定的其他权利。

第二十二条 注册安全工程师应当履行下列义务：

（一）保证执业活动的质量，承担相应的责任；

（二）接受继续教育，不断提高执业水准；

（三）在本人执业活动所形成的有关报告上署名；

（四）维护国家、公众的利益和受聘单位的合法权益；

（五）保守执业活动中的秘密；

（六）不得出租、出借、涂改、变造执业证和执业印章；

（七）不得同时在两个或者两个以上单位受聘执业；

（八）法律、法规规定的其他义务。

第五章 继 续 教 育

第二十三条 继续教育按照注册类别分类进行。

注册安全工程师在每个注册周期内应当参加继续教育，时间累计不得少于48学时。

第二十四条 继续教育由部门、省级注册机构按照统一制定的大纲组织实施。中央企业注册安全工程师的继续教育可以由中央企业总公司（总厂、集团公司）组织实施。

继续教育应当由具备资质的安全生产培训机构承担。

第二十五条 煤矿安全、非煤矿矿山安全、危险物品安全（民用爆破器材安全除外）和其他安全类注册安全工程师继续教育大纲，由安全监管总局组织制定；建筑施工安全、民用爆破器材安全注册安全工程师继续教育大纲，由安全监管总局会同国务院有关主管部门组织制定。

第六章 监 督 管 理

第二十六条 安全生产监督管理部门、煤矿安全监察机构和有关主管部门的工作人员应当坚持公开、公正、公平的原则，严格按照法律、行政法规和本规定，对申请注册的人员进行资格审查，颁发执业证和执业印章。

第二十七条 安全监管总局对准予注册以及注销注册、撤销注册、吊销执业证的人员名单向社会公告，接受社会监督。

第二十八条 对注册安全工程师的执业活动，安全生产监督管理部门、煤矿安全监察机构和有关主管部门应当进行监督检查。

第七章 罚 则

第二十九条 安全生产监督管理部门、煤矿安全监察机构或者有关主管部门发现申请人、聘用单位隐瞒有关情况或者提供虚假材料申请注册的，应当不予受理或者不予注册；申请人一年内不得再次申请注册。

第三十条 未经注册擅自以注册安全工程师名义执业的，由县级以上安全生产监督管理部门、有关主管部门或者煤矿安全监察机构责令其停止违法活动，没收违法所得，并处三万元以下的罚款；造成损失的，依法承担赔偿责任。

第三十一条 注册安全工程师以欺骗、贿赂等不正当手段取得执业证的，由县级以上安全生产监督管理部门、有关主管部门或者煤矿安全监察机构处三万元以下的罚款；由执业证颁发机关撤销其注册，当事人三年内不得再次申请注册。

第三十二条 注册安全工程师有下列行为之一的，由县级以上安全生产监督管理部门、有关主管部门或者煤矿安全监察机构处三万元以下的罚款；由执业证颁发机关吊销其执业证，当事人五年内不得再次申请注册；造成损失的，依法承担赔偿责任；构成犯罪的，依法追究刑事责任：

（一）准许他人以本人名义执业的；

（二）以个人名义承接业务、收取费用的；

（三）出租、出借、涂改、变造执业证和执业印章的；

（四）泄漏执业过程中应当保守的秘密并造成严重后果的；

（五）利用执业之便，贪污、索贿、受贿或者谋取不正当利益的；

（六）提供虚假执业活动成果的；

（七）超出执业范围或者聘用单位业务范围从事执业活动的；

（八）法律、法规、规章规定的其他违法行为。

第三十三条 在注册工作中，工作人员有下列行为之一的，依照有关规定给予行政处分：

（一）利用职务之便，索取或者收受他人财物或者谋取不正当利益的；

（二）对发现不符合条件的申请人准予注册的；

（三）对符合条件的申请人不予注册的。

第八章 附　　则

第三十四条 获准在中华人民共和国境内就业的外籍人员及香港特别行政区、澳门特别行政区、台湾地区的专业人员，符合本规定要求的，按照本规定执行。

第三十五条 本规定自 2007 年 3 月 1 日起施行。原国家安全生产监督管理局 2004 年公布的《注册安全工程师注册管理办法》同时废止。

国家安全生产监督管理总局令

第 42 号

《国家安全监管总局关于修改〈《生产安全事故报告和调查处理条例》罚款处罚暂行规定〉部分条款的决定》已经 2011 年 8 月 29 日国家安全生产监督管理总局局长办公会议审议通过，现予公布，自 2011 年 11 月 1 日起施行。

局长　骆琳

2011 年 9 月 1 日

《生产安全事故报告和调查处理条例》罚款处罚暂行规定

（2007 年 7 月 12 日国家安全生产监督管理总局令第 13 号公布　根据 2011 年 9 月 1 日《国家安全监管总局关于修改〈《生产安全事故报告和调查处理条例》罚款处罚暂行规定〉的决定》修订）

第一条　为防止和减少生产安全事故，严格追究生产安全事故发生单位及其有关责任人员的法律责任，正确适用事故罚款的行政处罚，依照《生产安全事故报告和调查处理条例》（以下简称《条例》）的规定，制定本规定。

第二条　安全生产监督管理部门和煤矿安全监察机构对生产安全事故发生单位（以下简称事故发生单位）及其主要负责人、直接负责的主管人员和其他责任人员等有关责任人员实施罚款的行政处罚，适用本规定。

法律、行政法规对行政处罚的种类、幅度和决定机关另有规定的，依照其规定。

第三条　本规定所称事故发生单位是指对事故发生负有责任的生产经营单位。

本规定所称主要负责人是指有限责任公司、股份有限公司的董事长或者总经理或者个人经营的投资人，其他生产经营单位的厂长、经理、局长、矿长（含实际控制人、投资人）等人员。

第四条　本规定所称事故发生单位主要负责人、直接负责的主管人员和其他直接责任人员的上一年年收入，属于国有生产经营单位的，是指该单位上级主管部门所确定的上一年年收入总额；属于非国有生产经营单位的，是指经财务、税务部门核定的上一年年收入总额。

第五条　《条例》所称的迟报、漏报、谎报和瞒报，依照下列情形认定：

（一）报告事故的时间超过规定时限的，属于迟报；

（二）因过失对应当上报的事故或者事故发生的时间、地点、类别、伤亡人数、直接经济损失等内容遗漏未报的，属于漏报；

（三）故意不如实报告事故发生的时间、地点、初步原因、性质、伤亡人数和涉险人数、直接经济损失等有关内容的，属于谎报；

（四）隐瞒已经发生的事故，超过规定时限未向安全监管监察部门和有关部门报告，经查证属实的，属于瞒报。

第六条　对事故发生单位及其有关责任人员处以罚款的行政处罚，依照下列规定决定：

（一）对发生特别重大事故的单位及其有关责任人员罚款的行政处罚，由国家安全生产监督管理总局决定；

（二）对发生重大事故的单位及其有关责任人员罚款的行政处罚，由省级人民政府安全生产监督管理部门决定；

（三）对发生较大事故的单位及其有关责任人员罚款的行政处罚，由设区的市级人民政府安全生产监督管理部门决定；

（四）对发生一般事故的单位及其有关责任人员罚款的行政处罚，由县级人民政府安全生产监督管理部门决定。

上级安全生产监督管理部门可以指定下一级安全生产监督管理部门对事故发生单位及其有关责任人员实施行政处罚。

第七条　对煤矿事故发生单位及其有关责任人员处以罚款的行政处罚，依照下列规定执行：

（一）对发生特别重大事故的煤矿及其有关责任人员罚款的行政处罚，由国家煤矿安全监察局决定；

（二）对发生重大事故和较大事故的煤矿及其有关责任人员罚款的行政处罚，由省级煤矿安全监察机构决定；

（三）对发生一般事故的煤矿及其有关责任人员罚款的行政处罚，由省级煤矿安全监察机构所属分局决定。

上级煤矿安全监察机构可以指定下一级煤矿安全监察机构对事故发生单位及其有关责任人员实施行政处罚。

第八条　特别重大事故以下等级事故，事故发生地与事故发生单位所在地不在同一个县级以上行政区域的，由事故发生地的安全生产监督管理部门或者煤矿安全监察机构依照本规定第六条或者第七条规定的权限实施行政处罚。

第九条　安全生产监督管理部门和煤矿安全监察机构对事故发生单位及其有关责任人员实施罚款的行政处罚，依照《安全生产违法行为行政处罚办法》规定的程序执行。

第十条　事故发生单位及其有关责任人员对安全生产监督管理部门和煤矿安全监察机构给予的行政处罚，享有陈述、申辩的权利；对行政处罚不服的，有权依法申请行政复议或者提起行政诉讼。

第十一条　事故发生单位主要负责人有《条例》第三十五条规定的行为之一的，依照下列规定处以罚款：

（一）事故发生单位主要负责人在事故发生后不立即组织事故抢救的，处上一年年收入 80％的罚款；

（二）事故发生单位主要负责人迟报或者漏报事故的，处上一年年收入 40％至 60％的罚款；

（三）事故发生单位主要负责人在事故调查处理期间擅离职守的，处上一年年收入 60％至 80％的罚款。

第十二条 事故发生单位有《条例》第三十六条第一项规定行为之一的，处 200 万元的罚款；同时贻误事故抢救或者造成事故扩大或者影响事故调查的，处 300 万元的罚款；同时贻误事故抢救或者造成事故扩大或者影响事故调查，手段恶劣，情节严重的，处 500 万元的罚款。

事故发生单位有《条例》第三十六条第二至六项规定行为之一的，处 100 万元以上 200 万元以下的罚款；同时贻误事故抢救或者造成事故扩大或者影响事故调查的，处 200 万元以上 300 万元以下的罚款；同时贻误事故抢救或者造成事故扩大或者影响事故调查，手段恶劣，情节严重的，处 300 万元以上 500 万元以下的罚款。

第十三条 事故发生单位的主要负责人、直接负责的主管人员和其他直接责任人员有《条例》第三十六条规定的行为之一的，依照下列规定处以罚款：

（一）伪造、故意破坏事故现场，或者转移、隐匿资金、财产、销毁有关证据、资料，或者拒绝接受调查，或者拒绝提供有关情况和资料，或者在事故调查中作伪证，或者指使他人作伪证的，处上一年年收入 80％至 90％的罚款；

（二）谎报、瞒报事故或者事故发生后逃匿的，处上一年年收入 100％的罚款。

第十四条 事故发生单位对造成 3 人以下死亡，或者 3 人以上 10 人以下重伤（包括急性工业中毒），或者 300 万元以上 1000 万元以下直接经济损失的事故负有责任的，处 10 万元以上 20 万元以下的罚款。

事故发生单位有本条第一款规定的行为且谎报或者瞒报事故的，处 20 万元的罚款。

第十五条 事故发生单位对较大事故发生负有责任的，依照下列规定处以罚款：

（一）造成 3 人以上 6 人以下死亡，或者 10 人以上 30 人以下重伤（包括急性工业中毒），或者 1000 万元以上 3000 万元以下直接经济损失的，处 20 万元以上 30 万元以下的罚款；

（二）造成 6 人以上 10 人以下死亡，或者 30 人以上 50 人以下重伤（包括急性工业中毒），或者 3000 万元以上 5000 万元以下直接经济损失的，处 30 万元以上 50 万元以下的罚款。

事故发生单位对较大事故发生负有责任且有谎报或者瞒报行为的，处 50 万元的罚款。

第十六条 事故发生单位对重大事故发生负有责任的，依照下列规定处以罚款：

（一）造成 10 人以上 15 人以下死亡，或者 50 人以上 70 人以下重伤（包括急性工业中毒），或者 5000 万元以上 7000 万元以下直接经济损失的，处 50 万元以上 100 万元以下的罚款；

（二）造成 15 人以上 30 人以下死亡，或者 70 人以上 100 人以下重伤（包括急性工业中毒），或者 7000 万元以上 1 亿元以下直接经济损失的，处 100 万元以上 200 万元以下的罚款。

事故发生单位对重大事故发生负有责任且有谎报或者瞒报行为的，处 200 万元的罚款。

第十七条 事故发生单位对特别重大事故发生负有责任的，处 200 万元以上 500 万元以下的罚款。

事故发生单位有本条第一款规定的行为且谎报或者瞒报事故的，处 500 万元的罚款。

第十八条 事故发生单位主要负责人未依法履行安全生产管理职责，导致事故发生的，依照下列规定处以罚款：

（一）发生一般事故的，处上一年年收入 30％的罚款；

（二）发生较大事故的，处上一年年收入 40％的罚款；

（三）发生重大事故的，处上一年年收入 60％的罚款；

（四）发生特别重大事故的，处上一年年收入 80％的罚款。

第十九条 法律、行政法规对发生事故的单位及其有关责任人员规定的罚款幅度与本规定不同的，按照较高的幅度处以罚款，但对同一违法行为不得重复罚款。

第二十条 违反《条例》和本规定，事故发生单位及其有关责任人员有两种以上应当处以罚款的行为的，安全生产监督管理部门或者煤矿安全监察机构应当分别裁量，合并作出处罚决定。

第二十一条 对事故发生负有责任的其他单位及其有关责任人员处以罚款的行政处罚，依照相关法律、法规和规章的规定实施。

第二十二条 本规定自公布之日起施行。

国家安全生产监督管理总局令

第 44 号

新修订的《安全生产培训管理办法》已经 2011 年 12 月 31 日国家安全生产监督管理总局局长办公会议审议通过，现予公布，自 2012 年 3 月 1 日起施行。原国家安全生产监督管理局（国家煤矿安全监察局）2004 年 12 月 28 日公布的《安全生产培训管理办法》同时废止。

局长　骆琳

2012 年 1 月 19 日

安全生产培训管理办法

（2012 年 1 月 19 日国家安全监管总局令第 44 号公布　根据 2013 年 8 月 29 日《国家安全监管总局关于修改〈生产经营单位安全培训规定〉等 11 件规章的决定》修订）

第一章　总　　则

第一条　为了加强安全生产培训管理，规范安全生产培训秩序，保证安全生产培训质量，促进安全生产培训工作健康发展，根据《中华人民共和国安全生产法》和有关法律、行政法规的规定，制定本办法。

第二条　安全培训机构、生产经营单位从事安全生产培训（以下简称安全培训）活动以及安全生产监督管理部门、煤矿安全监察机构、地方人民政府负责煤矿安全培训的部门对安全培训工作实施监督管理，适用本办法。

第三条　本办法所称安全培训是指以提高安全监管监察人员、生产经营单位从业人员和从事安全生产工作的相关人员的安全素质为目的的教育培训活动。

前款所称安全监管监察人员是指县级以上各级人民政府安全生产监督管理部门、各级煤矿安全监察机构从事安全监管监察、行政执法的安全生产监管人员和煤矿安全监察人员；生产经营单位从业人员是指生产经营单位主要负责人、安全生产管理人员、特种作业人员及其他从业人员；从事安全生产工作的相关人员是指从事安全教育培训工作的教师、危险化学品登记机构的登记人员和承担安全评价、咨询、检测、检验的人员及注册安全工程师、安全生产应急救援人员等。

第四条 安全培训工作实行统一规划、归口管理、分级实施、分类指导、教考分离的原则。

国家安全生产监督管理总局（以下简称国家安全监管总局）指导全国安全培训工作，依法对全国的安全培训工作实施监督管理。

国家煤矿安全监察局（以下简称国家煤矿安监局）指导全国煤矿安全培训工作，依法对全国煤矿安全培训工作实施监督管理。

国家安全生产应急救援指挥中心指导全国安全生产应急救援培训工作。

县级以上地方各级人民政府安全生产监督管理部门依法对本行政区域内的安全培训工作实施监督管理。

省、自治区、直辖市人民政府负责煤矿安全培训的部门、省级煤矿安全监察机构（以下统称省级煤矿安全培训监管机构）按照各自工作职责，依法对所辖区域煤矿安全培训工作实施监督管理。

第五条 安全培训的机构应当具备从事安全培训工作所需要的条件。从事危险物品的生产、经营、储存单位和矿山企业主要负责人、安全生产管理人员、特种作业人员以及注册安全工程师等相关人员培训的安全培训机构，应当将教师、教学和实习实训设施等情况书面报告所在地安全生产监督管理部门、煤矿安全培训监管机构。

国家鼓励安全生产相关社会组织对安全培训机构实行自律管理。

第二章 安 全 培 训

第六条 安全培训应当按照规定的安全培训大纲进行。

安全监管监察人员，危险物品的生产、经营、储存单位与非煤矿山企业的主要负责人、安全生产管理人员和特种作业人员及从事安全生产工作的相关人员的安全培训大纲，由国家安全监管总局组织制定。

煤矿企业的主要负责人、安全生产管理人员和特种作业人员的培训大纲由国家煤矿安监局组织制定。

除危险物品的生产、经营、储存单位和矿山企业以外其他生产经营单位的主要负责人、安全生产管理人员及其他从业人员的安全培训大纲，由省级安全生产监督管理部门、省级煤矿安全培训监管机构组织制定。

第七条 国家安全监管总局、省级安全生产监督管理部门定期组织优秀安全培训教材的评选。

安全培训机构应当优先使用优秀安全培训教材。

第八条 国家安全监管总局负责省级以上安全生产监督管理部门的安全生产监管人员、各级煤矿安全监察机构的煤矿安全监察人员的培训工作；组织、指导和监督中央企业总公司、总厂或者集团公司的主要负责人和安全生产管理人员的培训工作。

省级安全生产监督管理部门负责市级、县级安全生产监督管理部门的安全生产监管人员的培训工作；组织、指导和监督省属生产经营单位、所辖区域内中央企业的分公司、子公司及其所属单位的主要负责人和安全生产管理人员的培训工作；组织、指导和监督特种作业人员的培训工作。

市级、县级安全生产监督管理部门组织、指导和监督本行政区域内除中央企业、省属生产经营单位以外的其他生产经营单位的主要负责人和安全生产管理人员的安全培训工作。

省级煤矿安全培训监管机构组织、指导和监督所辖区域内煤矿企业的主要负责人、安全生产管理人员和特种作业人员的培训工作。

危险化学品登记机构的登记人员和承担安全评价、咨询、检测、检验的人员及注册安全工程师、安全生产应急救援人员的安全培训按照有关法律、法规、规章的规定进行。

除主要负责人、安全生产管理人员、特种作业人员以外的生产经营单位的从业人员的安全培训，由生产经营单位负责。

第九条 对从业人员的安全培训，具备安全培训条件的生产经营单位应当以自主培训为主，也可以委托具备安全培训条件的机构进行安全培训。

不具备安全培训条件的生产经营单位，应当委托具有安全培训条件的机构对从业人员进行安全培训。

第十条 生产经营单位应当建立安全培训管理制度，保障从业人员安全培训所需经费，对从业人员进行与其所从事岗位相应的安全教育培训；从业人员调整工作岗位或者采用新工艺、新技术、新设备、新材料的，应当对其进行专门的安全教育和培训。未经安全教育和培训合格的从业人员，不得上岗作业。

从业人员安全培训情况，生产经营单位应当建档备查。

第十一条 生产经营单位从业人员的培训内容和培训时间，应当符合《生产经营单位安全培训规定》和有关标准的规定。

第十二条 中央企业的分公司、子公司及其所属单位和其他生产经营单位，发生造成人员死亡的生产安全事故的，其主要负责人和安全生产管理人员应当重新参加安全培训。

特种作业人员对造成人员死亡的生产安全事故负有直接责任的，应当按照《特种作业人员安全技术培训考核管理规定》重新参加安全培训。

第十三条 国家鼓励生产经营单位实行师傅带徒弟制度。

矿山新招的井下作业人员和危险物品生产经营单位新招的危险工艺操作岗位人员，除按照规定进行安全培训外，还应当在有经验的职工带领下实习满2个月后，方可独立上岗作业。

第十四条 国家鼓励生产经营单位招录职业院校毕业生。

职业院校毕业生从事与所学专业相关的作业，可以免予参加初次培训，实际操作培训除外。

第十五条 安全培训机构应当建立安全培训工作制度和人员培训档案，落实安全培训计划。安全培训相关情况，应当记录备查。

第十六条 安全培训机构从事安全培训工作的收费，应当符合法律、法规的规定。法律、法规没有规定的，应当按照行业自律标准或者指导性标准收费。

第十七条 国家鼓励安全培训机构和生产经营单位利用现代信息技术开展安全培训，包括远程培训。

第三章 安全培训的考核

第十八条 安全监管监察人员、从事安全生产工作的相关人员、依照有关法律法规应当取得安全资格证的生产经营单位主要负责人和安全生产管理人员、特种作业人员的安全培训的考核，应当坚持教考分离、统一标准、统一题库、分级负责的原则，分步推行有远程视频监视的计算机考试。

第十九条　安全监管监察人员，危险物品的生产、经营、储存单位及非煤矿山企业主要负责人、安全生产管理人员和特种作业人员，以及从事安全生产工作的相关人员的考核标准，由国家安全监管总局统一制定。

煤矿企业的主要负责人、安全生产管理人员和特种作业人员的考核标准，由国家煤矿安监局制定。

除危险物品的生产、经营、储存单位和矿山企业以外其他生产经营单位主要负责人、安全生产管理人员及其他从业人员的考核标准，由省级安全生产监督管理部门制定。

第二十条　国家安全监管总局负责省级以上安全生产监督管理部门的安全生产监管人员、各级煤矿安全监察机构的煤矿安全监察人员的考核；负责中央企业的总公司、总厂或者集团公司的主要负责人和安全生产管理人员的考核。

省级安全生产监督管理部门负责市级、县级安全生产监督管理部门的安全生产监管人员的考核；负责省属生产经营单位和中央企业分公司、子公司及其所属单位的主要负责人和安全生产管理人员的考核；负责特种作业人员的考核。

市级安全生产监督管理部门负责本行政区域内除中央企业、省属生产经营单位以外的其他生产经营单位的主要负责人和安全生产管理人员的考核。

省级煤矿安全培训监管机构负责所辖区域内煤矿企业的主要负责人、安全生产管理人员和特种作业人员的考核。

除主要负责人、安全生产管理人员、特种作业人员以外的生产经营单位的其他从业人员的考核，由生产经营单位按照省级安全生产监督管理部门公布的考核标准，自行组织考核。

第二十一条　安全生产监督管理部门、煤矿安全培训监管机构和生产经营单位应当制定安全培训的考核制度，建立考核管理档案备查。

第四章　安全培训的发证

第二十二条　接受安全培训人员经考核合格的，由考核部门在考核结束后 10 个工作日内颁发相应的证书。

第二十三条　安全生产监管人员经考核合格后，颁发安全生产监管执法证；煤矿安全监察人员经考核合格后，颁发煤矿安全监察执法证；危险物品的生产、经营、储存单位和矿山企业主要负责人、安全生产管理人员经考核合格后，颁发安全资格证；特种作业人员经考核合格后，颁发《中华人民共和国特种作业操作证》（以下简称特种作业操作证）；危险化学品登记机构的登记人员经考核合格后，颁发上岗证；其他人员经培训合格后，颁发培训合格证。

第二十四条　安全生产监管执法证、煤矿安全监察执法证、安全资格证、特种作业操作证和上岗证的式样，由国家安全监管总局统一规定。培训合格证的式样，由负责培训考核的部门规定。

第二十五条　安全生产监管执法证、煤矿安全监察执法证、安全资格证的有效期为 3 年。有效期届满需要延期的，应当于有效期届满 30 日前向原发证部门申请办理延期手续。

特种作业人员的考核发证按照《特种作业人员安全技术培训考核管理规定》执行。

第二十六条　特种作业操作证和省级安全生产监督管理部门、省级煤矿安全培训监管机构颁发的主要负责人、安全生产管理人员的安全资格证，在全国范围内有效。

第二十七条　承担安全评价、咨询、检测、检验的人员和安全生产应急救援人员的考核、发证，按照有关法律、法规、规章的规定执行。

第五章　监　督　管　理

第二十八条　安全生产监督管理部门、煤矿安全培训监管机构应当依照法律、法规和本办法的规定，加强对安全培训工作的监督管理，对生产经营单位、安全培训机构违反有关法律、法规和本办法的行为，依法作出处理。

省级安全生产监督管理部门、省级煤矿安全培训监管机构应当定期统计分析本行政区域内安全培训、考核、发证情况，并报国家安全监管总局。

第二十九条　安全生产监督管理部门和煤矿安全培训监管机构应当对安全培训机构开展安全培训活动的情况进行监督检查，检查内容包括：

（一）具备从事安全培训工作所需要的条件的情况；

（二）建立培训管理制度和教师配备的情况；

（三）执行培训大纲、建立培训档案和培训保障的情况；

（四）培训收费的情况；

（五）法律法规规定的其他内容。

第三十条　安全生产监督管理部门、煤矿安全培训监管机构应当对生产经营单位的安全培训情况进行监督检查，检查内容包括：

（一）安全培训制度、年度培训计划、安全培训管理档案的制定和实施的情况；

（二）安全培训经费投入和使用的情况；

（三）主要负责人、安全生产管理人员和特种作业人员安全培训和持证上岗的情况；

（四）应用新工艺、新技术、新材料、新设备以及转岗前对从业人员安全培训的情况；

（五）其他从业人员安全培训的情况；

（六）法律法规规定的其他内容。

第三十一条　任何单位或者个人对生产经营单位、安全培训机构违反有关法律、法规和本办法的行为，均有权向安全生产监督管理部门、煤矿安全监察机构、煤矿安全培训监管机构报告或者举报。

接到举报的部门或者机构应当为举报人保密，并按照有关规定对举报进行核查和处理。

第三十二条　监察机关依照《中华人民共和国行政监察法》等法律、行政法规的规定，对安全生产监督管理部门、煤矿安全监察机构、煤矿安全培训监管机构及其工作人员履行安全培训工作监督管理职责情况实施监察。

第六章　法　律　责　任

第三十三条　安全生产监督管理部门、煤矿安全监察机构、煤矿安全培训监管机构的工作人员在安全培训监督管理工作中滥用职权、玩忽职守、徇私舞弊的，依照有关规定给予处分；构成犯罪的，依法追究刑事责任。

第三十四条　安全培训机构有下列情形之一的，责令限期改正，处1万元以下的罚款；逾期未改正的，给予警告，处1万元以上3万元以下的罚款：

（一）不具备安全培训条件的；

（二）未按照统一的培训大纲组织教学培训的；

（三）未建立培训档案或者培训档案管理不规范的；

安全培训机构采取不正当竞争手段，故意贬低、诋毁其他安全培训机构的，依照前款规定处罚。

第三十五条 生产经营单位主要负责人、安全生产管理人员、特种作业人员以欺骗、贿赂等不正当手段取得安全资格证或者特种作业操作证的，除撤销其相关资格证外，处3千元以下的罚款，并自撤销其相关资格证之日起3年内不得再次申请该资格证。

第三十六条 生产经营单位有下列情形之一的，责令改正，处3万元以下的罚款：

（一）从业人员安全培训的时间少于《生产经营单位安全培训规定》或者有关标准规定的；

（二）矿山新招的井下作业人员和危险物品生产经营单位新招的危险工艺操作岗位人员，未经实习期满独立上岗作业的；

（三）相关人员未按照本办法第十二条规定重新参加安全培训的。

第三十七条 生产经营单位存在违反有关法律、法规中安全生产教育培训的其他行为的，依照相关法律、法规的规定予以处罚。

第七章 附　　则

第三十八条 本办法自2012年3月1日起施行。2004年12月28日公布的《安全生产培训管理办法》[原国家安全生产监督管理局（国家煤矿安全监察局）令第20号]同时废止。

国家安全生产监督管理总局令

第 48 号

《职业病危害项目申报办法》已经 2012 年 3 月 6 日国家安全生产监督管理总局局长办公会议审议通过，现予公布，自 2012 年 6 月 1 日起施行。国家安全生产监督管理总局 2009 年 9 月 8 日公布的《作业场所职业危害申报管理办法》同时废止。

局长　骆琳

2012 年 4 月 27 日

职业病危害项目申报办法

第一条　为了规范职业病危害项目的申报工作，加强对用人单位职业卫生工作的监督管理，根据《中华人民共和国职业病防治法》，制定本办法。

第二条　用人单位（煤矿除外）工作场所存在职业病目录所列职业病的危害因素的，应当及时、如实向所在地安全生产监督管理部门申报危害项目，并接受安全生产监督管理部门的监督管理。

煤矿职业病危害项目申报办法另行规定。

第三条　本办法所称职业病危害项目，是指存在职业病危害因素的项目。

职业病危害因素按照《职业病危害因素分类目录》确定。

第四条　职业病危害项目申报工作实行属地分级管理的原则。

中央企业、省属企业及其所属用人单位的职业病危害项目，向其所在地设区的市级人民政府安全生产监督管理部门申报。

前款规定以外的其他用人单位的职业病危害项目，向其所在地县级人民政府安全生产监督管理部门申报。

第五条　用人单位申报职业病危害项目时，应当提交《职业病危害项目申报表》和下列文件、资料：

（一）用人单位的基本情况；

（二）工作场所职业病危害因素种类、分布情况以及接触人数；

（三）法律、法规和规章规定的其他文件、资料。

第六条　职业病危害项目申报同时采取电子数据和纸质文本两种方式。

用人单位应当首先通过"职业病危害项目申报系统"进行电子数据申报，同时将《职业病危害项目申报表》加盖公章并由本单位主要负责人签字后，按照本办法第四条和第五条的规定，连同有关文件、资料一并上报所在地设区的市级、县级安全生产监督管理部门。

受理申报的安全生产监督管理部门应当自收到申报文件、资料之日起5个工作日内，出具《职业病危害项目申报回执》。

第七条　职业病危害项目申报不得收取任何费用。

第八条　用人单位有下列情形之一的，应当按照本条规定向原申报机关申报变更职业病危害项目内容：

（一）进行新建、改建、扩建、技术改造或者技术引进建设项目的，自建设项目竣工验收之日起30日内进行申报；

（二）因技术、工艺、设备或者材料等发生变化导致原申报的职业病危害因素及其相关内容发生重大变化的，自发生变化之日起15日内进行申报；

（三）用人单位工作场所、名称、法定代表人或者主要负责人发生变化的，自发生变化之日起15日内进行申报；

（四）经过职业病危害因素检测、评价，发现原申报内容发生变化的，自收到有关检测、评价结果之日起15日内进行申报。

第九条　用人单位终止生产经营活动的，应当自生产经营活动终止之日起15日内向原申报机关报告并办理注销手续。

第十条　受理申报的安全生产监督管理部门应当建立职业病危害项目管理档案。职业病危害项目管理档案应当包括辖区内存在职业病危害因素的用人单位数量、职业病危害因素种类、行业及地区分布、接触人数等内容。

第十一条　安全生产监督管理部门应当依法对用人单位职业病危害项目申报情况进行抽查，并对职业病危害项目实施监督检查。

第十二条　安全生产监督管理部门及其工作人员应当保守用人单位商业秘密和技术秘密。违反有关保密义务的，应当承担相应的法律责任。

第十三条　安全生产监督管理部门应当建立健全举报制度，依法受理和查处有关用人单位违反本办法行为的举报。

任何单位和个人均有权向安全生产监督管理部门举报用人单位违反本办法的行为。

第十四条　用人单位未按照本办法规定及时、如实地申报职业病危害项目的，责令限期改正，给予警告，可以并处5万元以上10万元以下的罚款。

第十五条　用人单位有关事项发生重大变化，未按照本办法的规定申报变更职业病危害项目内容的，责令限期改正，可以并处5000元以上3万元以下的罚款。

第十六条　《职业病危害项目申报表》、《职业病危害项目申报回执》的式样由国家安全生产监督管理总局规定。

第十七条　本办法自2012年6月1日起施行。国家安全生产监督管理总局2009年9月8日公布的《作业场所职业危害申报管理办法》同时废止。

国家安全生产监督管理总局令

第 49 号

《用人单位职业健康监护监督管理办法》已经 2012 年 3 月 6 日国家安全生产监督管理总局局长办公会议审议通过，现予公布，自 2012 年 6 月 1 日起施行。

局长　骆琳

2012 年 4 月 27 日

用人单位职业健康监护监督管理办法

第一章　总　　则

第一条　为了规范用人单位职业健康监护工作，加强职业健康监护的监督管理，保护劳动者健康及其相关权益，根据《中华人民共和国职业病防治法》，制定本办法。

第二条　用人单位从事接触职业病危害作业的劳动者（以下简称劳动者）的职业健康监护和安全生产监督管理部门对其实施监督管理，适用本办法。

第三条　本办法所称职业健康监护，是指劳动者上岗前、在岗期间、离岗时、应急的职业健康检查和职业健康监护档案管理。

第四条　用人单位应当建立、健全劳动者职业健康监护制度，依法落实职业健康监护工作。

第五条　用人单位应当接受安全生产监督管理部门依法对其职业健康监护工作的监督检查，并提供有关文件和资料。

第六条　对用人单位违反本办法的行为，任何单位和个人均有权向安全生产监督管理部门举报或者报告。

第二章　用人单位的职责

第七条　用人单位是职业健康监护工作的责任主体，其主要负责人对本单位职业健康监护工作全面负责。

用人单位应当依照本办法以及《职业健康监护技术规范》（GBZ 188）、《放射工作人员职业健康监护技术规范》（GBZ 235）等国家职业卫生标准的要求，制定、落实本单位职业健康检查年度计划，并保证所需要的专项经费。

第八条 用人单位应当组织劳动者进行职业健康检查，并承担职业健康检查费用。

劳动者接受职业健康检查应当视同正常出勤。

第九条 用人单位应当选择由省级以上人民政府卫生行政部门批准的医疗卫生机构承担职业健康检查工作，并确保参加职业健康检查的劳动者身份的真实性。

第十条 用人单位在委托职业健康检查机构对从事接触职业病危害作业的劳动者进行职业健康检查时，应当如实提供下列文件、资料：

（一）用人单位的基本情况；

（二）工作场所职业病危害因素种类及其接触人员名册；

（三）职业病危害因素定期检测、评价结果。

第十一条 用人单位应当对下列劳动者进行上岗前的职业健康检查：

（一）拟从事接触职业病危害作业的新录用劳动者，包括转岗到该作业岗位的劳动者；

（二）拟从事有特殊健康要求作业的劳动者。

第十二条 用人单位不得安排未经上岗前职业健康检查的劳动者从事接触职业病危害的作业，不得安排有职业禁忌的劳动者从事其所禁忌的作业。

用人单位不得安排未成年工从事接触职业病危害的作业，不得安排孕期、哺乳期的女职工从事对本人和胎儿、婴儿有危害的作业。

第十三条 用人单位应当根据劳动者所接触的职业病危害因素，定期安排劳动者进行在岗期间的职业健康检查。

对在岗期间的职业健康检查，用人单位应当按照《职业健康监护技术规范》（GBZ 188）等国家职业卫生标准的规定和要求，确定接触职业病危害的劳动者的检查项目和检查周期。需要复查的，应当根据复查要求增加相应的检查项目。

第十四条 出现下列情况之一的，用人单位应当立即组织有关劳动者进行应急职业健康检查：

（一）接触职业病危害因素的劳动者在作业过程中出现与所接触职业病危害因素相关的不适症状的；

（二）劳动者受到急性职业中毒危害或者出现职业中毒症状的。

第十五条 对准备脱离所从事的职业病危害作业或者岗位的劳动者，用人单位应当在劳动者离岗前 30 日内组织劳动者进行离岗时的职业健康检查。劳动者离岗前 90 日内的在岗期间的职业健康检查可以视为离岗时的职业健康检查。

用人单位对未进行离岗时职业健康检查的劳动者，不得解除或者终止与其订立的劳动合同。

第十六条 用人单位应当及时将职业健康检查结果及职业健康检查机构的建议以书面形式如实告知劳动者。

第十七条 用人单位应当根据职业健康检查报告，采取下列措施：

（一）对有职业禁忌的劳动者，调离或者暂时脱离原工作岗位；

（二）对健康损害可能与所从事的职业相关的劳动者，进行妥善安置；

（三）对需要复查的劳动者，按照职业健康检查机构要求的时间安排复查和医学观察；

（四）对疑似职业病病人，按照职业健康检查机构的建议安排其进行医学观察或者职业病诊断；

（五）对存在职业病危害的岗位，立即改善劳动条件，完善职业病防护设施，为劳动者配备符合国家标准的职业病危害防护用品。

第十八条 职业健康监护中出现新发生职业病（职业中毒）或者两例以上疑似职业病（职业中毒）的，用人单位应当及时向所在地安全生产监督管理部门报告。

第十九条 用人单位应当为劳动者个人建立职业健康监护档案，并按照有关规定妥善保存。职业健康监护档案包括下列内容：

（一）劳动者姓名、性别、年龄、籍贯、婚姻、文化程度、嗜好等情况；

（二）劳动者职业史、既往病史和职业病危害接触史；

（三）历次职业健康检查结果及处理情况；

（四）职业病诊疗资料；

（五）需要存入职业健康监护档案的其他有关资料。

第二十条 安全生产行政执法人员、劳动者或者其近亲属、劳动者委托的代理人有权查阅、复印劳动者的职业健康监护档案。

劳动者离开用人单位时，有权索取本人职业健康监护档案复印件，用人单位应当如实、无偿提供，并在所提供的复印件上签章。

第二十一条 用人单位发生分立、合并、解散、破产等情形时，应当对劳动者进行职业健康检查，并依照国家有关规定妥善安置职业病病人；其职业健康监护档案应当依照国家有关规定实施移交保管。

第三章 监 督 管 理

第二十二条 安全生产监督管理部门应当依法对用人单位落实有关职业健康监护的法律、法规、规章和标准的情况进行监督检查，重点监督检查下列内容：

（一）职业健康监护制度建立情况；

（二）职业健康监护计划制定和专项经费落实情况；

（三）如实提供职业健康检查所需资料情况；

（四）劳动者上岗前、在岗期间、离岗时、应急职业健康检查情况；

（五）对职业健康检查结果及建议，向劳动者履行告知义务情况；

（六）针对职业健康检查报告采取措施情况；

（七）报告职业病、疑似职业病情况；

（八）劳动者职业健康监护档案建立及管理情况；

（九）为离开用人单位的劳动者如实、无偿提供本人职业健康监护档案复印件情况；

（十）依法应当监督检查的其他情况。

第二十三条 安全生产监督管理部门应当加强行政执法人员职业健康知识培训，提高行政执法人员的业务素质。

第二十四条 安全生产行政执法人员依法履行监督检查职责时，应当出示有效的执法证件。

安全生产行政执法人员应当忠于职守，秉公执法，严格遵守执法规范；涉及被检查单位技术秘密、业务秘密以及个人隐私的，应当为其保密。

第二十五条 安全生产监督管理部门履行监督检查职责时，有权进入被检查单位，查阅、复制被检查单位有关职业健康监护的文件、资料。

第四章 法 律 责 任

第二十六条 用人单位有下列行为之一的,给予警告,责令限期改正,可以并处3万元以下的罚款:

(一)未建立或者落实职业健康监护制度的;

(二)未按照规定制定职业健康监护计划和落实专项经费的;

(三)弄虚作假,指使他人冒名顶替参加职业健康检查的;

(四)未如实提供职业健康检查所需要的文件、资料的;

(五)未根据职业健康检查情况采取相应措施的;

(六)不承担职业健康检查费用的。

第二十七条 用人单位有下列行为之一的,责令限期改正,给予警告,可以并处5万元以上10万元以下的罚款:

(一)未按照规定组织职业健康检查、建立职业健康监护档案或者未将检查结果如实告知劳动者的;

(二)未按照规定在劳动者离开用人单位时提供职业健康监护档案复印件的。

第二十八条 用人单位有下列情形之一的,给予警告,责令限期改正,逾期不改正的,处5万元以上20万元以下的罚款;情节严重的,责令停止产生职业病危害的作业,或者提请有关人民政府按照国务院规定的权限责令关闭:

(一)未按照规定安排职业病病人、疑似职业病病人进行诊治的;

(二)隐瞒、伪造、篡改、损毁职业健康监护档案等相关资料,或者拒不提供职业病诊断、鉴定所需资料的。

第二十九条 用人单位有下列情形之一的,责令限期治理,并处5万元以上30万元以下的罚款;情节严重的,责令停止产生职业病危害的作业,或者提请有关人民政府按照国务院规定的权限责令关闭:

(一)安排未经职业健康检查的劳动者从事接触职业病危害的作业的;

(二)安排未成年工从事接触职业病危害的作业的;

(三)安排孕期、哺乳期女职工从事对本人和胎儿、婴儿有危害的作业的;

(四)安排有职业禁忌的劳动者从事所禁忌的作业的。

第三十条 用人单位违反本办法规定,未报告职业病、疑似职业病的,由安全生产监督管理部门责令限期改正,给予警告,可以并处1万元以下的罚款;弄虚作假的,并处2万元以上5万元以下的罚款。

第五章 附 则

第三十一条 煤矿安全监察机构依照本办法负责煤矿劳动者职业健康监护的监察工作。

第三十二条 本办法自2012年6月1日起施行。

国家安全生产监督管理总局令

第 59 号

《工贸企业有限空间作业安全管理与监督暂行规定》已经 2013 年 2 月 18 日国家安全生产监督管理总局局长办公会议审议通过，现予公布，自 2013 年 7 月 1 日起施行。

局长　杨栋梁

2013 年 5 月 20 日

工贸企业有限空间作业安全管理与监督暂行规定

第一章　总　　则

第一条　为了加强对冶金、有色、建材、机械、轻工、纺织、烟草、商贸企业（以下统称工贸企业）有限空间作业的安全管理与监督，预防和减少生产安全事故，保障作业人员的安全与健康，根据《中华人民共和国安全生产法》等法律、行政法规，制定本规定。

第二条　工贸企业有限空间作业的安全管理与监督，适用本规定。

本规定所称有限空间，是指封闭或者部分封闭，与外界相对隔离，出入口较为狭窄，作业人员不能长时间在内工作，自然通风不良，易造成有毒有害、易燃易爆物质积聚或者氧含量不足的空间。工贸企业有限空间的目录由国家安全生产监督管理总局确定、调整并公布。

第三条　工贸企业是本企业有限空间作业安全的责任主体，其主要负责人对本企业有限空间作业安全全面负责，相关负责人在各自职责范围内对本企业有限空间作业安全负责。

第四条　国家安全生产监督管理总局对全国工贸企业有限空间作业安全实施监督管理。

县级以上地方各级安全生产监督管理部门按照属地监管、分级负责的原则，对本行政区域内工贸企业有限空间作业安全实施监督管理。省、自治区、直辖市人民政府对工贸企业有限空间作业的安全生产监督管理职责另有规定的，依照其规定。

第二章　有限空间作业的安全保障

第五条　存在有限空间作业的工贸企业应当建立下列安全生产制度和规程：

（一）有限空间作业安全责任制度；

（二）有限空间作业审批制度；

（三）有限空间作业现场安全管理制度；

（四）有限空间作业现场负责人、监护人员、作业人员、应急救援人员安全培训教育制度；

（五）有限空间作业应急管理制度；

（六）有限空间作业安全操作规程。

第六条 工贸企业应当对从事有限空间作业的现场负责人、监护人员、作业人员、应急救援人员进行专项安全培训。专项安全培训应当包括下列内容：

（一）有限空间作业的危险有害因素和安全防范措施；

（二）有限空间作业的安全操作规程；

（三）检测仪器、劳动防护用品的正确使用；

（四）紧急情况下的应急处置措施。

安全培训应当有专门记录，并由参加培训的人员签字确认。

第七条 工贸企业应当对本企业的有限空间进行辨识，确定有限空间的数量、位置以及危险有害因素等基本情况，建立有限空间管理台账，并及时更新。

第八条 工贸企业实施有限空间作业前，应当对作业环境进行评估，分析存在的危险有害因素，提出消除、控制危害的措施，制定有限空间作业方案，并经本企业负责人批准。

第九条 工贸企业应当按照有限空间作业方案，明确作业现场负责人、监护人员、作业人员及其安全职责。

第十条 工贸企业实施有限空间作业前，应当将有限空间作业方案和作业现场可能存在的危险有害因素、防控措施告知作业人员。现场负责人应当监督作业人员按照方案进行作业准备。

第十一条 工贸企业应当采取可靠的隔断（隔离）措施，将可能危及作业安全的设施设备、存在有毒有害物质的空间与作业地点隔开。

第十二条 有限空间作业应当严格遵守"先通风、再检测、后作业"的原则。检测指标包括氧浓度、易燃易爆物质（可燃性气体、爆炸性粉尘）浓度、有毒有害气体浓度。检测应当符合相关国家标准或者行业标准的规定。

未经通风和检测合格，任何人员不得进入有限空间作业。检测的时间不得早于作业开始前 30 分钟。

第十三条 检测人员进行检测时，应当记录检测的时间、地点、气体种类、浓度等信息。检测记录经检测人员签字后存档。

检测人员应当采取相应的安全防护措施，防止中毒窒息等事故发生。

第十四条 有限空间内盛装或者残留的物料对作业存在危害时，作业人员应当在作业前对物料进行清洗、清空或者置换。经检测，有限空间的危险有害因素符合《工作场所有害因素职业接触限值第一部分化学有害因素》（GBZ 2.1）的要求后，方可进入有限空间作业。

第十五条 在有限空间作业过程中，工贸企业应当采取通风措施，保持空气流通，禁止采用纯氧通风换气。

发现通风设备停止运转、有限空间内氧含量浓度低于或者有毒有害气体浓度高于国家标准或者行业标准规定的限值时，工贸企业必须立即停止有限空间作业，清点作业人员，撤离作业现场。

第十六条 在有限空间作业过程中，工贸企业应当对作业场所中的危险有害因素进行定时检测或者连续监测。

作业中断超过 30 分钟，作业人员再次进入有限空间作业前，应当重新通风、检测合格后方可进入。

第十七条 有限空间作业场所的照明灯具电压应当符合《特低电压限值》（GB/T 3805）等国家标准或者行业标准的规定；作业场所存在可燃性气体、粉尘的，其电气设施设备及照明灯具的防爆安全要求应当符合《爆炸性环境　第一部分：设备　通用要求》（GB 3836.1）等国家标准或者行业标准的规定。

第十八条 工贸企业应当根据有限空间存在危险有害因素的种类和危害程度，为作业人员提供符合国家标准或者行业标准规定的劳动防护用品，并教育监督作业人员正确佩戴与使用。

第十九条 工贸企业有限空间作业还应当符合下列要求：

（一）保持有限空间出入口畅通；

（二）设置明显的安全警示标志和警示说明；

（三）作业前清点作业人员和工器具；

（四）作业人员与外部有可靠的通讯联络；

（五）监护人员不得离开作业现场，并与作业人员保持联系；

（六）存在交叉作业时，采取避免互相伤害的措施。

第二十条 有限空间作业结束后，作业现场负责人、监护人员应当对作业现场进行清理，撤离作业人员。

第二十一条 工贸企业应当根据本企业有限空间作业的特点，制定应急预案，并配备相关的呼吸器、防毒面罩、通讯设备、安全绳索等应急装备和器材。有限空间作业的现场负责人、监护人员、作业人员和应急救援人员应当掌握相关应急预案内容，定期进行演练，提高应急处置能力。

第二十二条 工贸企业将有限空间作业发包给其他单位实施的，应当发包给具备国家规定资质或者安全生产条件的承包方，并与承包方签订专门的安全生产管理协议或者在承包合同中明确各自的安全生产职责。存在多个承包方时，工贸企业应当对承包方的安全生产工作进行统一协调、管理。

工贸企业对其发包的有限空间作业安全承担主体责任。承包方对其承包的有限空间作业安全承担直接责任。

第二十三条 有限空间作业中发生事故后，现场有关人员应当立即报警，禁止盲目施救。应急救援人员实施救援时，应当做好自身防护，佩戴必要的呼吸器具、救援器材。

第三章　有限空间作业的安全监督管理

第二十四条 安全生产监督管理部门应当加强对工贸企业有限空间作业的监督检查，将检查纳入年度执法工作计划。对发现的事故隐患和违法行为，依法作出处理。

第二十五条 安全生产监督管理部门对工贸企业有限空间作业实施监督检查时，应当重点抽查有限空间作业安全管理制度、有限空间管理台账、检测记录、劳动防护用品配备、应急救援演练、专项安全培训等情况。

第二十六条　安全生产监督管理部门应当加强对行政执法人员的有限空间作业安全知识培训，并为检查有限空间作业安全的行政执法人员配备必需的劳动防护用品、检测仪器。

第二十七条　安全生产监督管理部门及其行政执法人员发现有限空间作业存在重大事故隐患的，应当责令立即或者限期整改；重大事故隐患排除前或者排除过程中无法保证安全的，应当责令暂时停止作业，撤出作业人员；重大事故隐患排除后，经审查同意，方可恢复作业。

第四章　法　律　责　任

第二十八条　工贸企业有下列行为之一的，由县级以上安全生产监督管理部门责令限期改正；逾期未改正的，责令停产停业整顿，可以并处 5 万元以下的罚款：

（一）未在有限空间作业场所设置明显的安全警示标志的；

（二）未按照本规定为作业人员提供符合国家标准或者行业标准的劳动防护用品的。

第二十九条　工贸企业有下列情形之一的，由县级以上安全生产监督管理部门给予警告，可以并处 2 万元以下的罚款：

（一）未按照本规定对有限空间作业进行辨识、提出防范措施、建立有限空间管理台账的；

（二）未按照本规定对有限空间的现场负责人、监护人员、作业人员和应急救援人员进行专项安全培训的；

（三）未按照本规定对有限空间作业制定作业方案或者方案未经审批擅自作业的；

（四）有限空间作业未按照本规定进行危险有害因素检测或者监测，并实行专人监护作业的；

（五）未教育和监督作业人员按照本规定正确佩戴与使用劳动防护用品的；

（六）未按照本规定对有限空间作业制定应急预案，配备必要的应急装备和器材，并定期进行演练的。

第五章　附　　则

第三十条　本规定自 2013 年 7 月 1 日起施行。

国家安全生产监督管理总局令

第 3 号

《生产经营单位安全培训规定》已经 2005 年 12 月 28 日国家安全生产监督管理总局局长办公会议审议通过，现予公布，自 2006 年 3 月 1 日起施行。

局长　李毅中

2006 年 1 月 17 日

生产经营单位安全培训规定

（2006 年 1 月 17 日国家安全监管总局令第 3 号公布，根据 2013 年 8 月 29 日《国家安全监管总局关于修改〈生产经营单位安全培训规定〉等 11 件规章的决定》修订）

第一章　总　　则

第一条　为加强和规范生产经营单位安全培训工作，提高从业人员安全素质，防范伤亡事故，减轻职业危害，根据安全生产法和有关法律、行政法规，制定本规定。

第二条　工矿商贸生产经营单位（以下简称生产经营单位）从业人员的安全培训，适用本规定。

第三条　生产经营单位负责本单位从业人员安全培训工作。

生产经营单位应当按照安全生产法和有关法律、行政法规和本规定，建立健全安全培训工作制度。

第四条　生产经营单位应当进行安全培训的从业人员包括主要负责人、安全生产管理人员、特种作业人员和其他从业人员。

生产经营单位从业人员应当接受安全培训，熟悉有关安全生产规章制度和安全操作规程，具备必要的安全生产知识，掌握本岗位的安全操作技能，增强预防事故、控制职业危害和应急处理的能力。

未经安全生产培训合格的从业人员，不得上岗作业。

第五条　国家安全生产监督管理总局指导全国安全培训工作，依法对全国的安全培训工作实施监督管理。

国务院有关主管部门按照各自职责指导监督本行业安全培训工作，并按照本规定制定实施办法。

国家煤矿安全监察局指导监督检查全国煤矿安全培训工作。

各级安全生产监督管理部门和煤矿安全监察机构（以下简称安全生产监管监察部门）按照各自的职责，依法对生产经营单位的安全培训工作实施监督管理。

第二章　主要负责人、安全生产管理人员的安全培训

第六条　生产经营单位主要负责人和安全生产管理人员应当接受安全培训，具备与所从事的生产经营活动相适应的安全生产知识和管理能力。

煤矿、非煤矿山、危险化学品、烟花爆竹等生产经营单位主要负责人和安全生产管理人员，必须接受专门的安全培训，经安全生产监管监察部门对其安全生产知识和管理能力考核合格，取得安全资格证书后，方可任职。

第七条　生产经营单位主要负责人安全培训应当包括下列内容：

（一）国家安全生产方针、政策和有关安全生产的法律、法规、规章及标准；

（二）安全生产管理基本知识、安全生产技术、安全生产专业知识；

（三）重大危险源管理、重大事故防范、应急管理和救援组织以及事故调查处理的有关规定；

（四）职业危害及其预防措施；

（五）国内外先进的安全生产管理经验；

（六）典型事故和应急救援案例分析；

（七）其他需要培训的内容。

第八条　生产经营单位安全生产管理人员安全培训应当包括下列内容：

（一）国家安全生产方针、政策和有关安全生产的法律、法规、规章及标准；

（二）安全生产管理、安全生产技术、职业卫生等知识；

（三）伤亡事故统计、报告及职业危害的调查处理方法；

（四）应急管理、应急预案编制以及应急处置的内容和要求；

（五）国内外先进的安全生产管理经验；

（六）典型事故和应急救援案例分析；

（七）其他需要培训的内容。

第九条　生产经营单位主要负责人和安全生产管理人员初次安全培训时间不得少于32学时。每年再培训时间不得少于12学时。

煤矿、非煤矿山、危险化学品、烟花爆竹等生产经营单位主要负责人和安全生产管理人员安全资格培训时间不得少于48学时；每年再培训时间不得少于16学时。

第十条　生产经营单位主要负责人和安全生产管理人员的安全培训必须依照安全生产监管监察部门制定的安全培训大纲实施。

非煤矿山、危险化学品、烟花爆竹等生产经营单位主要负责人和安全生产管理人员的安全培训大纲及考核标准由国家安全生产监督管理总局统一制定。

煤矿主要负责人和安全生产管理人员的安全培训大纲及考核标准由国家煤矿安全监察局制定。

煤矿、非煤矿山、危险化学品、烟花爆竹以外的其他生产经营单位主要负责人和安全管理人员的安全培训大纲及考核标准，由省、自治区、直辖市安全生产监督管理部门

制定。

第三章　其他从业人员的安全培训

第十一条　煤矿、非煤矿山、危险化学品、烟花爆竹等生产经营单位必须对新上岗的临时工、合同工、劳务工、轮换工、协议工等进行强制性安全培训，保证其具备本岗位安全操作、自救互救以及应急处置所需的知识和技能后，方能安排上岗作业。

第十二条　加工、制造业等生产单位的其他从业人员，在上岗前必须经过厂（矿）、车间（工段、区、队）、班组三级安全培训教育。

生产经营单位可以根据工作性质对其他从业人员进行安全培训，保证其具备本岗位安全操作、应急处置等知识和技能。

第十三条　生产经营单位新上岗的从业人员，岗前培训时间不得少于 24 学时。

煤矿、非煤矿山、危险化学品、烟花爆竹等生产经营单位新上岗的从业人员安全培训时间不得少于 72 学时，每年接受再培训的时间不得少于 20 学时。

第十四条　厂（矿）级岗前安全培训内容应当包括：

（一）本单位安全生产情况及安全生产基本知识；

（二）本单位安全生产规章制度和劳动纪律；

（三）从业人员安全生产权利和义务；

（四）有关事故案例等。

煤矿、非煤矿山、危险化学品、烟花爆竹等生产经营单位厂（矿）级安全培训除包括上述内容外，应当增加事故应急救援、事故应急预案演练及防范措施等内容。

第十五条　车间（工段、区、队）级岗前安全培训内容应当包括：

（一）工作环境及危险因素；

（二）所从事工种可能遭受的职业伤害和伤亡事故；

（三）所从事工种的安全职责、操作技能及强制性标准；

（四）自救互救、急救方法、疏散和现场紧急情况的处理；

（五）安全设备设施、个人防护用品的使用和维护；

（六）本车间（工段、区、队）安全生产状况及规章制度；

（七）预防事故和职业危害的措施及应注意的安全事项；

（八）有关事故案例；

（九）其他需要培训的内容。

第十六条　班组级岗前安全培训内容应当包括：

（一）岗位安全操作规程；

（二）岗位之间工作衔接配合的安全与职业卫生事项；

（三）有关事故案例；

（四）其他需要培训的内容。

第十七条　从业人员在本生产经营单位内调整工作岗位或离岗一年以上重新上岗时，应当重新接受车间（工段、区、队）和班组级的安全培训。

生产经营单位实施新工艺、新技术或者使用新设备、新材料时，应当对有关从业人员重新进行有针对性的安全培训。

第十八条　生产经营单位的特种作业人员，必须按照国家有关法律、法规的规定接受专门的安全培训，经考核合格，取得特种作业操作资格证书后，方可上岗作业。

特种作业人员的范围和培训考核管理办法，另行规定。

第四章 安全培训的组织实施

第十九条 国家安全生产监督管理总局组织、指导和监督中央管理的生产经营单位的总公司（集团公司、总厂）的主要负责人和安全生产管理人员的安全培训工作。

国家煤矿安全监察局组织、指导和监督中央管理的煤矿企业集团公司（总公司）的主要负责人和安全生产管理人员的安全培训工作。

省级安全生产监督管理部门组织、指导和监督省属生产经营单位及所辖区域内中央管理的工矿商贸生产经营单位的分公司、子公司主要负责人和安全生产管理人员的培训工作；组织、指导和监督特种作业人员的培训工作。

省级煤矿安全监察机构组织、指导和监督所辖区域内煤矿企业的主要负责人、安全生产管理人员和特种作业人员（含煤矿矿井使用的特种设备作业人员）的安全培训工作。

市级、县级安全生产监督管理部门组织、指导和监督本行政区域内除中央企业、省属生产经营单位以外的其他生产经营单位的主要负责人和安全生产管理人员的安全培训工作。

生产经营单位除主要负责人、安全生产管理人员、特种作业人员以外的从业人员的安全培训工作，由生产经营单位组织实施。

第二十条 具备安全培训条件的生产经营单位，应当以自主培训为主；可以委托具备安全培训条件的机构，对从业人员进行安全培训。

不具备安全培训条件的生产经营单位，应当委托具备安全培训条件的机构，对从业人员进行安全培训。

第二十一条 生产经营单位应当将安全培训工作纳入本单位年度工作计划。保证本单位安全培训工作所需资金。

第二十二条 生产经营单位应建立健全从业人员安全培训档案，详细、准确记录培训考核情况。

第二十三条 生产经营单位安排从业人员进行安全培训期间，应当支付工资和必要的费用。

第五章 监 督 管 理

第二十四条 安全生产监管监察部门依法对生产经营单位安全培训情况进行监督检查，督促生产经营单位按照国家有关法律法规和本规定开展安全培训工作。

县级以上地方人民政府负责煤矿安全生产监督管理的部门对煤矿井下作业人员的安全培训情况进行监督检查。煤矿安全监察机构对煤矿特种作业人员安全培训及其持证上岗的情况进行监督检查。

第二十五条 各级安全生产监管监察部门对生产经营单位安全培训及其持证上岗的情况进行监督检查，主要包括以下内容：

（一）安全培训制度、计划的制定及其实施的情况；

（二）煤矿、非煤矿山、危险化学品、烟花爆竹等生产经营单位主要负责人和安全生产管理人员安全资格证持证上岗的情况；其他生产经营单位主要负责人和安全生产管理人员培训的情况；

（三）特种作业人员操作资格证持证上岗的情况；

（四）建立安全培训档案的情况；

（五）其他需要检查的内容。

第二十六条　安全生产监管监察部门对煤矿、非煤矿山、危险化学品、烟花爆竹等生产经营单位的主要负责人、安全管理人员应当按照本规定严格考核和颁发安全资格证书。考核不得收费。

安全生产监管监察部门负责考核、发证的有关人员不得玩忽职守和滥用职权。

第六章　罚　　则

第二十七条　生产经营单位有下列行为之一的，由安全生产监管监察部门责令其限期改正，并处 2 万元以下的罚款：

（一）未将安全培训工作纳入本单位工作计划并保证安全培训工作所需资金的；

（二）未建立健全从业人员安全培训档案的；

（三）从业人员进行安全培训期间未支付工资并承担安全培训费用的。

第二十八条　生产经营单位有下列行为之一的，由安全生产监管监察部门责令其限期改正；逾期未改正的，责令停产停业整顿，并处 2 万元以下的罚款：

（一）煤矿、非煤矿山、危险化学品、烟花爆竹等生产经营单位主要负责人和安全管理人员未按本规定经考核合格的；

（二）非煤矿山、危险化学品、烟花爆竹等生产经营单位未按照本规定对其他从业人员进行安全培训的；

（三）非煤矿山、危险化学品、烟花爆竹等生产经营单位未如实告知从业人员有关安全生产事项的；

（四）生产经营单位特种作业人员未按照规定经专门的安全技术培训并取得特种作业人员操作资格证书，上岗作业的。

县级以上地方人民政府负责煤矿安全生产监督管理的部门发现煤矿未按照本规定对井下作业人员进行安全培训的，责令限期改正，处 10 万元以上 50 万元以下的罚款；逾期未改正的，责令停产停业整顿。

煤矿安全监察机构发现煤矿特种作业人员无证上岗作业的，责令限期改正，处 10 万元以上 50 万元以下的罚款；逾期未改正的，责令停产停业整顿。

第二十九条　生产经营单位有下列行为之一的，由安全生产监管监察部门给予警告，吊销安全资格证书，并处 3 万元以下的罚款：

（一）编造安全培训记录、档案的；

（二）骗取安全资格证书的。

第三十条　安全生产监管监察部门有关人员在考核、发证工作中玩忽职守、滥用职权的，由上级安全生产监管监察部门或者行政监察部门给予记过、记大过的行政处分。

第七章　附　　则

第三十一条　生产经营单位主要负责人是指有限责任公司或者股份有限公司的董事长、总经理，其他生产经营单位的厂长、经理、（矿务局）局长、矿长（含实际控制人）等。

生产经营单位安全生产管理人员是指生产经营单位分管安全生产的负责人、安全生产管理机构负责人及其管理人员，以及未设安全生产管理机构的生产经营单位专、兼职安全生产管理人员等。

生产经营单位其他从业人员是指除主要负责人、安全生产管理人员和特种作业人员以外，该单位从事生产经营活动的所有人员，包括其他负责人、其他管理人员、技术人员和各岗位的工人以及临时聘用的人员。

第三十二条　省、自治区、直辖市安全生产监督管理部门和省级煤矿安全监察机构可以根据本规定制定实施细则，报国家安全生产监督管理总局和国家煤矿安全监察局备案。

第三十三条　本规定自 2006 年 3 月 1 日起施行。

国务院安委会办公室关于贯彻落实国务院《通知》精神 加强企业班组长安全培训工作的指导意见

安委办〔2010〕27 号

为认真学习贯彻党的十七届五中全会精神，深入贯彻落实《国务院关于进一步加强企业安全生产工作的通知》（国发〔2010〕23 号）的工作部署，着力推进企业班组安全生产基础建设，切实加强以班组长为重点的企业全员安全培训，提高从业人员的安全意识和技能，促进全国安全生产形势持续稳定好转，现就加强企业班组长安全培训工作提出如下指导意见：

一、充分认识加强班组长安全培训工作的重要性和紧迫性

班组是企业的最基层组织，是安全生产的第一道防线。班组长是企业安全生产工作一线的直接指挥者和组织者。加强企业班组长安全培训工作，是全面提高从业人员安全意识和操作技能，规范作业行为，杜绝违章指挥、违章作业、违反劳动纪律的"三违"行为，从根本上防止事故发生的有效途径，也是当前进一步强化企业班组安全生产基础建设，提升现场安全管理水平，促进企业安全生产的一项重要而紧迫的任务。

当前，我国一些企业特别是中小企业班组安全管理仍然薄弱，班组长的安全素质、安全操作技能和安全管理水平与企业安全生产工作要求有很大差距，"三违"现象大量存在，给安全生产带来很大风险。各地区、各有关部门和企业一定要从切实维护人民群众生命财产安全，推动科学发展、安全发展的战略高度，充分认识加强企业班组长安全培训工作的重要性，增强责任感和紧迫感，加大工作力度，采取有力措施，切实抓紧、抓好、抓出成效。

二、明确指导思想、基本原则和工作目标

（一）指导思想。深入贯彻落实科学发展观，认真贯彻执行《国务院关于进一步加强企业安全生产工作的通知》，坚持以人为本，牢固树立安全发展的理念，坚持"安全第一、预防为主、综合治理"的方针，以提高班组长和班组全体人员安全素质为重点，以提升企业现场安全管理水平、减少和杜绝"三违"为目的，落实责任，完善措施，提高质量，进一步强化企业安全培训的基础作用，大力加强企业班组长安全培训，夯实企业安全生产工作基础，预防和减少各类伤亡事故发生，促进全国安全生产形势持续稳定好转。

（二）基本原则。

1. 统筹规划，依法培训。各级安全监管监察机构和企业要把班组长安全培训纳入安全生产工作总体部署，建立政府、企业、培训机构相互配合、运行有序的工作机制，依据《安全生产法》和《生产经营单位安全培训规定》（国家安全监管总局令第 3 号）等法律法规和规章，大力开展企业班组长安全培训。

2. 政府监管，企业落实。各级安全监管监察机构和各地有关部门要依法对企业班组长安全培训工作实施监督、指导和检查。企业要建立健全管理制度，制定培训计划，明确目标任务，加大投入力度，切实把班组长安全培训工作落到实处。

3. 突出重点，整体推进。以企业自主培训为主，实施企业班组长安全培训工程。企业要把班组长安全培训作为重要工作来抓，结合工作实际制定本企业班组长安全培训实施方案，以班组长培训带动班组全员培训，确保员工做到应知应会，并经安全培训合格后上岗。

4. 形式多样，注重实效。坚持从班组生产工作实际出发，坚持学用结合，针对班组长岗位要求和特点，确定培训内容，编选培训教材，创新培训方式方法，增强培训的针对性和实效性。

（三）工作目标。全面落实企业班组长安全培训的主体责任，确保每个企业每年将本企业班组长轮训一遍；进一步加大对企业班组长安全培训工作的执法检查力度，切实把《国务院关于进一步加强企业安全生产工作的通知》有关加强安全培训工作的要求落到实处；到 2011 年底，形成工矿商贸行业（领域）企业班组长安全培训教材体系，建立一支能够胜任培训工作的专兼职教师队伍，切实提高班组长安全培训的针对性和实效性。

三、严格培训要求，规范培训管理

（一）制定培训计划。各企业要把班组长安全培训纳入本企业安全生产发展规划、年度工作计划和目标责任体系，制定班组长安全培训实施方案，至 2011 年底要将班组长普遍培训一遍，并确保以后每年轮训一遍。要把农民工和外包施工企业人员纳入班组长安全培训范围，统筹安排、分类指导。对新进员工要严格按照有关规定，开展岗前"三级"（厂〈矿〉、车间〈工段、区、队〉、班组）安全教育培训。

（二）规范培训内容。根据企业班组安全生产工作要求和班组长的特点，确定培训内容，保证培训实效。

班组长安全培训的主要内容包括：本企业安全生产状况及安全生产规章制度；岗位危险有害因素及安全操作规程；作业设备安全使用与管理；作业条件与环境改善；个人劳动防护用品的使用和维护；作业现场安全标准化；现场安全检查与隐患排查治理；现场应急处置和自救互救；本企业、本行业典型事故案例；班组长的职责和作用；员工的权利与义务；与员工沟通的方式和技巧；班组安全生产的组织管理及"白国周班组管理法"等先进的班组安全管理经验等。

（三）细化工作措施。班组长安全培训由企业自行组织实施或由企业委托具有四级以上资质的安全培训机构实施。各企业要指定专门机构负责班组长安全培训工作，明确任务分工，落实培训责任。要不断完善培训制度，妥善处理工作与培训的关系，确保培训时间，保障培训经费。有条件的企业应建立安全培训机构或设立班组长学习室，配备班组长安全教育视频与相关设施设备，为班组长安全培训提供必要条件。

企业班组新上岗的从业人员必须按照《生产经营单位安全培训规定》，经过相应安全培训并考核合格后上岗。已在岗的班组长每年接受安全培训的时间不得少于 24 学时，班组其他员工每年接受安全培训的时间不得少于 16 学时。

（四）加强培训考核。班组长安全培训考核工作由企业指定专门机构负责。要本着有效、管用、简便的原则，建立健全培训考核制度，制定培训质量效益评估指标体系，统一考核指标、考核程序和考核方法，严格考核管理，严禁形式主义和弄虚作假。对考核合格的班组长，颁发安全培训合格证书。要完善班组长安全培训激励机制，充分运用考核结果，激发班组长参加培训的积极性和主动性。

（五）建立培训档案。各企业或培训机构要建立班组长安全培训档案，对班组长培训考核情况实行单位与个人签字管理，真实记录培训内容、技能训练科目、培训时间、培训学时及考核情况等。要规范班组长安全培训工作流程，加强对培训考核全程的监督管理，做到培训信息公开、培训过程透明、考核结果公示、部门参与监督。

四、加强基础工作，提高培训质量

（一）培养师资队伍。各企业要结合企业班组长安全培训实际，建立专兼职结合的师资队伍，重点从企业和安全生产一线选聘教师。班组长安全培训教师一般应在具有5年以上现场工作经历、取得注册安全工程师资格的企业安全管理人员或经过专门培训并取得资格证书的教师中选聘。要有计划地组织开展师资培训，培养和优化班组长安全培训师资队伍；建立培训教师跟班劳动、现场调研等制度，强化实践锻炼，不断提高教师的实践教学水平，增强培训的针对性和实效性。

（二）开发适用的培训教材。本着少而精、管用的原则，注重多媒体教材的研制和开发，组织编写班组长安全培训适用教材。国家安全监管总局指导工矿商贸企业班组长师资培训教材以及煤矿、非煤矿山、危险化学品、烟花爆竹、冶金等重点行业企业班组长安全培训教材的编写工作；每2年组织开展一次优秀教材评选活动，并向社会推荐。各有关行业主管部门指导本行业班组长安全培训教材的编写工作。各省级安全监管监察机构根据实际工作需要，指导其他工矿商贸企业班组长安全培训教材的编写工作。各企业要根据本企业实际，编制通俗易懂、图文并茂的班组安全培训适用教材。

（三）丰富培训形式。各企业或培训机构要结合企业生产实际，采取集中培训、半工半培、送教上门等多种形式开展班组长安全培训。要针对企业现场安全管理和班组长的特点，通过开设安全宣传栏，利用多媒体、企业内部网站、电视、报刊、板报等平台以及安全讲座、班前班后会、安全知识竞赛和安全日活动等时机，抓好日常安全教育培训。要通过岗位描述、技术比武、应急演练、现场事故分析、反事故演习、现场安全自检等方式，大力开展岗位练兵，不断提高班组长和员工自我安全保护意识和能力。要注重发挥老工人"传、帮、带"作用，以师带徒，提高员工实际操作技能。

五、加强指导监督，确保班组安全培训落到实处

各企业要把班组长安全培训作为安全生产工作的重要内容，紧密结合生产经营实际，统筹安排部署，采取有力措施，确保工作到位。企业主要负责人和分管负责人要切实加强对班组长安全培训工作的领导，定期组织开展企业内部班组长安全培训工作的检查，及时发现和解决工作中的重大问题，不断推进班组长安全培训的规范化、制度化和经常化。

各级安全监管监察机构和有关行业管理部门要加强协调配合，强化对所辖企业特别是高危行业企业班组长安全培训的监督、指导和检查，指导督促企业落实班组长安全培训要求；要强化服务意识，帮助企业解决班组长安全培训中的实际困难。各级安全监管监察机构要把班组长安全培训纳入安全监管监察的重要内容，加强对企业班组长安全培训的监督检查，适时组织有关部门进行联合执法检查。凡存在不经培训上岗、无证上岗的企业，依法停产整顿；没有对井下作业人员进行安全培训教育，或存在特种作业人员无证上岗的企业，情节严重的要依法予以关闭。

各地区、各有关部门和各单位要注重总结和推广企业班组长安全培训工作中涌现出来的新鲜经验和有效做法，推动工作深入开展。

国务院安委会办公室

2010年11月22日

国务院安委会关于进一步加强
安全培训工作的决定

安委〔2012〕10号

为提高企业从业人员安全素质和安全监管监察效能，防止和减少违章指挥、违规作业和违反劳动纪律（以下简称"三违"）行为，促进全国安全生产形势持续稳定好转，现就进一步加强安全培训工作作出如下决定：

一、加强安全培训工作的重要意义和总体要求

（一）重要意义。党中央、国务院高度重视安全培训工作，安全培训力度不断加大，企业职工安全素质和安全监管监察人员执法能力明显提高。但一些地区和单位安全培训工作仍然存在着思想认识不到位、责任落实不到位、实效性不强、投入不足、基础工作薄弱、执法偏轻偏软等问题，给安全生产带来较大压力。实践表明，进一步加强安全培训工作，是落实党的十八次代表大会精神，深入贯彻科学发展观，实施安全发展战略的内在要求；是强化企业安全生产基础建设，提高企业安全管理水平和从业人员安全素质，提升安全监管监察效能的重要途径；是防止"三违"行为，不断降低事故总量，遏制重特大事故发生的源头性、根本性举措。

（二）总体思路。深入贯彻落实科学发展观，认真落实党中央、国务院关于加强安全生产工作的决策部署，牢固树立"培训不到位是重大安全隐患"的意识，坚持依法培训、按需施教的工作理念，以落实持证上岗和先培训后上岗制度为核心，以落实企业安全培训主体责任、提高企业安全培训质量为着力点，全面加强安全培训基础建设，严格安全培训监察执法和责任追究，扎实推进安全培训内容规范化、方式多样化、管理信息化、方法现代化和监督日常化，努力实施全覆盖、多手段、高质量的安全培训，切实减少"三违"行为，促进全国安全生产形势持续稳定好转。

（三）工作目标。到"十二五"时期末，矿山、建筑施工单位和危险物品生产、经营、储存等高危行业企业（以下简称高危企业）主要负责人、安全管理人员和生产经营单位特种作业人员（以下简称"三项岗位"人员）100%持证上岗，以班组长、新工人、农民工为重点的企业从业人员100%培训合格后上岗，各级安全监管监察人员100%持行政执法证上岗，承担安全培训的教师100%参加知识更新培训，安全培训基础保障能力和安全培训质量得到明显提高。

二、全面落实安全培训工作责任

（四）认真落实企业安全培训主体责任。企业是从业人员安全培训的责任主体，要把安全培训纳入企业发展规划，健全落实以"一把手"负总责、领导班子成员"一岗双责"为主要内容的安全培训责任体系，建立健全机构并配备充足人员，保障经费需求，严格落实"三项岗位"人员持证上岗和从业人员先培训后上岗制度，健全安全培训档案。劳务派遣单位要加强劳务派遣工基本安全知识培训，劳务使用单位要确保劳务派遣工与本企业职工接受同等安全培训。境内投资主体要指导督促境外中资企业依法加强安全培训工作。安

全生产技术研发、装备制造单位要与使用单位共同承担新工艺、新技术、新设备、新材料培训责任。

（五）切实履行政府及有关部门安全培训监管和安全监管监察人员培训职责。地方各级政府要统筹指导相关部门加强本地区安全培训工作。有关主管部门要根据有关法律法规，组织实施职责范围内的安全培训工作，完善安全培训法规制度，统一培训大纲、考试标准，加强教材建设，严格管理培训机构，做好证件发放和复审工作，避免多头管理、重复发证；要强化安全培训监督检查，依法严惩不培训就上岗和乱办班、乱收费、乱发证行为；要组织培训安全监管监察人员。要将安全生产知识作为领导干部培训、义务教育、职业教育、职业技能培训等的重要内容。要减少对培训班的直接参与，由办培训向管培训、管考试、监督培训转变。

（六）强化承担安全培训和考试的机构培训质量保障责任。承担安全培训的机构是安全培训施教主体，担负保证安全培训质量的主要责任，要健全落实安全培训质量控制制度，严格按培训大纲培训，严格学员、培训档案和培训收费管理，加强师资队伍建设和资金投入，持续改善培训条件。承担安全培训考试的机构要严格教考分离制度，健全考务管理体系，建立考试档案，切实做到考试不合格不发证。

三、全面落实持证上岗和先培训后上岗制度

（七）实施高危企业从业人员准入制度。有关主管部门要结合实际，制定本行业领域从业人员准入制度。矿山和危险物品生产企业专职安全管理人员要至少具备相关专业中专以上学历或者中级以上专业技术职称、高级工以上技能等级，或者具备注册安全工程师资格。各类特种作业人员要具有初中及以上文化程度，危险化学品特种作业人员要具有高中或者相当于高中及以上文化程度。矿山井下、危险化学品生产单位从业人员要具有初中及以上文化程度。安全生产专业服务机构为企业提供安全技术服务时，要对企业安全培训情况进行审核。高危企业安全生产许可证发放、延期和安全生产标准化考评时，有关主管部门要审核企业安全培训情况。

（八）严格落实"三项岗位"人员持证上岗制度。企业新任用或者招录"三项岗位"人员，要组织其参加安全培训，经考试合格持证后上岗。取得注册安全工程师资格证并经注册的，可以直接申领矿山、危险物品行业主要负责人和安全管理人员安全资格证。对发生人员死亡事故负有责任的企业主要负责人、实际控制人和安全管理人员，要重新参加安全培训考试。要严格证书延期继续教育制度。有关主管部门要按照职责分工，定期开展本行业领域"三项岗位"人员持证上岗情况登记普查，建立信息库。要建立特种作业人员范围修订机制。

（九）严格落实企业职工先培训后上岗制度。矿山、危险物品等高危企业要对新职工进行至少72学时的安全培训，建筑企业要对新职工进行至少32学时的安全培训，每年进行至少20学时的再培训；非高危企业新职工上岗前要经过至少24学时的安全培训，每年进行至少8学时的再培训。企业调整职工岗位或者采用新工艺、新技术、新设备、新材料的，要进行专门的安全培训。矿山和危险物品生产企业逐步实现从职业院校和技工院校相关专业毕业生中录用新职工。政府有关部门要实施"中小企业安全培训援助"工程，推动大型企业和培训机构与中小企业签订培训服务协议；组织讲师团，开展培训下基层进企业活动。

（十）完善和落实师傅带徒弟制度。高危企业新职工安全培训合格后，要在经验丰富的工人师傅带领下，实习至少2个月后方可独立上岗。工人师傅一般应当具备中级工以上技能等级，3年以上相应工作经历，成绩突出，善于"传、帮、带"，没有发生过"三违"行为等条件。要组织签订师徒协议，建立师傅带徒弟激励约束机制。

（十一）严格落实安全监管监察人员持证上岗和继续教育制度。市（地）及以下政府分管安全生产工作的领导同志要在明确分工后半年内参加专题安全培训。各级安全监管监察人员要经执法资格培训考试合格，持有效行政执法证上岗；新上岗人员要在上岗一年内参加执法资格培训考试；执法证有效期满的，要参加延期换证继续教育和考试。鼓励安全监管监察人员报考注册安全工程师等职业资格，在职攻读安全生产相关专业学历和学位。

四、全面加强安全培训基础保障能力建设

（十二）完善安全培训大纲和教材。有关主管部门要定期制定、修订各类人员安全培训大纲和考核标准，根据安全生产工作发展需要和企业安全生产实际，不断规范安全培训内容。鼓励行业组织、企业及培训机构编写针对性、实效性强的实用教材。要分行业组织编写企业职工安全生产应知应会读本、建立生产安全事故案例库和制作警示教育片。

（十三）加强安全培训师资队伍建设。承担安全培训的机构要建立健全安全培训专职教师考核合格后上岗制度，保证专职教师定期参加继续教育，积极组织教师参加国际学术交流。有关主管部门要加强承担安全培训的教师培训，定期开展教师讲课大赛，建立安全培训师资库。企业要建立领导干部上讲台制度，选聘一线安全管理、技术人员担任兼职教师。

（十四）加强安全培训机构建设。要根据实际需要，科学规划安全培训机构建设，控制数量，合理布局。支持大中型企业和欠发达地区建立安全培训机构，重点建设一批具有仿真、体感、实操特色的示范培训机构。要加强安全培训机构管理，定期公布安全培训机构名单和培训范围，接受社会监督。支持高等学校、职业院校、技工院校、工会培训机构等开展安全培训。

（十五）加强远程安全培训。开发国家安全培训网和有关行业网络学习平台，实现优质资源共享。建立安全培训视频课程征集、遴选、审核制度，建设课程"超市"，推行自主选学。实行网络培训学时学分制，将学时和学分结果与继续教育、再培训挂钩，与安全监管监察人员年度考核、提拔使用、评先评优挂钩。利用视频、电视、手机等拓展远程培训形式。

（十六）加强安全培训管理信息化建设。编制安全培训信息管理数据标准。开发安全培训信息管理系统。健全"三项岗位"人员、安全监管监察人员培训持证情况和考试题库、培训机构、考试机构、培训教师等数据库，实现全国安全培训数据共享。

五、全面提高安全培训质量

（十七）强化实际操作培训。制定特种作业人员实训大纲和考试标准。建立安全监管监察人员实训制度。推动科研和装备制造企业在安全培训场所展示新装备新技术。提高3D、4D、虚拟现实等技术在安全培训中的应用，组织开发特种作业各工种仿真实训系统。

（十八）强化现场安全培训。高危企业要严格班前安全培训制度，有针对性地讲述岗位安全生产与应急救援知识、安全隐患和注意事项等，使班前安全培训成为安全生产第一道防线。要大力推广"手指口述"等安全确认法，帮助员工通过心想、眼看、手指、口述，确保按规程作业。要加强班组长培训，提高班组长现场安全管理水平和现场安全风险管控能力。

（十九）建立安全培训示范视频课程体系。分行业建立"三项岗位"人员安全培训示范视频课程体系，上网发布，逐步实现优质培训资源社会共享。将示范课程作为教师培训的重要内容。建立示范课程跟踪评价制度，定期评选优质课程，给予荣誉称号或者适当资助。

（二十）加强安全培训过程管理和质量评估。建立安全培训需求调研、培训策划、培训计划备案、教学管理、培训效果评估等制度，加强安全培训全过程管理。制定安全培训质量评估指标体系，定期向全社会公布评估结果，并将评估结果作为安全培训机构考评的重要依据。

（二十一）完善安全培训考试体系。有关主管部门要按照职责分工，建立健全本行业领域安全培训考试制度，加强考试机构建设，严格教考分离制度。要建立健全安全资格考试题库，完善国家与地方相结合的题库应用机制。建立网络考试平台，加快计算机考试点建设，开发实际操作模拟考试系统。加强考试监督，严格考试纪律，依法严肃处理考试违纪行为。有关主管部门要统一本行业领域一般从业人员安全培训合格证书式样，规范考试发证管理。

六、加强安全培训监督检查

（二十二）加大安全培训执法力度。有关主管部门要把安全培训纳入年度执法计划，作为日常执法的必查内容，定期开展安全培训专项执法。要规范安全培训执法程序和方法，将抽查持证情况、抽考职工安全生产应知应会知识作为日常执法的重要方式。要加强对承担安全培训的机构管理，深入开展专项治理，促进安全培训机构健康发展。企业要建立安全培训自查自考制度，加大"三违"行为处罚力度。

（二十三）严肃追究安全培训责任。对应持证未持证或者未经培训就上岗的人员，一律先离岗、培训持证后再上岗，并依法对企业按规定上限处罚，直至停产整顿和关闭。对存在不按大纲教学、不按题库考试、教考不分、乱办班等行为的安全培训和考试机构，一律依法严肃处罚。对各类生产安全责任事故，一律倒查培训、考试、发证不到位的责任。对因未培训、假培训或者未持证上岗人员的直接责任引发重特大事故的，所在企业主要负责人依法终身不得担任本行业企业矿长（厂长、经理），实际控制人依法承担相应责任。

（二十四）建立安全培训绩效考核制度。制定安全培训工作绩效考核指标体系，做到定性与定量、内部考核与外部评议相结合。安全培训绩效考核结果要纳入安全生产综合考核内容。每年通报安全培训绩效考核结果。

七、切实加强对安全培训工作的组织领导

（二十五）把安全培训摆上更加突出位置。各级政府及有关主管部门、各企业要把安全培训工作纳入实施安全发展战略的总体布局。各级安委会要定期研究解决安全培训突出问题，有关主管部门主要负责同志要亲自抓、负总责，各级安委会办公室要牵头抓总，当好参谋，创新实践，整合资源，示范引领。要经常深入基层、企业开展安全培训调查研究。要支持工会、共青团、妇联、科协以及新闻媒体等参与、监督安全培训工作。

（二十六）保证安全培训投入。建立以企业投入为主、社会资金积极资助的安全培训投入机制。要将政府应当承担的安全培训经费纳入财政保障范围。企业要在职工培训经费和安全费用中足额列支安全培训经费，实施技术改造和项目引进时要专门安排安全培训资金。研究探索由开展安全生产责任险、建筑意外伤害险的保险机构安排一定资金，用于事

故预防与安全培训工作。

（二十七）充分运用典型和媒体推动安全培训工作。要总结推广政府有关主管部门加大安全培训监管力度、企业落实安全培训主体责任、培训机构提高安全培训质量的典型经验，以点带面推动工作。要定期公布安全培训问题企业和问题培训机构名单。要广泛宣传安全培训工作的重要地位和作用，宣传安全生产知识和技能，不断提高人民群众安全素质，努力形成全社会更加支持安全生产工作的氛围。

各省级安委会和国务院有关主管部门及各有关中央企业要根据本决定制定实施意见，并及时将实施意见和落实情况报告国务院安委会办公室。

国务院安委会

2012 年 11 月 21 日

国务院安委会办公室关于大力推进安全生产文化建设的指导意见

安委办〔2012〕34 号

为深入贯彻落实《中共中央关于深化文化体制改革推动社会主义文化大发展大繁荣若干重大问题的决定》（以下简称《决定》）精神，进一步加强安全生产文化（以下简称安全文化）建设，强化安全生产思想基础和文化支撑，大力推进实施安全发展战略，根据《国务院关于坚持科学发展安全发展促进安全生产形势持续稳定好转的意见》（国发〔2011〕40 号，以下简称国务院《意见》）和《安全文化建设"十二五"规划》（安监总政法〔2011〕172 号），现提出以下指导意见：

一、充分认识推进安全文化建设的重要意义

（一）推进安全文化建设是社会主义文化大发展大繁荣的必然要求。坚持以人为本，更加关注和维护经济社会发展中人的生命安全和健康，是安全文化建设的主旨目标，体现了社会主义文化核心价值的基本要求。党的十七届六中全会《决定》，为我们加强安全文化建设提供了坚强有力的指导方针、工作纲领和努力方向。各地区、各有关部门和单位要自觉地把安全文化建设纳入社会主义文化建设总体布局，准确把握经济社会发展对安全生产工作的新要求，准确把握推动安全文化事业繁荣发展的新任务，准确把握广大人民群众对安全文化需要的新期待，紧密结合安全生产工作实际，抓住机遇，乘势而上，不断把安全文化建设推向深入。

（二）推进安全文化建设是实施安全发展战略的必然要求。从"安全生产"到"安全发展"、从"安全发展理念"到"安全发展战略"，充分表明了党中央、国务院对保障人民群众生命财产安全的坚强决心，反映了经济社会发展的客观规律和内在要求。各地区、各有关部门和单位要围绕安全发展战略的本质要求、原则目标、工程体系和保障措施，加强培训教育和宣传推动，既要强化安全发展的思想基础和文化环境，更要强化必须付诸实践的精神动力和战略行动，切实做到在谋划发展思路、制定发展目标、推进发展进程时以安全为前提、基础和保障，实现安全与速度、质量、效益相统一，确保人民群众平安幸福享有改革发展和社会进步的成果。

（三）推进安全文化建设是汇集参与和支持安全生产工作力量的必然要求。目前，我国正处于生产安全事故易发多发的特殊阶段，安全基础依然比较薄弱，重特大事故尚未得到有效遏制，职业病多发，非法违法、违规违章行为屡禁不止等问题在一些地方和企业还比较突出。进一步加强安全生产工作，需要着力推进安全文化建设，创新方式方法，积极培育先进的安全文化理念，大力开展丰富多彩的安全文化建设活动，注重用文化的力量凝聚共识、集中智慧，齐心协力、持之以恒，推动社会各界重视、参与和支持安全生产工作，不断促进安全生产形势持续稳定好转。

二、安全文化建设的指导思想和总体目标

（四）指导思想。以邓小平理论和"三个代表"重要思想为指导，深入贯彻落实科学

发展观，坚持社会主义先进文化前进方向，牢固树立科学发展、安全发展理念，紧紧围绕贯彻党的十七届六中全会《决定》和国务院《意见》精神，全面落实《安全文化建设"十二五"规划》，以"以人为本、关爱生命、安全发展"为核心，以促进企业落实安全生产主体责任、提高全民安全意识为重点，以改革创新为动力，坚持"安全第一、预防为主、综合治理"的方针，围绕中心、服务大局，不断提升安全文化建设水平，切实发挥安全文化对安全生产工作的引领和推动作用，为促进全国安全生产形势持续稳定好转，提供坚强的思想保证、强大的精神动力和有力的舆论支持。

（五）总体目标。大力开展安全文化建设，坚持科学发展、安全发展，全面实施安全发展战略的主动性明显提高；安全生产法制意识不断强化，依法依规从事生产经营建设行为的自觉性明显增强；安全生产知识得到广泛普及，全民安全素质和防灾避险能力明显提升；安全发展理念深入人心，有利于安全生产工作的舆论氛围更加浓厚；安全生产管理和监督的职业道德精神切实践行，科学、公正、严格、清廉的工作作风更加强化；反映安全生产的精品力作不断涌现，安全文化产业发展更加充满活力；高素质的安全文化人才队伍发展壮大，自我约束和持续改进的安全文化建设机制进一步完善，安全生产工作的保障基础更加坚实。

三、切实强化科学发展、安全发展理念

（六）加强安全生产宣传工作。广泛深入宣传科学发展、安全发展理念，积极组织各方力量，通过多种形式和有效途径，大力宣传、全面落实党中央、国务院关于加强安全生产工作的方针政策和决策部署。积极营造关爱生命、关注安全的社会舆论氛围，宣传推动将科学发展、安全发展作为衡量各地区、各行业领域、各生产经营单位安全生产工作的基本标准，实现安全生产与经济社会发展有机统一。

（七）深入开展群众性安全文化活动。坚持贴近实际、贴近生活、贴近群众，认真组织开展好全国"安全生产月"、"安全生产万里行"、"安康杯"、"青年示范岗"等主题实践活动，增强活动实效。广泛组织安全发展公益宣传活动，充分利用演讲、展览、征文、书画、歌咏、文艺汇演、移动媒体等群众喜闻乐见的形式，加强安全生产理念和知识、技能的宣传，提高城市、社区、村镇、企业、校园安全文化建设水平，不断强化安全意识。

（八）着力提高全民安全素质。加强安全教育培训法规标准、基地、教材和信息化建设，加强地方政府分管安全生产工作的负责人、安全监管监察人员及企业"三项岗位"人员、班组长和农民工安全教育培训。积极开展全民公共安全教育、警示教育和应急避险教育。探索在中小学开设安全知识和应急防范课程，在高等院校开设选修课程。

（九）加强安全文化理论研究。充分发挥安全生产科研院所和高等院校的作用，加强安全学科建设，以安全发展为核心，组织研究、推出一批有价值和广泛社会影响力的安全文化理论成果。鼓励各地区和企业单位结合自身特点，探索安全文化建设的新方法、新途径，加大安全文化理论成果转化力度，更好地服务安全生产工作。

四、大力推动安全生产职业道德建设

（十）强化安全生产法制观念。结合中宣部、司法部和全国普法办联合开展的"法律六进"主题活动，深入开展安全生产相关法律法规、规章标准的宣传，坚持以案说法，加强安全生产法制教育，切实增强各类生产经营单位和广大从业人员的安全生产法律意识，推进"依法治安"。进一步加强安全生产综合监管、安全监察、行业主管等部门领导干部的法制教育，推进依法行政。

（十一）弘扬高尚的安全监管监察职业精神。以忠于职守、公正廉明、执法为民、甘于奉献为核心内容，深入宣传全国安全监管监察系统先进单位和先进个人的典型事迹，进一步激发各级党员干部立足岗位、牢记宗旨、爱党奉献的工作热情，坚定做好安全生产工作、维护人民群众生命财产安全的信心和决心，建设一支政治坚定、业务精通、作风过硬、执法公正的安全监管监察队伍，争做安全发展忠诚卫士。

（十二）增强全民安全自觉性。以"不伤害自己、不伤害他人、不被别人伤害、不使他人受到伤害"为主要内容，将安全生产价值观、道德观教育纳入思想政治工作和精神文明建设内容，注重加强日常性的安全教育，强化安全自律意识，使尊重生命价值、维护职业安全与健康成为广大职工群众生产生活中的精神追求和基本行为准则。

（十三）继续开展企业安全诚信建设。把安全诚信建设纳入社会诚信建设重要内容，形成安全生产守信光荣、失信可耻的氛围，促进企业自觉主动地践行安全生产法律法规和规章制度，强化企业安全生产主体责任落实。健全完善安全生产失信惩戒制度，及时公布生产安全事故责任企业"黑名单"，督促各行业领域企业全面履行安全生产法定义务和社会责任，不断完善自我约束、持续改进的安全生产长效机制。

五、深入开展安全文化创建活动

（十四）大力推进企业安全文化建设。坚持与企业安全生产标准化建设、职业病危害治理工作相结合，完善安全文化创建评价标准和相关管理办法，严格规范申报程序。"全国安全文化建设示范企业"申报工作统一由省级安全监管监察机构负责，凡未取得省级安全文化建设示范企业称号、未达到安全生产标准化一级企业的，不得申报。积极开展企业安全文化建设培训，加强基层班组安全文化建设，提高一线职工自觉抵制"三违"行为和应急处置的能力。

（十五）扎实推进安全社区建设。积极倡导"安全、健康、和谐"的理念，健全安全社区创建工作机制，逐步由经济发达地区向中西部地区推进，进一步扩大建设成果。大力推动工业园区和经济技术开发区等安全社区建设，继续推进企业主导型社区以及国家级和省级经济开发区、工业园区安全社区建设。

（十六）积极推进城市安全文化建设。充分发挥政府的主导推动作用，将安全生产与城市规划、建设和管理密切结合，研究制定安全发展示范城市创建标准、评价机制和工作方案，积极推进创建工作。创新城市安全管理模式，加强社会公众安全教育，完善应急防范机制，有效化解人民群众生命健康和财产安全风险，提高城市整体安全水平。

六、加快推进安全文化产业发展

（十七）深化相关事业单位改革。以突出公益、强化服务、增强活力为重点，大力发展公益性安全文化事业，探索建立事业单位法人治理结构。按有关规定要求，加快推进安全监管监察系统的文艺院团、非时政类报刊社、新闻网站等转企改制，拓展有关出版、发行、影视企业改革成果，鼓励经营性文化单位建立现代企业制度，形成面向市场、体现安全文化价值的经营机制。支持有实力的安全文化单位进行重组改制，引导社会资本进入，着力发展主业突出、核心竞争力强的骨干安全文化企业。

（十八）鼓励创作安全文化精品。坚持以宣传安全发展、强化安全意识为中心的创作导向，面向社会推出一批优秀安全生产宣传产品，满足人民群众对安全生产多方面、多层次、多样化的精神文化需求。调动文艺创作的积极性和创造性，鼓励社会各界参与创作更多反映安全生产工作、倡导科学发展安全发展理念的优秀剧目、图书、影视片、宣传画、音乐作品及公益广告等，丰富群众性安全文化，增强安全文化产品的影响力和渗透力。

（十九）支持安全文化产业发展。协调社会安全文化资源，参与安全文化开发建设，提高新闻媒体、行业协会、科研院所、文艺团体、中介机构、文化公司等参与安全文化产业的积极性，加快发展出版发行、影视制作、印刷、广告、演艺、会展、动漫等安全文化产业。充分发挥文化与科技相互促进的作用，利用数字、移动媒体、微博客等新兴渠道，加快安全文化产品推广。

七、切实提高安全生产舆论引导能力

（二十）把握正确的舆论导向。坚持马克思主义新闻观，贯彻团结稳定鼓劲、正面宣传为主的方针，广泛宣传有关安全生产重大政策措施、重大理论成果、典型经验和显著成效。准确把握新形势下安全宣传工作规律，完善政府部门、企业与新闻单位的沟通机制，有力引导正确的社会舆论。进一步加强安全生产信息化建设，推进舆情分析研判，提高网络舆论引导能力。

（二十一）规范信息发布制度。严格执行安全生产信息公开制度，不断拓宽渠道，公开透明、实事求是、及时主动地做好事故应急处置和调查处理情况、打击非法违法生产经营建设行为、隐患排查治理、安全生产标准化建设以及安全生产重点工作进展等情况的公告发布，对典型非法违法、违规违章行为进行公开曝光。完善安全生产新闻发言人制度，健全突发生产安全事故新闻报道应急工作机制，增强安全生产信息发布的权威性和公信力。

（二十二）加强社会舆论和群众监督。健全安全生产社会监督网络，扩大全国统一的"12350"安全生产举报电话覆盖面，通过设立电子信箱和网络微博客等方式，拓宽监督举报途径。健全新闻媒体和社会公众广泛参与的安全生产监督机制，落实安全生产举报奖励制度，保障公众的知情权和监督权。建立监督举报事项登记制度，及时回复查处整改情况，切实增强安全生产社会监督、舆论监督和群众监督效果。

八、全面加强安全文化宣传阵地建设

（二十三）加强新闻媒体阵地建设。以安全监管监察系统专业新闻媒体为主体，加强与主流媒体深度合作，形成中央、地方和安全监管监察系统内媒体，以及传统媒体与新兴媒体、平面媒体与立体媒体的宣传互动，构建功能互补、影响广泛、富有效率的安全文化传播平台，提高安全文化传播能力。

（二十四）加强互联网安全文化阵地建设。按照"积极利用、科学发展、依法管理、确保安全"的方针，开展具有网络特点的安全文化建设。结合安全生产的新形势、新任务，大力发展数字出版、手机报纸、手机网络、移动多媒体等新兴传播载体，拓展传播平台，扩大安全文化影响覆盖面。

（二十五）加强安全监管监察系统宣传阵地建设。加快建立健全国家、省、市、县四级安全生产宣传教育工作体系，推动安全文化工作日常化、制度化建设，着力提高安全宣传教育能力。加强安全监管监察机构与相关部门间的沟通协作，充分利用思想文化资源，协调各方面力量，形成统一领导、组织协调、社会力量广泛参与的安全文化建设工作格局。

（二十六）加强安全文化教育基地建设。推进国家和地方安全教育（警示）基地，以及安全文化主题公园、主题街道建设。积极应用现代科技手段，融知识性、直观性、趣味性为一体，鼓励推动各地区、各行业领域及企业建设特色鲜明、形象逼真、触动心灵、效

果突出的安全生产宣传教育展馆，提高社会公众对安全知识的感性认识，增强安全防范意识和技能。

九、强化安全文化建设保障措施

（二十七）加强组织领导。各地区、各有关部门和单位领导干部要从贯彻落实党的十七届六中全会《决定》精神的政治高度、从提高安全生产水平的实际需要出发，研究制定安全文化建设规划和政策措施，明确职能部门，完善支撑体系。扩大社会资源进入安全文化建设的有效途径，动员全社会力量参与安全文化建设。

（二十八）加大安全文化建设投入。加强与相关部门的沟通协调，完善有利于安全文化的财政政策，将公益性安全文化活动纳入公共财政经常性支出预算；认真执行新修订的安全生产费用提取使用管理办法，加强安全宣传教育培训投入；推动落实从安全生产责任险、工伤保险基金中支出适当费用，支持安全文化研究、教育培训、传播推广等活动的开展。

（二十九）加强安全文化人才队伍建设。加大安全生产宣传教育人员的培训力度，提升安全文化建设的业务水平。加强安全文化建设人才培养，提高组织协调、宣传教育和活动策划的能力，造就高层次、高素质的安全文化建设领军人才。建立安全文化建设专家库，加强基层安全文化队伍建设。

（三十）加大安全文化建设成果交流推广。深入开展地区间、行业领域及企业间的安全文化建设成果推广，提高安全文化对安全生产的促进作用，激励全社会积极参与安全文化建设。积极开展多渠道多层次的安全文化建设对外交流，加强安全文化建设成果的对外宣传，鼓励相关单位与国际组织、外国政府和民间机构等进行项目合作，学习借鉴和运用国际先进的安全文化推动安全生产工作。

国务院安委会办公室

2012 年 7 月 30 日

人事部　国家安全生产监督管理局关于印发《注册安全工程师执业资格制度暂行规定》和《注册安全工程师执业资格认定办法》的通知

人发〔2002〕87号

为了加强安全生产监督管理，根据《中华人民共和国安全生产法》的有关规定，人事部、国家安全生产监督管理局决定在生产经营单位实行注册安全工程师执业资格制度。现将《注册安全工程师执业资格制度暂行规定》和《注册安全工程师执业资格认定办法》印发给你们，请遵照执行。

中华人民共和国人事部

国家安全生产监督管理局

2002年9月3日

注册安全工程师执业资格制度暂行规定

第一章　总　　则

第一条　为了加强对安全生产工作的管理，提高安全生产专业技术人员的素质，保障人民群众生命财产安全，确保安全生产，根据《中华人民共和国安全生产法》和国家职业资格证书制度的有关规定，制定本规定。

第二条　本规定适用于生产经营单位中从事安全生产管理、安全工程技术工作和为安全生产提供技术服务的中介机构的专业技术人员。

第三条　国家对生产经营单位中安全生产管理、安全工程技术工作和为安全生产提供技术服务的中介机构的专业技术人员实行执业资格制度，纳入全国专业技术人员执业资格制度统一规划。

第四条　本规定所称注册安全工程师是指通过全国统一考试，取得《中华人民共和国注册安全工程师执业资格证书》，并经注册的专业技术人员。

注册安全工程师英文译称 Certified Safety Engineer。

第五条 生产经营单位中安全生产管理、安全工程技术工作等岗位及为安全生产提供技术服务的中介机构，必须配备一定数量的注册安全工程师。

第六条 经国家经济贸易委员会授权，国家安全生产监督管理局负责实施注册安全工程师执业资格制度的有关工作。

第七条 人事部、国家安全生产监督管理局负责全国注册安全工程师执业资格制度的政策制定、组织协调、资格考试、注册登记和监督管理等工作。

第二章 考 试

第八条 注册安全工程师执业资格实行全国统一大纲、统一命题、统一组织的考试制度，原则上每年举行一次。

第九条 国家安全生产监督管理局负责拟定考试科目、编制考试大纲、编写考试用书、组织命题工作，统一规划考前培训等有关工作。

考前培训工作按照培训与考试分开，自愿参加的原则进行。

第十条 人事部负责审定考试科目、考试大纲和考试试题，组织实施考务工作。会同国家安全生产监督管理局对注册安全工程师执业资格考试进行检查、监督、指导和确定合格标准。

第十一条 凡中华人民共和国公民，遵守国家法律、法规，并具备下列条件之一者，可以申请参加注册安全工程师执业资格考试：

（一）取得安全工程、工程经济类专业中专学历，从事安全生产相关业务满7年；或取得其他专业中专学历，从事安全生产相关业务满9年。

（二）取得安全工程、工程经济类大学专科学历，从事安全生产相关业务满5年；或取得其他专业大学专科学历，从事安全生产相关业务满7年。

（三）取得安全工程、工程经济类大学本科学历，从事安全生产相关业务满3年；或取得其他专业大学本科学历，从事安全生产相关业务满5年。

（四）取得安全工程、工程经济类第二学士学位或研究生班毕业，从事安全生产及相关工作满2年；或取得其他专业第二学士学位或研究生班毕业，从事安全生产相关业务满3年。

（五）取得安全工程、工程经济类硕士学位，从事安全生产相关业务满1年；或取得其他专业硕士学位，从事安全生产相关业务满2年。

（六）取得安全工程、工程经济类专业博士学位；或取得其他专业博士学位，从事安全生产相关业务满1年。

第十二条 注册安全工程师执业资格考试合格，由各省、自治区、直辖市人事部门颁发人事部统一印制，人事部和国家安全生产监督管理局用印的《中华人民共和国注册安全工程师执业资格证书》。该证书在全国范围有效。

第三章 注 册

第十三条 注册安全工程师实行注册登记制度。取得《中华人民共和国注册安全工程师执业资格证书》的人员，必须经过注册登记才能以注册安全工程师名义执业。

第十四条 国家安全生产监督管理局或其授权的机构为注册安全工程师执业资格的注册管理机构。

各省、自治区、直辖市安全生产监督管理部门，为受理注册安全工程师执业资格注册的初审机构。

第十五条　人事部和各级人事行政部门对注册安全工程师执业资格注册和使用情况有检查、监督的责任。

第十六条　申请注册的人员，必须同时具备下列条件：

（一）取得《中华人民共和国注册安全工程师执业资格证书》。

（二）遵纪守法，恪守职业道德。

（三）身体健康，能坚持在生产经营单位中安全生产管理、安全工程技术岗位或为安全生产提供技术服务的中介机构工作。

（四）所在单位考核合格。

第十七条　取得注册安全工程师执业资格证书后，需要注册的人员，由本人提出申请，经所在单位同意，报当地省级安全生产监督管理部门初审，初审合格后，统一报国家安全生产监督管理局或其授权的机构办理注册登记手续。

准予注册的申请人，由国家安全生产监督管理局或其授权的机构核发《中华人民共和国注册安全工程师注册证》。

第十八条　注册安全工程师执业资格注册有效期一般为2年，有效期满前3个月，持证者应到原注册管理机构办理再次注册手续。

再次注册者，除符合本规定第十六条规定外，还须提供接受继续教育和参加业务培训的证明。

第十九条　注册安全工程师在注册有效期内，变更执业机构的，须及时向注册管理机构申请办理变更手续。

第二十条　注册安全工程师在注册后，有下列情形之一的，由所在单位向注册管理机构办理注销注册：

（一）脱离安全工作岗位连续满1年。

（二）不具有完全民事行为能力。

（三）受刑事处罚。

（四）严重违反职业道德。

（五）同时在2个及以上独立法人单位执业。

第二十一条　国家安全生产监督管理局或其授权的机构，应当定期公布注册安全工程师执业资格的注册和注销情况。

第四章　职　　责

第二十二条　注册安全工程师可在生产经营单位中安全生产管理、安全监督检查、安全技术研究、安全工程技术检测检验、安全属性辨识、建设项目的安全评估等岗位和为安全生产提供技术服务的中介机构等范围内执业。

第二十三条　注册安全工程师在执业活动中，必须严格遵守法律、法规和各项规定，坚持原则，恪守职业道德。

第二十四条　注册安全工程师应当享有下列权利：

（一）对生产经营单位的安全生产管理、安全监督检查、安全技术研究和安全检测检验、建设项目的安全评估、危害辨识或危险评价等工作存在的问题提出意见和建议。

（二）审核所在单位上报的有关安全生产的报告。

（三）发现有危及人身安全的紧急情况时，应及时向生产经营单位建议停止作业并组织作业人员撤离危险场所。

（四）参加建设项目安全设施的审查和竣工验收工作，并签署意见。

（五）参与重大危险源检查、评估、监控，制定事故应急预案和登记建档工作。

（六）参与编制安全规则、制定安全生产规章制度和操作规程，提出安全生产条件所必需的资金投入的建议。

（七）法律、法规规定的其他权利。

第二十五条 注册安全工程师应当履行下列义务：

（一）遵守国家有关安全生产的法律、法规和标准。

（二）遵守职业道德，客观、公正执业，不弄虚作假，并承担在相应报告上签署意见的法律责任。

（三）维护国家、公众的利益和受聘单位的合法权益。

（四）严格保守在执业中知悉的单位、个人技术和商业秘密。

第二十六条 注册安全工程师应当定期接受业务培训，不断更新知识，提高业务技术水平。

第五章 罚 则

第二十七条 注册安全工程师在工作中，如违反国家安全生产的法律、法规和有关规定，应依法追究其行政责任，给予相应的处罚，直至追究刑事责任。

第二十八条 注册安全工程师有下列行为之一的，注册管理机构视情节轻重，给予警告、注销注册、取消执业资格等处分；构成犯罪的，依法追究刑事责任：

（一）以不正当手段取得《中华人民共和国注册安全工程师执业资格证书》、《中华人民共和国注册安全工程师注册证》的。

（二）未按规定办理注册或变更注册手续，擅自以注册安全工程师的名义承担安全工程和安全生产管理业务的。

（三）允许他人以自己的名义从事注册安全工程师业务的。

（四）因工作失误造成重大、特大事故或者重大经济损失的。

（五）利用工作之便贪污、索贿、受贿或者牟取不正当利益的。

（六）与委托人串通或者故意出具虚假证明或安全技术报告的。

（七）法律、法规规定应当给予处罚的其他行为。

第二十九条 注册安全工程师在执业中，因其过失给当事人造成损失的，由其所在单位承担赔偿责任。单位赔偿后，可视情况向其追偿部分或者全部赔偿费用。

第三十条 当事人对处分、处罚不服的，可以依法申请行政复议或申诉。

第六章 附 则

第三十一条 凡取得注册安全工程师执业资格证书的人员，单位可根据工作需要聘任工程师或经济师专业技术职务。

第三十二条 在全国实施注册安全工程师执业资格考试之前，对长期在生产经营单位和为安全生产提供技术服务等单位从事安全生产管理、安全工程技术工作，具有较高理论水平和丰富实践经验，并受聘高级专业技术职务的人员，可通过考核认定办法，取得注册安全工程师执业资格证书。

第三十三条 在生产经营单位中从事安全生产管理、安全工程技术工作和为安全生产提供技术服务的中介机构的从业人员资格管理的具体办法，由各省、自治区、直辖市人事厅（局）会同安全生产监督管理部门制定。

第三十四条 经国务院有关部门同意，获准在中华人民共和国境内就业的外籍人员及港、澳、台地区的专业人员，符合本规定要求的，也可报名参加注册安全工程师的考试并申请注册执业。

第三十五条 本规定由人事部和国家安全生产监督管理局按职责分工负责解释。

第三十六条 本规定自发布之日 30 日后施行。

注册安全工程师执业资格认定办法

一、申报条件

在生产经营单位和为安全生产提供技术服务等单位中，长期从事安全生产管理、安全工程技术检测检验、安全评估或安全咨询专业工作，业绩突出，具有高级专业技术职务，并同时具备下列条件的人员，可申请认定注册安全工程师执业资格：

（一）遵守国家的各项法律和法规，热爱安全生产及相关工作。

（二）2001 年 12 月 31 日前，在安全生产管理、安全工程技术或从事安全工程技术服务的岗位，担任高级专业技术职务的人员。

（三）1995 年及以后，获得省部级科技成果奖，或在省部级刊物上发表过有代表性的安全生产监督管理和安全工程技术专业论文 2 篇，或有安全生产管理、安全工程技术专业的重要专著。

（四）连续在生产经营单位从事安全生产管理、安全工程技术检测检验、安全评估或安全咨询专业工作满 5 年，累计满 10 年。

（五）经省级安全生产监督管理部门对有关安全生产管理和安全工程技术及法规方面知识考核合格。

二、认定组织

由人事部、国家安全生产监督管理局共同成立"注册安全工程师执业资格认定工作领导小组"（以下简称领导小组，成员名单附后），负责全国注册安全工程师执业资格的认定工作。领导小组下设办公室，设在国家安全生产监督管理局。

三、认定程序

（一）符合上述申报条件的专业技术人员，可向所在单位提出申请，经单位审核同意后，由所在单位向省、自治区、直辖市安全生产监督管理部门申报。国务院各部门所属单位和中央管理的企业可直接向国家安全生产监督管理局申报。

（二）各省、自治区、直辖市安全生产监督管理部门负责对辖区内单位的申报人员资格进行审核，经同级人事（职改）部门审核同意后提出推荐名单报领导小组办公室。军队系统的申报工作由总政治部干部部组织进行。国务院各部门所属单位、中央管理的企业安全生产管理机构负责对本部门（企业）的申报人员资格进行审核，经同级人事部门审核同意后提出推荐名单报领导小组办公室。

（三）申报时应提供下列材料：

1. 《注册安全工程师资格认定申报表》一式两份（样表附后）（略）。

2. 学历或学位证书、高级专业技术职务聘书、获奖证书、本专业有代表性的论文或出版专著内容说明和首页的复印件。

3. 经省级安全生产监督管理部门有关安全生产管理和安全工程技术及法规知识考核合格的证明和职业道德证明。

（四）领导小组办公室对各地、各有关部门和中央企业推荐的申报人员进行资格初审，提出拟认定人员的名单，报领导小组审核。

（五）领导小组召开会议，对领导小组办公室初审合格者进行审核。审核通过后，将合格者名单报人事部、国家安全生产监督管理局办理批准手续。

四、申报时间及要求

（一）国家对认定人员数额实行总量控制，实施考试后不再进行认定工作。

（二）各省、自治区、直辖市安全生产监督管理和人事行政部门，各有关部门、各企业安全生产管理和人事部门，总后安全生产监督管理和总政干部部门，应于 2002 年 12 月 31 日前将审核合格人员材料报领导小组办公室。

（三）各地区、各有关部门和企业在审核申报人员材料时，须审核原件，上报领导小组办公室材料时，可送复印件。

（四）各地区、各有关部门和企业要切实加强领导，坚持标准、严格要求，认真做好审核、申报工作。对弄虚作假的单位和个人，一经发现，立即停止该地区（部门）或单位当年的申报权和取消个人的申报资格或已取得的资格。

（五）凡违反安全生产等有关法律法规和有行贿受贿行为者不得申报。

（六）各地应优先推荐具备申报条件，且在生产经营单位长期从事安全生产工作的专业技术人员。

（七）凡申请认定注册安全工程师执业资格的人员均须按本办法办理。

附件：

1. 注册安全工程师执业资格认定工作领导小组成员名单（略）

2. 注册安全工程师执业资格认定申报表（略）

国务院国有资产监督管理委员会关于加强中央企业班组建设的指导意见

国资发群工〔2009〕52号

为加强企业基础管理，切实推进班组建设健康发展，提高班组管理水平，培育高素质、高技能员工队伍，提升企业核心竞争力，推动中央企业科学发展，结合中央企业实际，提出以下意见。

一、指导思想

班组是企业从事生产经营活动或管理工作最基层的组织单元，是激发职工活力的细胞，是提升企业管理水平，构建和谐企业的落脚点。加强班组建设要以邓小平理论、"三个代表"重要思想为指导，深入贯彻落实科学发展观，坚持改革创新，不断完善加强班组建设管理机制，坚持以落实岗位责任制为核心，以高效安全完成各项生产（工作）指标（任务）为目标，以不断提升班组管理水平和员工队伍素质为重点，增强班组团队的学习能力、创新能力、实践能力，切实加强中央企业基层组织基础管理，实现员工与企业的和谐发展、共同进步，为提高中央企业核心竞争力打牢坚实的基础，推动中央企业又好又快发展。

二、总体目标

适应建立现代企业制度的总体要求，在班组建设和班组长队伍建设中，做到工作内容指标化、工作要求标准化、工作步骤程序化、工作考核数据化、工作管理系统化，奠定企业扎实的管理基础。把班组长培养成为政治强、业务精、懂技术、会管理和具有现代意识的企业基层管理者；提升班组成员的综合素质，把班组员工培育成为有理想、有道德、有纪律、有文化，敬业、勤奋、创新、踏实，热爱本职岗位的劳动者。把中央企业班组建设成为"安全文明高效、培养凝聚人才、开拓进取创新、团结学习和谐"的企业基层组织，为职工搭建不断提升技能水平，充分展示自身能力和抱负的平台。

三、基本原则

（一）坚持班组建设与企业发展战略相统一的原则。班组建设是企业发展的基础工作，通过加强班组建设夯实企业基础管理，促进企业实现发展战略目标。

（二）坚持员工发展与企业发展相统一的原则。营造员工工作、学习的良好环境，拓展员工发展空间，充分调动和发挥员工的积极性、主动性、创造性，激发员工的活力，促进员工全面发展，努力为企业发展贡献智慧和力量，实现员工发展与企业发展的和谐统一。

（三）坚持积极推进与分类指导相统一的原则。坚持以生产经营为中心，紧密结合企业改革发展和班组建设的实际，分类指导，分步实施，积极推进，务求实效。

（四）坚持继承与改革创新相统一的原则。总结国内外优秀企业的优秀班组建设与管理经验，赋予新的内涵，适应建立现代企业制度，提高企业核心竞争力的需要。

四、主要内容

（一）班组基础建设。要根据生产（工作）需要，坚持人力资源合理配置、精干高效的原则，科学合理设置班组。建立健全以岗位责任制为主要内容的生产管理、安全环保与职业健康管理、劳动管理、质量管理、设备管理、成本管理、5S管理、操作规程、学习培训与思想教育管理等班组标准化作业和管理制度。完善和加强信息记录、标准规范、定额计量工具及职工行为养成等基础工作。加强班组基本设施建设，加大资源保障力度，努力改善员工工作、学习和休息条件，适时推进班组信息化建设，不断提高班组现代科学管理水平。

（二）班组组织建设。完善以班组长为核心的生产指挥、组织协调、岗位协作等职能，理顺运行机制，整合、优化班组各项资源，实现班组目标。

（三）班组创新建设。要把组织员工学习创造作为班组持续创新建设的重要内容，通过建立攻关团队、创新小组、专业技术协会等形式，增强员工的创新意识和节能减排意识，完善班组创新成果奖励机制，开展提合理化建议、技术革新、发明创造、"五小"（小改进、小发明、小设计、小建议、小革新）、QC小组、班组劳动竞赛和降本增效等活动，提高班组自主创新能力，班组主要技术经济指标持续进步，不断增强企业核心竞争力。

（四）班组技能建设。要以培养高素质、高技能、适应性强的员工队伍为目标，通过读书自学、岗位培训、技术比武等活动，激发员工的学习热情，增强学习的紧迫性和自觉性，充实和更新员工的科学技术和文化知识，全面提升员工的技能水平、服务水平、协作能力和自主创新能力。

（五）班组思想建设。要以构建社会主义核心价值体系为主线，用中国特色社会主义理论体系武装职工头脑，加强社会主义、爱国主义、集体主义教育，遵纪守法教育、社会主义荣辱观教育及企业精神教育，增强员工的主人翁责任感。要紧紧围绕完成企业生产经营任务、提高经济效益等中心工作，结合班组实际做好深入细致的思想政治工作，培养员工良好的职业道德和社会公德。

（六）班组民主建设。要尊重员工的主人翁地位，坚持和完善班务公开、班组民主生活会、对话会等民主管理形式，保障员工享有对企业改革发展、班组生产目标任务和各项规章制度的知情权、参与权，对班组经济责任制、奖金分配、先进评选等事项的参与权、监督权，以及平等享有教育、培训、职业健康等权利。

（七）班组文化建设。要根据本企业文化特点努力塑造独具特色、凝聚员工精神内涵和价值取向的班组理念。要通过大力弘扬改革创新的时代精神，培育个人愿景，加强爱岗敬业、诚实守信、遵章守纪、团结和谐、开拓创新和提升执行力为主要内容的班组文化建设，制订和完善员工行为规范，推行与传播班组文化，塑造班组良好整体形象。

（八）班组团队建设。要以企业愿景为平台，把员工的个人愿景融入团队的使命中，培育员工共同价值理念和团队意识，建立班组良好的沟通氛围与沟通平台，构建和睦的人际关系，形成班组团队精神，加强班组间的协作配合，努力把班组建设成为一支精干高效的团队。

（九）班组健康安全环保建设。要坚持以人为本，关爱员工生命，结合企业和岗位的特点，大力开展班组健康、安全、环保宣传教育活动，增强员工的健康、安全、环保意识；组织员工学习国家相关法律法规，增强员工遵章守纪的自觉性；加强安全操作技能培训，增强员工自我防范能力。认真落实健康、安全、环保责任，严格执行各项规章制度和操作规程。建立健全各项应急预案，开展应急预案的培训和演练，加强对危险源、污染源的控制。

五、班组长队伍建设

（一）班组长的任职条件：思想政治素质好、责任意识强，具有良好的职业道德；熟悉生产，懂业务，技术精；了解现代管理知识，具有一定的管理水平和分析问题、解决问题的能力；以身作则，坚持原则，办事公道，关心爱护和团结员工，有较好的群众基础，身心健康；经过岗位培训。

（二）班组长的选拔和培训。班组长的产生由企业根据实际情况，可以采取公开招聘、行政任命和民主选举等方式。建立班组长的培训制度及培训规划，结合本行业、本企业的实际，以参加企业组织的培训与有关培训机构组织的培训相结合的方式开展班组长培训，要保证班组长能完成规定内容的培训，提高班组长的综合素质。有计划组织班组长外出学习和与国内外知名企业开展对口交流，学习班组建设的先进经验与管理理念。

（三）班组长的管理和使用。要对班组长岗位从工作内容、工作职责和工作关系等方面进行分析与设计，根据时代与企业发展的需要，科学制定班组长岗位任职资格标准和岗位规范，建立班组长培养、选拔、使用、评价等机制，做好班组长职业生涯设计，促进班组长成长。各企业可根据实际情况，建立领导干部与班组长沟通交流制度和班组长活动日制度，也可组建班组长联谊会，加强领导干部与班组长及班组长之间的沟通交流。注重把优秀班组长选拔到各级管理、技术或领导岗位上来。

（四）班组长的待遇。建立完善对班组长的考核、奖励、晋升等机制，设立班组长岗位工资或岗位津贴，使班组长获得与其贡献相适应的经济报酬和精神鼓励。

六、工作要求

（一）提高认识，加强领导。各中央企业要从贯彻落实科学发展观和企业发展战略的高度，深刻认识加强班组建设的重要性、必要性。企业党委要把班组建设列入重要议事日程，加强思想政治领导；行政部门要把班组建设纳入企业管理重要组成部分，指定职责部门负责组织实施；工会（政工部或党群部）要积极协助党政推进班组建设；各相关部门各司其职、各负其责，形成工作合力，有序、有力、有效地推进班组建设。

（二）建立机制，加大投入。各中央企业要认真研究制订加强班组建设的工作目标、实施方案和主要措施，建立班组长的培养选拔、考核激励机制和班组建设管理机制，明确班组建设的工作考核标准，有重点、分步骤地加强和改进班组建设。要加大班组建设投入力度，保证班组建设和班组长培训费用。

（三）抓好载体，创建品牌。各中央企业要从本企业的实际出发，开展多种形式、多种类型的班组创建活动。要及时总结经验和树立宣传典型，推动创建活动持续开展。要在总结班组建设经验的基础上，着力分析与解决班组建设中存在的主要问题，探索加强与改进班组建设的新方式与途径，使班组建设更加适应中央企业发展战略的需要，努力建设制度健全、创新力强、能打硬仗、业绩突出的一流班组，推动班组建设工作不断迈上新台阶，为中央企业实现科学发展、和谐发展、又好又快发展奠定坚实的基础。

国务院国有资产监督管理委员会

2009 年 3 月 30 日

财政部 国家安全生产监督管理总局关于印发《企业安全生产费用提取和使用管理办法》的通知

财企〔2012〕16 号

为了建立企业安全生产投入长效机制，加强安全生产费用管理，保障企业安全生产资金投入，维护企业、职工以及社会公共利益，根据《中华人民共和国安全生产法》等有关法律法规和国务院有关决定，财政部、国家安全生产监督管理总局联合制定了《企业安全生产费用提取和使用管理办法》。现印发给你们，请遵照执行。

中华人民共和国财政部

国家安全生产监督管理总局

2012 年 2 月 14 日

企业安全生产费用提取和使用管理办法

第一章 总 则

第一条 为了建立企业安全生产投入长效机制，加强安全生产费用管理，保障企业安全生产资金投入，维护企业、职工以及社会公共利益，依据《中华人民共和国安全生产法》等有关法律法规和《国务院关于加强安全生产工作的决定》（国发〔2004〕2 号）和《国务院关于进一步加强企业安全生产工作的通知》（国发〔2010〕23 号），制定本办法。

第二条 在中华人民共和国境内直接从事煤炭生产、非煤矿山开采、建设工程施工、危险品生产与储存、交通运输、烟花爆竹生产、冶金、机械制造、武器装备研制生产与试验（含民用航空及核燃料）的企业以及其他经济组织（以下简称企业）适用本办法。

第三条 本办法所称安全生产费用（以下简称安全费用）是指企业按照规定标准提取在成本中列支，专门用于完善和改进企业或者项目安全生产条件的资金。

安全费用按照"企业提取、政府监管、确保需要、规范使用"的原则进行管理。

第四条 本办法下列用语的含义是：

煤炭生产是指煤炭资源开采作业有关活动。

非煤矿山开采是指石油和天然气、煤层气（地面开采）、金属矿、非金属矿及其他矿产资源的勘探作业和生产、选矿、闭坑及尾矿库运行、闭库等有关活动。

建设工程是指土木工程、建筑工程、井巷工程、线路管道和设备安装及装修工程的新建、扩建、改建以及矿山建设。

危险品是指列入国家标准《危险货物品名表》（GB 12268）和《危险化学品目录》的物品。

烟花爆竹是指烟花爆竹制品和用于生产烟花爆竹的民用黑火药、烟火药、引火线等物品。

交通运输包括道路运输、水路运输、铁路运输、管道运输。道路运输是指以机动车为交通工具的旅客和货物运输；水路运输是指以运输船舶为工具的旅客和货物运输及港口装卸、堆存；铁路运输是指以火车为工具的旅客和货物运输（包括高铁和城际铁路）；管道运输是指以管道为工具的液体和气体物资运输。

冶金是指金属矿物的冶炼以及压延加工有关活动，包括：黑色金属、有色金属、黄金等的冶炼生产和加工处理活动，以及炭素、耐火材料等与主工艺流程配套的辅助工艺环节的生产。

机械制造是指各种动力机械、冶金矿山机械、运输机械、农业机械、工具、仪器、仪表、特种设备、大中型船舶、石油炼化装备及其他机械设备的制造活动。

武器装备研制生产与试验，包括武器装备和弹药的科研、生产、试验、储运、销毁、维修保障等。

第二章　安全费用的提取标准

第五条　煤炭生产企业依据开采的原煤产量按月提取。各类煤矿原煤单位产量安全费用提取标准如下：

（一）煤（岩）与瓦斯（二氧化碳）突出矿井、高瓦斯矿井吨煤 30 元；

（二）其他井工矿吨煤 15 元；

（三）露天矿吨煤 5 元。

矿井瓦斯等级划分按现行《煤矿安全规程》和《矿井瓦斯等级鉴定规范》的规定执行。

第六条　非煤矿山开采企业依据开采的原矿产量按月提取。各类矿山原矿单位产量安全费用提取标准如下：

（一）石油，每吨原油 17 元；

（二）天然气、煤层气（地面开采），每千立方米原气 5 元；

（三）金属矿山，其中露天矿山每吨 5 元，地下矿山每吨 10 元；

（四）核工业矿山，每吨 25 元；

（五）非金属矿山，其中露天矿山每吨 2 元，地下矿山每吨 4 元；

（六）小型露天采石场，即年采剥总量 50 万吨以下，且最大开采高度不超过 50 米，产品用于建筑、铺路的山坡型露天采石场，每吨 1 元；

（七）尾矿库按入库尾矿量计算，三等及三等以上尾矿库每吨 1 元，四等及五等尾矿库每吨 1.5 元。

本办法下发之日以前已经实施闭库的尾矿库，按照已堆存尾砂的有效库容大小提取，库容 100 万立方米以下的，每年提取 5 万元；超过 100 万立方米的，每增加 100 万立方米增加 3 万元，但每年提取额最高不超过 30 万元。

原矿产量不含金属、非金属矿山尾矿库和废石场中用于综合利用的尾砂和低品位矿石。

地质勘探单位安全费用按地质勘查项目或者工程总费用的 2% 提取。

第七条 建设工程施工企业以建筑安装工程造价为计提依据。各建设工程类别安全费用提取标准如下：

（一）矿山工程为 2.5%；

（二）房屋建筑工程、水利水电工程、电力工程、铁路工程、城市轨道交通工程为 2.0%；

（三）市政公用工程、冶炼工程、机电安装工程、化工石油工程、港口与航道工程、公路工程、通信工程为 1.5%。

建设工程施工企业提取的安全费用列入工程造价，在竞标时，不得删减，列入标外管理。国家对基本建设投资概算另有规定的，从其规定。

总包单位应当将安全费用按比例直接支付分包单位并监督使用，分包单位不再重复提取。

第八条 危险品生产与储存企业以上年度实际营业收入为计提依据，采取超额累退方式按照以下标准平均逐月提取：

（一）营业收入不超过 1000 万元的，按照 4% 提取；

（二）营业收入超过 1000 万元至 1 亿元的部分，按照 2% 提取；

（三）营业收入超过 1 亿元至 10 亿元的部分，按照 0.5% 提取；

（四）营业收入超过 10 亿元的部分，按照 0.2% 提取。

第九条 交通运输企业以上年度实际营业收入为计提依据，按照以下标准平均逐月提取：

（一）普通货运业务按照 1% 提取；

（二）客运业务、管道运输、危险品等特殊货运业务按照 1.5% 提取。

第十条 冶金企业以上年度实际营业收入为计提依据，采取超额累退方式按照以下标准平均逐月提取：

（一）营业收入不超过 1000 万元的，按照 3% 提取；

（二）营业收入超过 1000 万元至 1 亿元的部分，按照 1.5% 提取；

（三）营业收入超过 1 亿元至 10 亿元的部分，按照 0.5% 提取；

（四）营业收入超过 10 亿元至 50 亿元的部分，按照 0.2% 提取；

（五）营业收入超过 50 亿元至 100 亿元的部分，按照 0.1% 提取；

（六）营业收入超过 100 亿元的部分，按照 0.05% 提取。

第十一条 机械制造企业以上年度实际营业收入为计提依据，采取超额累退方式按照以下标准平均逐月提取：

（一）营业收入不超过 1000 万元的，按照 2% 提取；

（二）营业收入超过 1000 万元至 1 亿元的部分，按照 1% 提取；

（三）营业收入超过 1 亿元至 10 亿元的部分，按照 0.2% 提取；

（四）营业收入超过 10 亿元至 50 亿元的部分，按照 0.1% 提取；

（五）营业收入超过 50 亿元的部分，按照 0.05% 提取。

第十二条 烟花爆竹生产企业以上年度实际营业收入为计提依据，采取超额累退方式按照以下标准平均逐月提取：

（一）营业收入不超过 200 万元的，按照 3.5％提取；

（二）营业收入超过 200 万元至 500 万元的部分，按照 3％提取；

（三）营业收入超过 500 万元至 1000 万元的部分，按照 2.5％提取；

（四）营业收入超过 1000 万元的部分，按照 2％提取。

第十三条 武器装备研制生产与试验企业以上年度军品实际营业收入为计提依据，采取超额累退方式按照以下标准平均逐月提取：

（一）火炸药及其制品研制、生产与试验企业（包括：含能材料，炸药、火药、推进剂，发动机，弹箭，引信、火工品等）：

1. 营业收入不超过 1000 万元的，按照 5％提取；

2. 营业收入超过 1000 万元至 1 亿元的部分，按照 3％提取；

3. 营业收入超过 1 亿元至 10 亿元的部分，按照 1％提取；

4. 营业收入超过 10 亿元的部分，按照 0.5％提取。

（二）核装备及核燃料研制、生产与试验企业：

1. 营业收入不超过 1000 万元的，按照 3％提取；

2. 营业收入超过 1000 万元至 1 亿元的部分，按照 2％提取；

3. 营业收入超过 1 亿元至 10 亿元的部分，按照 0.5％提取；

4. 营业收入超过 10 亿元的部分，按照 0.2％提取。

5. 核工程按照 3％提取（以工程造价为计提依据，在竞标时，列为标外管理）。

（三）军用舰船（含修理）研制、生产与试验企业：

1. 营业收入不超过 1000 万元的，按照 2.5％提取；

2. 营业收入超过 1000 万元至 1 亿元的部分，按照 1.75％提取；

3. 营业收入超过 1 亿元至 10 亿元的部分，按照 0.8％提取；

4. 营业收入超过 10 亿元的部分，按照 0.4％提取。

（四）飞船、卫星、军用飞机、坦克车辆、火炮、轻武器、大型天线等产品的总体、部分和元器件研制、生产与试验企业：

1. 营业收入不超过 1000 万元的，按照 2％提取；

2. 营业收入超过 1000 万元至 1 亿元的部分，按照 1.5％提取；

3. 营业收入超过 1 亿元至 10 亿元的部分，按照 0.5％提取；

4. 营业收入超过 10 亿元至 100 亿元的部分，按照 0.2％提取；

5. 营业收入超过 100 亿元的部分，按照 0.1％提取。

（五）其他军用危险品研制、生产与试验企业：

1. 营业收入不超过 1000 万元的，按照 4％提取；

2. 营业收入超过 1000 万元至 1 亿元的部分，按照 2％提取；

3. 营业收入超过 1 亿元至 10 亿元的部分，按照 0.5％提取；

4. 营业收入超过 10 亿元的部分，按照 0.2％提取。

第十四条 中小微型企业和大型企业上年末安全费用结余分别达到本企业上年度营业收入的 5％和 1.5％时，经当地县级以上安全生产监督管理部门、煤矿安全监察机构商财政部门同意，企业本年度可以缓提或者少提安全费用。

企业规模划分标准按照工业和信息化部、国家统计局、国家发展和改革委员会、财政部《关于印发中小企业划型标准规定的通知》（工信部联企业〔2011〕300号）规定执行。

第十五条　企业在上述标准的基础上，根据安全生产实际需要，可适当提高安全费用提取标准。

本办法公布前，各省级政府已制定下发企业安全费用提取使用办法的，其提取标准如果低于本办法规定的标准，应当按照本办法进行调整；如果高于本办法规定的标准，按照原标准执行。

第十六条　新建企业和投产不足一年的企业以当年实际营业收入为提取依据，按月计提安全费用。

混业经营企业，如能按业务类别分别核算的，则以各业务营业收入为计提依据，按上述标准分别提取安全费用；如不能分别核算的，则以全部业务收入为计提依据，按主营业务计提标准提取安全费用。

第三章　安全费用的使用

第十七条　煤炭生产企业安全费用应当按照以下范围使用：

（一）煤与瓦斯突出及高瓦斯矿井落实"两个四位一体"综合防突措施支出，包括瓦斯区域预抽、保护层开采区域防突措施、开展突出区域和局部预测、实施局部补充防突措施、更新改造防突设备和设施、建立突出防治实验室等支出；

（二）煤矿安全生产改造和重大隐患治理支出，包括"一通三防"（通风，防瓦斯、防煤尘、防灭火）、防治水、供电、运输等系统设备改造和灾害治理工程，实施煤矿机械化改造，实施矿压（冲击地压）、热害、露天矿边坡治理、采空区治理等支出；

（三）完善煤矿井下监测监控、人员定位、紧急避险、压风自救、供水施救和通信联络安全避险"六大系统"支出，应急救援技术装备、设施配置和维护保养支出，事故逃生和紧急避难设施设备的配置和应急演练支出；

（四）开展重大危险源和事故隐患评估、监控和整改支出；

（五）安全生产检查、评价（不包括新建、改建、扩建项目安全评价）、咨询、标准化建设支出；

（六）配备和更新现场作业人员安全防护用品支出；

（七）安全生产宣传、教育、培训支出；

（八）安全生产适用新技术、新标准、新工艺、新装备的推广应用支出；

（九）安全设施及特种设备检测检验支出；

（十）其他与安全生产直接相关的支出。

第十八条　非煤矿山开采企业安全费用应当按照以下范围使用：

（一）完善、改造和维护安全防护设施设备（不含"三同时"要求初期投入的安全设施）和重大安全隐患治理支出，包括矿山综合防尘、防灭火、防治水、危险气体监测、通风系统、支护及防治边帮滑坡设备、机电设备、供配电系统、运输（提升）系统和尾矿库等完善、改造和维护支出以及实施地压监测监控、露天矿边坡治理、采空区治理等支出；

（二）完善非煤矿山监测监控、人员定位、紧急避险、压风自救、供水施救和通信联络等安全避险"六大系统"支出，完善尾矿库全过程在线监控系统和海上石油开采出海人员动态跟踪系统支出，应急救援技术装备、设施配置及维护保养支出，事故逃生和紧急避难设施设备的配置和应急演练支出；

（三）开展重大危险源和事故隐患评估、监控和整改支出；

（四）安全生产检查、评价（不包括新建、改建、扩建项目安全评价）、咨询、标准化建设支出；

（五）配备和更新现场作业人员安全防护用品支出；

（六）安全生产宣传、教育、培训支出；

（七）安全生产适用的新技术、新标准、新工艺、新装备的推广应用支出；

（八）安全设施及特种设备检测检验支出；

（九）尾矿库闭库及闭库后维护费用支出；

（十）地质勘探单位野外应急食品、应急器械、应急药品支出；

（十一）其他与安全生产直接相关的支出。

第十九条 建设工程施工企业安全费用应当按照以下范围使用：

（一）完善、改造和维护安全防护设施设备支出（不含"三同时"要求初期投入的安全设施），包括施工现场临时用电系统、洞口、临边、机械设备、高处作业防护、交叉作业防护、防火、防爆、防尘、防毒、防雷、防台风、防地质灾害、地下工程有害气体监测、通风、临时安全防护等设施设备支出；

（二）配备、维护、保养应急救援器材、设备支出和应急演练支出；

（三）开展重大危险源和事故隐患评估、监控和整改支出；

（四）安全生产检查、评价（不包括新建、改建、扩建项目安全评价）、咨询和标准化建设支出；

（五）配备和更新现场作业人员安全防护用品支出；

（六）安全生产宣传、教育、培训支出；

（七）安全生产适用的新技术、新标准、新工艺、新装备的推广应用支出；

（八）安全设施及特种设备检测检验支出；

（九）其他与安全生产直接相关的支出。

第二十条 危险品生产与储存企业安全费用应当按照以下范围使用：

（一）完善、改造和维护安全防护设施设备支出（不含"三同时"要求初期投入的安全设施），包括车间、库房、罐区等作业场所的监控、监测、通风、防晒、调温、防火、灭火、防爆、泄压、防毒、消毒、中和、防潮、防雷、防静电、防腐、防渗漏、防护围堤或者隔离操作等设施设备支出；

（二）配备、维护、保养应急救援器材、设备支出和应急演练支出；

（三）开展重大危险源和事故隐患评估、监控和整改支出；

（四）安全生产检查、评价（不包括新建、改建、扩建项目安全评价）、咨询和标准化建设支出；

（五）配备和更新现场作业人员安全防护用品支出；

（六）安全生产宣传、教育、培训支出；

（七）安全生产适用的新技术、新标准、新工艺、新装备的推广应用支出；

（八）安全设施及特种设备检测检验支出；

（九）其他与安全生产直接相关的支出。

第二十一条 交通运输企业安全费用应当按照以下范围使用：

（一）完善、改造和维护安全防护设施设备支出（不含"三同时"要求初期投入的安全设施），包括道路、水路、铁路、管道运输设施设备和装卸工具安全状况检测及维护系统、运输设施设备和装卸工具附属安全设备等支出；

（二）购置、安装和使用具有行驶记录功能的车辆卫星定位装置、船舶通信导航定位和自动识别系统、电子海图等支出；

（三）配备、维护、保养应急救援器材、设备支出和应急演练支出；

（四）开展重大危险源和事故隐患评估、监控和整改支出；

（五）安全生产检查、评价（不包括新建、改建、扩建项目安全评价）、咨询和标准化建设支出；

（六）配备和更新现场作业人员安全防护用品支出；

（七）安全生产宣传、教育、培训支出；

（八）安全生产适用的新技术、新标准、新工艺、新装备的推广应用支出；

（九）安全设施及特种设备检测检验支出；

（十）其他与安全生产直接相关的支出。

第二十二条 冶金企业安全费用应当按照以下范围使用：

（一）完善、改造和维护安全防护设施设备支出（不含"三同时"要求初期投入的安全设施），包括车间、站、库房等作业场所的监控、监测、防火、防爆、防坠落、防尘、防毒、防噪声与振动、防辐射和隔离操作等设施设备支出；

（二）配备、维护、保养应急救援器材、设备支出和应急演练支出；

（三）开展重大危险源和事故隐患评估、监控和整改支出；

（四）安全生产检查、评价（不包括新建、改建、扩建项目安全评价）和咨询及标准化建设支出；

（五）安全生产宣传、教育、培训支出；

（六）配备和更新现场作业人员安全防护用品支出；

（七）安全生产适用的新技术、新标准、新工艺、新装备的推广应用支出；

（八）安全设施及特种设备检测检验支出；

（九）其他与安全生产直接相关的支出。

第二十三条 机械制造企业安全费用应当按照以下范围使用：

（一）完善、改造和维护安全防护设施设备支出（不含"三同时"要求初期投入的安全设施），包括生产作业场所的防火、防爆、防坠落、防毒、防静电、防腐、防尘、防噪声与振动、防辐射或者隔离操作等设施设备支出，大型起重机械安装安全监控管理系统支出；

（二）配备、维护、保养应急救援器材、设备支出和应急演练支出；

（三）开展重大危险源和事故隐患评估、监控和整改支出；

（四）安全生产检查、评价（不包括新建、改建、扩建项目安全评价）、咨询和标准化建设支出；

（五）安全生产宣传、教育、培训支出；

（六）配备和更新现场作业人员安全防护用品支出；

（七）安全生产适用的新技术、新标准、新工艺、新装备的推广应用；

（八）安全设施及特种设备检测检验支出；

（九）其他与安全生产直接相关的支出。

第二十四条 烟花爆竹生产企业安全费用应当按照以下范围使用：

（一）完善、改造和维护安全设备设施支出（不含"三同时"要求初期投入的安全设施）；

（二）配备、维护、保养防爆机械电器设备支出；

（三）配备、维护、保养应急救援器材、设备支出和应急演练支出；

（四）开展重大危险源和事故隐患评估、监控和整改支出；

（五）安全生产检查、评价（不包括新建、改建、扩建项目安全评价）、咨询和标准化建设支出；

（六）安全生产宣传、教育、培训支出；

（七）配备和更新现场作业人员安全防护用品支出；

（八）安全生产适用新技术、新标准、新工艺、新装备的推广应用支出；

（九）安全设施及特种设备检测检验支出；

（十）其他与安全生产直接相关的支出。

第二十五条 武器装备研制生产与试验企业安全费用应当按照以下范围使用：

（一）完善、改造和维护安全防护设施设备支出（不含"三同时"要求初期投入的安全设施），包括研究室、车间、库房、储罐区、外场试验区等作业场所的监控、监测、防触电、防坠落、防爆、泄压、防火、灭火、通风、防晒、调温、防毒、防雷、防静电、防腐、防尘、防噪声与振动、防辐射、防护围堤或者隔离操作等设施设备支出；

（二）配备、维护、保养应急救援、应急处置、特种个人防护器材、设备、设施支出和应急演练支出；

（三）开展重大危险源和事故隐患评估、监控和整改支出；

（四）高新技术和特种专用设备安全鉴定评估、安全性能检验检测及操作人员上岗培训支出；

（五）安全生产检查、评价（不包括新建、改建、扩建项目安全评价）、咨询和标准化建设支出；

（六）安全生产宣传、教育、培训支出；

（七）军工核设施（含核废物）防泄漏、防辐射的设施设备支出；

（八）军工危险化学品、放射性物品及武器装备科研、试验、生产、储运、销毁、维修保障过程中的安全技术措施改造费和安全防护（不包括工作服）费用支出；

（九）大型复杂武器装备制造、安装、调试的特殊工种和特种作业人员培训支出；

（十）武器装备大型试验安全专项论证与安全防护费用支出；

（十一）特殊军工电子元器件制造过程中有毒有害物质监测及特种防护支出；

（十二）安全生产适用新技术、新标准、新工艺、新装备的推广应用支出；

（十三）其他与武器装备安全生产事项直接相关的支出。

第二十六条 在本办法规定的使用范围内，企业应当将安全费用优先用于满足安全生产监督管理部门、煤矿安全监察机构以及行业主管部门对企业安全生产提出的整改措施或者达到安全生产标准所需的支出。

第二十七条 企业提取的安全费用应当专户核算，按规定范围安排使用，不得挤占、挪用。年度结余资金结转下年度使用，当年计提安全费用不足的，超出部分按正常成本费用渠道列支。

主要承担安全管理责任的集团公司经过履行内部决策程序，可以对所属企业提取的安全费用按照一定比例集中管理，统筹使用。

第二十八条　煤炭生产企业和非煤矿山企业已提取维持简单再生产费用的，应当继续提取维持简单再生产费用，但其使用范围不再包含安全生产方面的用途。

第二十九条　矿山企业转产、停产、停业或者解散的，应当将安全费用结余转入矿山闭坑安全保障基金，用于矿山闭坑、尾矿库闭库后可能的危害治理和损失赔偿。

危险品生产与储存企业转产、停产、停业或者解散的，应当将安全费用结余用于处理转产、停产、停业或者解散前的危险品生产或者储存设备、库存产品及生产原料支出。

企业由于产权转让、公司制改建等变更股权结构或者组织形式的，其结余的安全费用应当继续按照本办法管理使用。

企业调整业务、终止经营或者依法清算，其结余的安全费用应当结转本期收益或者清算收益。

第三十条　本办法第二条规定范围以外的企业为达到应当具备的安全生产条件所需的资金投入，按原渠道列支。

第四章　监督管理

第三十一条　企业应当建立健全内部安全费用管理制度，明确安全费用提取和使用的程序、职责及权限，按规定提取和使用安全费用。

第三十二条　企业应当加强安全费用管理，编制年度安全费用提取和使用计划，纳入企业财务预算。企业年度安全费用使用计划和上一年安全费用的提取、使用情况按照管理权限报同级财政部门、安全生产监督管理部门、煤矿安全监察机构和行业主管部门备案。

第三十三条　企业安全费用的会计处理，应当符合国家统一的会计制度的规定。

第三十四条　企业提取的安全费用属于企业自提自用资金，其他单位和部门不得采取收取、代管等形式对其进行集中管理和使用，国家法律、法规另有规定的除外。

第三十五条　各级财政部门、安全生产监督管理部门、煤矿安全监察机构和有关行业主管部门依法对企业安全费用提取、使用和管理进行监督检查。

第三十六条　企业未按本办法提取和使用安全费用的，安全生产监督管理部门、煤矿安全监察机构和行业主管部门会同财政部门责令其限期改正，并依照相关法律法规进行处理、处罚。

建设工程施工总承包单位未向分包单位支付必要的安全费用以及承包单位挪用安全费用的，由建设、交通运输、铁路、水利、安全生产监督管理、煤矿安全监察等主管部门依照相关法规、规章进行处理、处罚。

第三十七条　各省级财政部门、安全生产监督管理部门、煤矿安全监察机构可以结合本地区实际情况，制定具体实施办法，并报财政部、国家安全生产监督管理总局备案。

第五章　附　　则

第三十八条　本办法由财政部、国家安全生产监督管理总局负责解释。

第三十九条　实行企业化管理的事业单位参照本办法执行。

第四十条　本办法自公布之日起施行。《关于调整煤炭生产安全费用提取标准加强煤炭生产安全费用使用管理与监督的通知》（财建〔2005〕168 号）、《关于印发〈烟花爆竹生产企业安全费用提取与使用管理办法〉的通知》（财建〔2006〕180 号）和《关于印发〈高危行业企业安全生产费用财务管理暂行办法〉的通知》（财企〔2006〕478 号）同时废止。《关于印发〈煤炭生产安全费用提取和使用管理办法〉和〈关于规范煤矿维简费管理问题的若干规定〉的通知》（财建〔2004〕119 号）等其他有关规定与本办法不一致的，以本办法为准。

公安部办公厅　国家能源局综合司关于贯彻执行《电力设施治安风险等级和安全防范要求》的通知

公治〔2014〕10 号

为切实加强电力设施安全防范标准化规范化建设，公安部会同国家能源局研究制定了《电力设施治安风险等级和安全防范要求》（GA 1089—2013，以下简称《安防要求》），该《安防要求》已于 2013 年 9 月 30 日由公安部发布，于 2013 年 11 月 1 日起实施。为切实做好《安防要求》贯彻执行工作，现就有关事项通知如下：

一、充分认识《安防要求》发布实施的重要意义，切实抓好学习宣传贯彻工作。《安防要求》是规范和加强电力设施安全防范工作的第一个公共安全行业标准，是深入贯彻《企业事业单位内部治安保卫条例》、《电力设施保护条例》的重要措施。《安防要求》的发布施行，对于进一步提高电力企业治安防范能力和电力设施安全保护水平，切实保障电力设施安全运行，促进电力行业安全发展，具有十分重要的作用。各地公安机关、发展改革部门（经信委、经委、能源局）、国家能源局各派出机构和有关电力企业，要充分认识贯彻实施《安防要求》的重要意义，加强组织部署，密切协作配合，紧密结合本地区、本部门、本单位实际，抓好贯彻实施工作。要认真组织学习，准确把握《安防要求》相关条文、技术要求和精神实质，并准确运用到实际工作中。要采取召开座谈会、专家咨询会，举办专题培训班，发放宣传挂图和手册等形式，充分利用各类媒体，有组织、有步骤地开展宣传贯彻工作。要对电力企业的主要负责人、分管领导、安全管理相关岗位人员和治安保卫人员开展教育、培训，指导、督促有关人员熟练掌握《安防要求》的具体内容，为确保《安防要求》落到实处奠定坚实基础。

二、深入开展调查摸底，督促落实安全防范措施。从现在起到 2014 年 4 月底，各电力企业要按照《安防要求》，结合本单位治安保卫工作实际，认真、全面开展电力设施治安风险评估，确定风险等级，并报主管部门备案。在此基础上，要针对不同风险等级电力设施，严格落实相应安全防范、防护要求，进一步增强电力企业抵御治安风险能力，提高电力设施安全防范整体水平。各地公安机关、发展改革部门（经信委、经委、能源局）、国家能源局各派出机构要加强调查研究，依照《安防要求》，对电力企业治安保卫工作情况进行全面排查摸底，对重要部位达不到《安防要求》中强制性条款要求的，要指导企业制定整改方案、计划，并督促限期整改落实。各电力企业要高度重视安防隐患整改工作，保证专门经费投入，制定专门方案和具体措施，明确主责人员，做到方案、制度、经费、人员、措施"五落实"，严防发生重大案件和事故。

三、以贯彻落实《安防要求》为契机，进一步加大电力设施安全保护工作力度。各地公安机关、发展改革部门（经信委、经委、能源局）、国家能源局各派出机构要按照《企业事业单位内部治安保卫条例》、《电力设施保护条例》的规定，加强对电力设施安全保护工作和电力企业内部安保工作的监督、检查、指导，督促电力企业进一步健全完善治安保卫规章制度，大力推进人防、物防、技防设施建设，进一步加强电力设施安全保护工作。同时，要进一步加强协作联动，加大电力设施保护行政执法力度，严密防范、依法查处危害电力设施安全的违法犯罪活动，为电力企业生产经营创造安全稳定的治安环境。各电力企业要认真落实内部安保主体责任，根据《安防要求》，在电力设施工程设计、建设、运行和维护各阶段同步建设安全技术防范工程（设施）。《企业事业单位内部治安保卫条例》规定的治安保卫重点单位，要设立与本单位风险等级相适应的专职治安保卫机构。要与当地公安机关和电力行业主管部门、国家能源局各派出机构建立治安防范应急联动机制，完善应急组织机构，制定应急防范预案，建立应急管理制度，不断提高电力设施应急处突能力和水平。

接此通知后，各地要认真抓好贯彻落实，并于 2014 年 5 月 31 日前将《安防要求》初步贯彻工作情况按系统分别报全国"三电"办（公安部治安管理局）和国家能源局电力安全监管司。公安部、国家能源局将适时组织对各地贯彻工作情况开展督导检查。

附件：《电力设施治安风险等级和安全防范要求》（GA 1089—2013）

公安部办公厅
国家能源局综合司
2014 年 1 月 2 日

附件

电力设施治安风险等级和安全防范要求
（GA 1089—2013）

1 范围

本标准规定了电力设施的治安风险等级、安全防护要求、技术防范系统要求和系统建设运行维护要求。

本标准适用于水电站（含抽水蓄能电站）、火力发电站（含热电联产电站）、电网以及重要电力用户变电站或配电站等电力设施。

风力发电、光伏等其他形式发电站或电压等级低于 110kV 的变电站等电力设施参照使用。

2 规范性引用文件

下列文件对于本文件的应用是必不可少的。凡是注日期的引用文件，仅所注日期的版本适用于本文件。凡是不注日期的引用文件，其最新版本（包括所有的修改单）适用于本文件。

GB/T 2900.50 　　　电工术语　发电、输电及配电　通用术语

GB/T 2900.52	电工术语　发电、输电及配电　发电
GB/T 7946	脉冲电子围栏及其安装和安全运行
GB 12663—2001	防盗报警控制器通用技术条件
GB/T 15408	安全防范系统供电技术要求
GB/T 17565—2007	防盗安全门通用技术条件
GB/T 25724	安全防范监控数字视音频编解码技术要求
GB/Z 29328—2012	重要电力用户供电电源及自备应急电源配置技术规范
GB 50016	建筑设计防火规范
GB 50057	建筑物防雷设计规范
GB 50058	爆炸和火灾危险环境电力装置设计规范
GB 50198—2011	民用闭路监视电视系统工程技术规范
GB 50343	建筑物电子信息系统防雷技术规范
GB 50348	安全防范工程技术规范
GB 50394	入侵报警系统工程设计规范
GB 50395	视频安防监控系统工程设计规范
GB 50396	出入口控制系统工程设计规范
GA/T 644	电子巡查系统技术要求
GA/T 761	停车场（库）安全管理系统技术要求
DL 5180	水电枢纽工程等级划分及设计安全标准

3　术语和定义

GB/T 2900.50、GB/T 2900.52 和 GB 50348 界定的以及下列术语和定义适用于本文件。

3.1　电力设施 power facility

用于发电、输电、变电、配电的设施及其有关辅助设施。

3.2　治安风险等级 public security risk level

存在于电力设施本身及其周围的遭受盗窃、抢劫和人为破坏等安全威胁的程度。

3.2　水电站 hydropower station

将水流能量转化为电能的电站。

3.3　抽水蓄能电站 pumped storage power station

利用上水库和下水库中的水循环进行抽水和发电的水电站。

3.4　火力发电站 thermal power starion

由燃煤或碳氢化合物获得热能的热力发电站。

3.5　热电联产电站 cogeneration power station

联合生产电能和热能的电站。

3.6　电网 electrical grid

输电、配电的各种装置和设备、变电站、电力线路或电缆的组合。

3.7　变电站 electrical substation

电力系统的一部分，它集中在一个指定的地方，主要包括输电或配电线路的终端、开关及控制设备、建筑物和变压器。通常包括电力系统的安全和控制所需的设施（例如保护装置）。变电站根据电压等级、性质不同可以分为很多形式，如开关站、换流站、配电站等。

3.8 重要电力用户 important power consumer

在国家或者一个地区（城市）的社会、政治、经济生活中占有重要地位，对其中断供电将可能造成人身伤亡、较大环境污染、较大政治影响、较大经济损失、社会公共秩序严重混乱的用电单位或对供电可靠性有特殊要求的用电场所。

4 治安风险等级

4.1 电力设施治安风险等级的划分，应根据电力设施的重要程度、当地社会治安状况以及电力设施遭受侵害后对公共安全和人身安全、财产安全造成危害的程度，由低到高划分为三级风险、二级风险和一级风险。

4.2 水电站的治安风险等级划分应符合下列规定：

a) DL 5180 规定的水库库容大于等于 $10^7 m^3$，且小于 $10^9 m^3$，或装机容量大于等于 50MW，且小于 300MW 的中型水电站的风险等级确定为三级；

b) DL 5180 规定的水库库容大于等于 $10^8 m^3$，且小于 $10^8 m^3$，或装机容量大于等于 300MW，且小于 1200MW 的大（2）型水电站的风险等级确定为二级；

c) DL 5180 规定的水库库容大于等于 $10^9 m^3$、或装机容量大于等于 1200MW 的大（1）型水电站的风险等级确定为一级。

4.3 火力发电站的治安风险等级划分应符合下列规定：

a) 总装机容量大于等于 1200MW，且小于 3000MW 的火力发电站的风险等级确定为三级；

b) 单机容量小于 1000MW 的热电联产电站，或总装机容量大于等于 3000MW，且小于 5000MW 的火力发电站的风险等级确定为二级；

c) 总装机容量大于等于 5000MW，或单机容量为 1000MW 及以上的火力发电站、热电联产电站的风险等级确定为一级。

4.4 电网的治安风险等级划分应符合下列规定：

a) 地（市、州、盟）级电力调度控制中心、220kV 变电站、110kV 重要负荷变电站的风险等级确定为三级；

b) 省、自治区、直辖市以及省会城市、计划单列市电力调度控制中心，330kV～750kV 电压等级的变电站，以及向 GB/Z 29328—2012 规定的二级重要电力用户供电的变电站或配电站的风险等级确定为二级；

c) 国家和区域电力调度控制中心、800kV 及以上电压等级的变电站，以及向 GB/Z 29328—2012 规定的特级和一级重要电力用户供电的变电站或配电站的风险等级确定为一级。

4.5 按照 4.2～4.4 确定为二、三级治安风险等级的电力设施，可根据当地相关社会治安状况的严峻性和电力设施可能遭受安全威胁的严重性相应提高其风险等级。

5 安全防护要求

5.1 安全防护级别的确定

5.1.1 电力设施的安全防护级别由低到高分为三级安全防护、二级安全防护、一级安全防护。

5.1.2 电力设施的安全防护级别应与治安风险等级相适应。三级风险等级电力设施的安全防范措施应不低于三级安全防护要求，二级风险等级电力设施的安全防范措施应不低于二级安全防护要求，一级风险等级电力设施的安全防范措施应不低于一级安全防护要求。

5.2 安全防护的总体要求

5.2.1 电力设施的安全防范应坚持技防、物防、人防相结合的原则。

5.2.2 安全防范系统中使用的设备应符合国家法律法规和现行相关标准的规定，并经检验或认证合格。

5.2.3 安全技术防范设备应安装在易燃易爆危险区以外。当设备不得不安装在危险区以内时，应选用与危险介质相适应的防爆产品或采用适合的防爆保护措施，并符合GB 50058和GB 50016的有关规定。

5.2.4 治安保卫人员宜配置无线通讯设备。

5.2.5 安全技术防范系统监控中心应有保障值班人员正常工作的辅助设施，并由掌握安全防范技术专业知识和操作能力的人员24小时值守。

5.2.6 电话总机、对外公开的重要部门的电话应有来电显示功能，对外公开服务和咨询的电话应有来电通话记录功能。

5.2.7 在国家重大活动等特殊时段，以及国家有关部门发布安全预警或者发生相关重大治安突发事件等紧急情况下，应加强安全防范措施，增加治安保卫人员，加强对重要电力设施的巡逻守护；加强出入口控制，必要时，设置防爆安检设备或车辆阻挡装置。

5.3 安全防范系统配置

5.3.1 电力设施安全防范系统基本配置应符合表1的规定。

表1   **电力设施的安全防范系统基本配置表**

序号	配置项目		防范区域	配置要求		
				三级安全防护	二级安全防护	一级安全防护
1	视频安防监控系统	摄像机	发电站厂区出入口	应	应	应
2			火力发电站的汽轮发电机层以及发电站控制室、网控室、升压控制区域出入口	可	宜	应
3			火力发电站的油码头重要部位、煤码头重要部位、重要物资仓库、氢站、液氨灌区、油库区	可	宜	应
4			发电站出入主厂房的主要通道或发电站连接主厂房的主要通道、发电机层、电梯轿厢	可	宜	应
5			水电枢纽工程的壅水建筑物和主副厂房区、办公楼出入口	可	宜	应
6			电力调度控制中心的主要通道、调度室、通信机房、自动化机房	应	应	应
7			变电站、重要电力用户配电站的出入口	应	应	应
8			变电站、重要电力用户配电站的周界	宜	应	应
9			机动车车库出入口	可	宜	应
10			安防监控中心出入口	应	应	应
11		控制、显示装置	安防监控中心或调度控制中心监控室	应	应	应

114

序号	配置项目		防 范 区 域	配置要求		
				三级安全防护	二级安全防护	一级安全防护
12	入侵报警系统	入侵探测装置	有周界围墙的发电站、电力调度控制中心等封闭屏障处	可	宜	应
13			变电站、重要电力用户配电站的周界围墙或栅栏	应	应	应
14		紧急报警装置	发电站警卫室	应	应	应
15			安防监控中心或调度控制中心监控室	应	应	应
16	出入口控制系统		发电站、发电站控制室出入口	可	宜	应
17			电力调度控制中心、调度室、通信机房,变电站、重要电力用户配电站出入口	可	宜	应
18	车辆阻挡装置		发电站、变电站、电力调度控制中心出入口	可	可	宜
19	电子巡查系统		水电枢纽工程壅水建筑物	可	宜	应
20			火电厂油码头、煤码头、重要物资仓库	可	宜	应
21	停车库管理系统		停车库(场)		宜	应
22	防盗安全门		重要物品储存库、电力调度控制中心调度室、安防监控中心等出入口	应	应	应
23	防盗栅栏		无人值守的变电站、重要电力用户配电站与外界直接相通的1、2层的窗户和风口	应	应	应
24			重要物品储存库等重要办公场所的窗户	应	应	应

注:外界是指周围社会环境。

5.3.2 在满足表1要求的基础上,企业可根据自身安全管理需要提升安全防范系统配置水平。

5.4 三级安全防护

5.4.1 三级风险等级的电力设施的安全防范系统应按照表1中三级安全防护要求进行配置。

5.4.2 发电站、调度控制中心等重要部位主要出入口应设置必要的警戒标志,并应有治安保卫人员24小时值守,对进出的人员、车辆、重要物资进行检查、审核、登记。

5.4.3 对火力发电站油码头、煤码头、重要物资仓库,水电枢纽工程壅水建筑物等重要部位,应建立与安全防护级别相适应的治安保卫巡逻队伍,落实巡查守护工作制度。

5.4.4 无人值守变电站和重要负荷变电站周界应安装脉冲电子围栏等周界入侵探测装置。

5.4.5 人员出入口的监视和回放图像应能够清晰辨认人员的体貌特征;机动车辆出入口的监视和回放图像应能够清晰辨别进出机动车的外观和号牌;较大区域范围的监视和回放图像应能辨别监控范围内人员活动状况。

5.4.6 摄像机的安装应考虑环境光照因素对监视图像的影响;在环境照度较低区域宜采用低照度摄像机或采用补光、照明措施;环境照度变化大的区域宜采用宽动态摄像机。

5.4.7 无人值守变电站和重要负荷变电站的安全技术防范系统宜与上级调度控制中心或

集中监控中心实现远程联网。

5.5 二级安全防护

5.5.1 二级风险等级的电力设施的安全防范系统应按照表1中二级安全防护要求进行配置。

5.5.2 二级风险等级的电力设施的安全防范系统还应满足5.4.2~5.4.6的要求。

5.5.3 变电站周界应安装脉冲电子围栏等周界入侵探测装置。

5.5.4 变电站的安全技术防范系统应与上级调度控制中心或集中监控中心实现远程联网。

5.6 一级安全防护

5.6.1 一级风险等级的电力设施的安全防范系统应按照表1中一级安全防护要求进行配置。

5.6.2 一级风险等级的电力设施的安全防范系统还应满足5.5.2~5.5.4的要求。

5.6.3 变电站周界围墙（栏）的高度不应低于2.5m，并应设置防穿越功能的入侵探测装置。

5.7 其他安全防护

5.7.1 架空输电线路杆塔及拉线应采取防盗窃、破坏措施。特高压输电线路、大跨越线路和其他重要线路特殊区段宜安装图像抓拍装置，治安环境复杂地段的输电线路杆塔可安装图像抓拍装置，定时照片回传。

5.7.2 电缆隧道出入口应安装防盗安全门，重要区段的检查孔应具备防盗功能。

6 技术防范系统要求

6.1 总体要求

6.1.1 安全技术防范系统的设计应符合GB 50348的有关规定，安全技术防范系统的供电系统应符合GB/T 15408的有关规定，安全防范系统防雷接地要求应符合GB 50343、GB 50057的有关规定。

6.1.2 安全技术防范系统监控中心建设应符合GB 50348的有关规定。

6.1.3 安全技术防范系统的资料信息、事件信息、报警信息等保存时间应大于等于30d。

6.1.4 安全防范系统中具有计时功能的设备与北京时间的偏差不应大于5s。

6.1.5 安全技术防范系统宜独立运行。

6.2 视频安防监控系统

6.2.1 视频安防监控系统应对监控区域内的人员和机动车的出入、活动情况及治安秩序进行24小时视频监控并录像，显示图像应能编程、自动或手动切换，图像上应有摄像机编号、地址、时间、日期显示和前端设备控制等功能。

6.2.2 视频安防监控系统的显示图像质量主观评价应按照GB 50198—2011中表5.4.1-1规定的五级损伤制评定的评分规定，不应低于4分的要求，图像水平分辨力应大于400TVL。

6.2.3 图像记录、回放帧速应符合下列规定：

　　a) 应以25 frame/s与2 frame/s帧速分别保存图像记录，其中以25 frame/s的帧速记录的图像保存时间应大于等于10d，其余20d的图像保存宜大于等于2frame/s的帧速记录，亦可采用仅以25 frame/s的帧速保存图像大于等于30d的记录方式；

　　b) 图像记录宜在本机播放，亦可通过其他通用设备在本地进行联机播放。

6.2.4 视频安防监控系统应能与入侵报警系统和出入口控制系统联动。

6.2.5 当报警发生时，应能对报警现场进行图像复核，并将现场图像自动切换到指定的显示装置上。经复核后的报警视频图像应长期保存，重要图像宜备份存储。

6.2.6 视频安防监控设备的编解码宜符合 GB/T 25724 的有关规定。

6.2.7 系统的其他要求应符合 GB 50395 的有关规定。

6.3 入侵报警系统

6.3.1 入侵报警系统应配置满足现场要求的声光报警装置，应能按时间、区域、部位任意编程设防或撤防；能对设备运行状态和信号传输线路进行检测，能及时发出故障报警并指示故障位置；应具有防破坏功能，当探测器被拆或线路被切断时，系统应能发出报警，并显示和记录报警部位及有关警情数据。

6.3.2 三级安全防护要求的防盗报警控制器应符合 GB 12663—2001 中 A 级的规定，二级安全防护要求的防盗报警控制器应符合 B 级的规定，一级安全防护要求的防盗报警控制器应符合 C 级的规定。

6.3.3 脉冲电子围栏前端每根导线脉冲电压应在 5000V～10000V 之间，其他要求应符合 GB/T 7946 的有关规定。

6.3.4 系统的其他要求应符合 GB 50394 的有关规定。

6.4 出入口控制系统

6.4.1 出入口现场控制设备中的每个出入口记录总数应大于 1000 条。

6.4.2 系统应保存不小于 180d 的最新事件记录。

6.4.3 系统应对设防区域的位置、通过对象及通过时间等进行实时控制或程序控制。系统应有报警功能。

6.4.4 系统的其他要求应符合 GB 50396 的有关规定。

6.5 电子巡查系统

6.5.1 采集装置存储的巡查信息记录应不小于 4000 条。

6.5.2 系统的其他要求应符合 GA/T 644 的有关规定。

6.6 停车库（场）安全管理系统

停车库（场）安全管理系统应符合 GA/T 761 的有关规定。

6.7 其他

防盗安全门的标准应不低于 GB 17565—2007 中乙级的相关规定。

7 系统建设运行维护

7.1 电力设施安全防范系统建设宜纳入工程建设的总体规划，宜综合设计、同步实施、独立验收、同时交付使用。

7.2 安全技术防范系统建成后，应制定应急处置预案，并建立系统运行维护保障的长效机制。

7.3 安全技术防范系统出现故障应及时修复，一级风险单位应在 48h 内、二级风险单位应在 72h 内、三级风险单位应在 96h 内恢复完毕。系统修复期间应有应急安全防护措施，因地处偏远、环境特殊等情况，安全技术防范系统不能按时修复的，应采取加强治安保卫人员巡逻守护等安全保卫措施，直至安全技术防范系统故障排除为止。

国家电力监管委员会关于印发《电力突发事件应急演练导则（试行）》等文件的通知

电监安全〔2009〕22 号

为规范电力应急预案编制和应急演练工作，我会组织制定了《电力突发事件应急演练导则（试行）》、《电力企业综合应急预案编制导则（试行）》、《电力企业专项应急预案编制导则（试行）》和《电力企业现场处置方案编制导则（试行）》，现印发给你们，请依照执行，执行中如有问题和建议，请及时告电监会。

国家电力监管委员会

2009 年 6 月 16 日

电力企业综合应急预案编制导则

（试行）

前　言

为指导和规范电力企业做好电力应急预案编制工作，依据《中华人民共和国突发事件应对法》、《电力监管条例》、《国家突发公共事件总体应急预案》、《生产经营单位安全生产事故应急预案编制导则》等有关文件制定本导则。

本导则是国家电力监管委员会组织编写的电力应急预案编制和应急演练规范系列文件的组成部分。各电力企业应按照本导则及相关文件要求，规范编制电力综合应急预案。

本导则的附录 A 为资料性附录，对电力应急预案的编制格式做出了要求和说明。

本导则由国家电力监管委员会提出并负责解释。

1 适用范围

本导则规定了电力企业编制综合应急预案的内容和要素等基本要求。

本导则适用于在中华人民共和国境内从事电力规划设计、生产运行、检修试验以及电力建设等业务的电力企业。各电力企业可结合本单位的组织结构、管理模式、生产规模、风险种类、应急能力等特点对综合应急预案框架结构等要素进行适当调整。

2 规范性引用文件

下列文件中的条款通过本导则的引用而成为本导则的条款。引用文件如有修订或更新，使用本导则的各方应研究使用这些文件的最新版本。

《国家突发公共事件总体应急预案》（国发〔2005〕11号）

《国务院办公厅关于印发〈国务院有关部门和单位制定和修订突发公共事件应急预案框架指南〉的函》（国办函〔2004〕33号）

《国家处置电网大面积停电事件应急预案》（国办函〔2005〕44号）

《生产经营单位安全生产事故应急预案编制导则》（AQ/T 9002—2006）

3 术语和定义

3.1 突发事件

指突然发生，造成或者可能造成人员伤亡、电力设备损坏、电网大面积停电、环境破坏等危及电力企业、社会公共安全稳定，需要采取应急处置措施予以应对的紧急事件。

3.2 应急预案

指针对可能发生的各类突发事件，为迅速、有序地开展应急行动而预先制定的行动方案。

3.3 危险源

指可能导致伤害或疾病、财产损失、环境破坏、社会危害或这些情况组合的根源或状态。

3.4 风险

指某一特定突发事件发生的可能性和后果的组合。

3.5 预警

指为了高效地预防和应对突发事件，对突发事件征兆进行监测、识别、分析与评估，预测突发事件发生的时间、空间和强度，并依据预测结果在一定范围内发布相应警报，提出相应应急建议的行动。

3.6 突发事件分级

指根据突发事件的严重程度和影响范围所确定的事件等级。

3.7 应急响应分级

指根据突发事件的等级和事发单位的应急处置能力所确定的应急响应等级。

4 综合应急预案的编制要求

电力企业应结合自身安全生产和应急管理工作实际情况编制一个综合应急预案。

综合应急预案的内容应满足以下基本要求：

（1）符合与应急相关的法律、法规、规章和技术标准的要求；

（2）与事故风险分析和应急能力相适应；

（3）职责分工明确、责任落实到位；

（4）与相关企业和政府部门的应急预案有机衔接。

5 综合应急预案的主要内容

5.1 总则

5.1.1 编制目的

明确综合应急预案编制的目的和作用。

5.1.2 编制依据

明确综合应急预案编制的主要依据。应主要包括国家相关法律法规，国务院有关部委制定的管理规定和指导意见，行业管理标准和规章，地方政府有关部门或上级单位制定的规定、标准、规程和应急预案等。

5.1.3 适用范围

明确综合应急预案的适用对象和适用条件。

5.1.4 工作原则

明确本单位应急处置工作的指导原则和总体思路，内容应简明扼要、明确具体。

5.1.5 预案体系

明确本单位的应急预案体系构成情况。一般应由综合应急预案、专项应急预案和现场处置方案构成。应在附件中列出本单位应急预案体系框架图和各级各类应急预案名称目录。

5.2 风险分析

5.2.1 单位概况

明确本单位与应急处置工作相关的基本情况。一般应包括单位地址、从业人数、隶属关系、生产规模、主设备型号等。

5.2.2 危险源与风险分析

针对本单位的实际情况对存在或潜在的危险源或风险进行辨识和评价，包括对地理位置、气象及地质条件、设备状况、生产特点以及可能突发的事件种类、后果等内容进行分析、评估和归类，确定危险目标。

5.2.3 突发事件分级

明确本单位对突发事件的分级原则和标准。分级标准应符合国家有关规定和标准要求。

5.3 组织机构及职责

5.3.1 应急组织体系

明确本单位的应急组织体系构成，包括应急指挥机构和应急日常管理机构等，应以结构图的形式表示。

5.3.2 应急组织机构的职责

明确本单位应急指挥机构、应急日常管理机构以及相关部门的应急工作职责。应急指挥机构可以根据应急工作需要设置相应的应急工作小组，并明确各小组的工作任务和职责。

5.4 预防与预警

5.4.1 危险源监控

明确本单位对危险源监控的方式方法。

5.4.2 预警行动

明确本单位发布预警信息的条件、对象、程序和相应的预防措施。

5.4.3 信息报告与处置

明确本单位发生突发事件后信息报告与处置工作的基本要求。包括本单位24小时应急值守电话、单位内部应急信息报告和处置程序以及向政府有关部门、电力监管机构和相关单位进行突发事件信息报告的方式、内容、时限、职能部门等。

5.5 应急响应

5.5.1 应急响应分级

根据突发事件分级标准，结合本单位控制事态和应急处置能力确定响应分级原则和标准。

5.5.2 响应程序

针对不同级别的响应，分别明确启动条件、应急指挥、应急处置和现场救援、应急资源调配、扩大应急等应急响应程序的总体要求。

5.5.3 应急结束

明确应急结束的条件和相关事项。应急结束的条件一般应满足以下要求：突发事件得以控制，导致次生、衍生事故隐患消除，环境符合有关标准，并经应急指挥部批准。应急结束后的相关事项应包括需要向有关单位和部门上报的突发事件情况报告以及应急工作总结报告等。

5.6 信息发布

明确应急处置期间相关信息的发布原则、发布时限、发布部门和发布程序等。

5.7 后期处置

明确应急结束后，突发事件后果影响消除、生产秩序恢复、污染物处理、善后理赔、应急能力评估、对应急预案的评价和改进等方面的后期处置工作要求。

5.8 应急保障

明确本单位应急队伍、应急经费、应急物资装备、通信与信息等方面的应急资源和保障措施。

5.9 培训和演练

5.9.1 培训

明确对本单位人员开展应急培训的计划、方式和周期要求。如果预案涉及到社区和居民，应做好宣传教育和告知等工作。

5.9.2 演练

明确本单位应急演练的频度、范围和主要内容。

5.10 奖惩

明确应急处置工作中奖励和惩罚的条件和内容。

5.11 附则

明确综合应急预案所涉及的术语定义以及对预案的备案、修订、解释和实施等要求。

5.12 附件

综合应急预案包含的主要附件（不限于）如下：

（1）应急预案体系框架图和应急预案目录；

（2）应急组织体系和相关人员联系方式；

（3）应急工作需要联系的政府部门、电力监管机构等相关单位的联系方式；

（4）关键的路线、标志和图纸，如电网主网架接线图、发电厂总平面布置图等；

（5）应急信息报告和应急处置流程图；

（6）与相关应急救援部门签订的应急支援协议或备忘录。

附　录　A
（资料性附录）
应急预案的编制格式和要求

A.1　封面

应急预案的封面主要包括应急预案编号、应急预案版本号、单位名称、应急预案名称、编制单位（部门）名称、颁布日期、修订日期等内容。

A.2　批准页

应急预案的批准页为批准该预案发布的文件或签字。

A.3　目次

应急预案应设置目次，目次中所列的内容及次序如下：

——批准页；

——一级标题的编号、标题名称；

——二级标题的编号、标题名称；

——附件，用序号表明其顺序。

A.4　印刷与装订

应急预案采用 A4 版面印刷，活页装订。

电力企业专项应急预案编制导则

（试行）

前　　言

为指导和规范电力企业做好电力应急预案编制工作，依据《中华人民共和国突发事件应对法》、《电力监管条例》、《国家突发公共事件总体应急预案》、《生产经营单位安全生产事故应急预案编制导则》等有关文件制定本导则。

本导则是国家电力监管委员会组织编写的电力应急预案编制和应急演练规范系列文件的组成部分。各电力企业应按照本导则和相关文件要求，规范编制电力专项应急预案。

本导则的附录 A 和附录 B 分别为电网企业和发电企业专项应急预案体系目录。各电网和发电企业应按照预案体系目录要求和企业实际情况，完善各类专项应急预案。

本导则由国家电力监管委员会提出并负责解释。

1 适用范围

本导则规定了电力企业编制专项应急预案的基本内容和要素等基本要求。

本导则适用于在中华人民共和国境内从事电力规划设计、生产运行、检修试验以及电力建设等业务的电力企业。各电力企业可结合本单位的组织结构、管理模式、生产规模、风险种类、应急能力等特点对专项应急预案框架结构等要素进行适当调整。

2 规范性引用文件

下列文件中的条款通过本导则的引用而成为本导则的条款。引用文件如有修订或更新，使用本导则的各方应研究使用这些文件的最新有效版本。

《生产经营单位安全生产事故应急预案编制导则》（AQ/T 9002—2006）

《电力企业综合应急预案编制导则》

3 专项应急预案的编制要求

3.1 专项应急预案的种类

电力企业专项应急预案原则上分为自然灾害、事故灾难、公共卫生事件和社会安全事件四大类。电网和发电企业专项应急预案体系目录详见附录 A 和附录 B。

3.1.1 自然灾害类

电力企业应针对可能面临的气象灾害〔主要包括雨雪冰冻、强对流天气（含暴雨、雷电、龙卷风等）、台风、洪水、大雾〕、地震灾害、地质灾害（主要包括山体崩塌、滑坡、泥石流、地面塌陷）、森林火灾等自然灾害编制自然灾害类专项应急预案。

3.1.2 事故灾难类

电力企业应针对可能发生的人身事故、电网事故、设备事故、网络信息安全事故、火灾事故、交通事故及环境污染事故等各类电力生产事故编制事故灾难类专项应急预案。

3.1.3 公共卫生事件类

电力企业应针对可能发生的传染病疫情、群体性不明原因疾病、食物中毒等突发公共卫生事件编制公共卫生事件类专项应急预案。

3.1.4 社会安全事件类

电力企业应针对可能发生的群体性事件、突发新闻媒体事件等社会安全事件编制社会安全事件类专项应急预案。

3.2 编制要求

（1）自然灾害类专项应急预案的内容应以防范、控制和消除自然灾害影响为主，对由于自然灾害导致的次生或衍生事件应急处置内容应根据事件性质由相应的专项应急预案予以明确。

（2）事故灾难类专项应急预案中，电网企业在编制电网事故专项应急预案的同时，应根据电网结构特点编制电网黑启动专项应急预案。此外，被列为电网黑启动电源点的发电厂在编制全厂停电事故应急预案的同时，应单独编制发电厂黑启动专项应急预案。

（3）公共卫生事件类专项应急预案可以根据事件类别分别编制专项应急预案，也可编成一个综合性的专项应急预案。在综合性的公共卫生事件专项应急预案中，应分别明确各类公共卫生事件的应急处置程序和措施。公共卫生事件类专项应急预案的内容除应符合本导则的基本要求外，还应符合国家相关法律、法规、规章及技术标准要求。

（4）社会安全事件类专项应急预案除应符合本导则的基本要求外，还应符合国家制定的相关法律、法规、规章及技术标准要求。

4　专项应急预案的主要内容

4.1　总则

明确本预案的编制目的、编制依据和适用范围等内容。

4.2　应急处置基本原则

从应急响应、指挥领导、处置措施、与政府的联动、资源调配等方面说明本预案所涉及的突发事件发生后，应急处置工作的指导原则和总体思路，内容应简明扼要。

4.3　事件类型和危害程度分析

（1）分析突发事件风险的来源、特性等。

（2）明确突发事件可能导致紧急情况的类型、影响范围及后果。

4.4　事件分级

根据突发事件危害程度和影响范围，依照国家有关规定和上级应急预案等，对突发事件进行分级。应针对不同类型的突发事件明确具体事件分级标准。

4.5　应急指挥机构及职责

4.5.1　应急指挥机构

（1）明确本预案所涉突发事件的应急指挥机构组成情况。

（2）指挥机构应设置相应的应急处置工作组，明确各应急处置工作组的设置情况和人员构成情况。

（3）明确应急指挥平台建设要求。

4.5.2　应急指挥机构的职责

（1）明确应急指挥机构、各应急处置工作组和相关人员的具体职责。

（2）明确本预案所涉及各有关部门的应急工作职责。

4.6　预防与预警

4.6.1　风险监测

专项应急预案针对的突发事件可以实施预警的，需要明确以下内容：

（1）风险监测的责任部门和人员；

（2）风险监测的方法和信息收集渠道；

（3）风险监测所获得信息的报告程序。

4.6.2　预警发布与预警行动

专项应急预案针对的突发事件可以实施预警的，需要明确以下内容：

（1）根据实际情况进行预警分级；

（2）明确预警的发布程序和相关要求；

（3）明确预警发布后的应对程序和措施。

4.6.3　预警结束

明确结束预警状态的条件、程序和方式。

4.7　信息报告

（1）明确本单位 24 小时应急值班电话。

（2）明确本预案所涉突发事件发生后，本单位内部和向上级单位进行突发事件信息报告的程序、方式、内容和时限。

（3）明确本预案所涉突发事件发生后，向政府有关部门、电力监管机构进行突发事件报告的程序、方式、内容和时限。

4.8 应急响应

4.8.1 响应分级

根据突发事件分级标准，结合企业控制事态和应急处置能力明确具体响应分级标准、应急响应责任主体及联动单位和部门。

4.8.2 响应程序

针对不同级别的响应，分别明确下列内容，并附以流程图：

（1）应急响应启动条件（应分级列出）；

（2）响应启动：宣布响应启动的责任者；

（3）响应行动：包括召开应急会议、派出前线指挥人员、组建现场工作组及其他应急处置工作小组等；

（4）各有关部门按照响应级别和职责分工开展的应急行动；

（5）向上级单位、政府有关部门及电力监管机构进行应急工作信息报告的格式、内容、时限和责任部门等。

4.8.3 应急处置

针对事件类别和可能发生的次生事件危险性和特点，明确应急处置措施：

（1）先期处置：明确突发事件发生后现场人员的即时避险、救治，控制事态发展，隔离危险源等紧急处置措施；

（2）应急处置：根据事件的级别和发展事态，明确应急指挥、应急行动、资源调配、与社会联动等响应程序，并附以流程图表示；

（3）扩大应急响应：根据事件的升级，及时提高应急响应级别、改变处置策略。

4.8.4 应急结束

明确下述内容：

（1）应急结束条件；

（2）应急响应结束程序，包括宣布不同级别应急响应结束的责任人、宣布方式等。

4.9 后期处置

明确下述内容：

（1）后期处置、现场恢复的原则和内容；

（2）负责保险和理赔的责任部门；

（3）事故或事件调查的原则、内容、方法和目的；

（4）对预案及本次应急工作进行总结、评价、改进等内容。

4.10 应急保障

明确本单位应急资源和保障措施（其中部分内容可以附件形式列出）。

4.10.1 应急队伍

明确本预案所涉应急救援队伍、应急专家队伍和社会救援资源的建设、准备和培训要求。

4.10.2 应急物资与装备

明确本预案应急处置所需主要物资、装备的储备地点及重要应急物资供应单位的基本情况和管理要求。

4.10.3 通信与信息

明确与应急相关的政府部门、上级应急指挥机构、系统内外主要应急队伍等机构和单位、人员的通信渠道和手段以及极端条件下保证通信畅通的措施。

4.10.4 经费

明确本预案所需应急专项经费的来源、管理及在应急状态下确保及时到位的保障措施等。

4.10.5 其他

根据实际情况明确应急交通运输保障、安全保障、治安保障、医疗卫生保障、后勤保障及其他保障的具体措施。

4.11 培训和演练

明确本预案培训和演练的范围、方式、内容和周期要求。

4.12 附则

4.12.1 术语和定义

对本预案所涉及的一些术语进行定义。

4.12.2 预案备案

明确本预案的报备机构或部门。

4.12.3 预案修订

明确对本预案进行修订的条件、周期及负责部门。

4.12.4 制定与解释

明确负责本预案制定和解释的部门。

4.12.5 预案实施

明确本预案实施的时间。

4.13 附件

专项应急预案包含的主要附件（不限于）如下：

4.13.1 有关应急机构或人员联系方式

（1）应急指挥机构人员和联系方式；

（2）相关单位、部门、组织机构或人员名称及联系方式。

4.13.2 应急救援队伍信息

（1）应急救援队伍名称及联系方式；

（2）应急处置专家姓名及联系方式；

（3）与相关的社会应急救援部门签订的应急支援协议及联系方式。

4.13.3 应急物资储备清单

（1）本预案涉及的重要应急装备和物资的名称、型号、数量、图纸、存放地点和管理人员联系方式等。

（2）重要应急物资供应单位的生产能力、设备图纸和联系方式等。

（3）应急救援通信设施型号、数量、存放点等。

（4）应急车辆数量及司机联系方式清单。

4.13.4 规范化格式文本

列出应急信息接收、处理和上报等规范化格式文本。

4.13.5 关键的路线、标识和图纸

（1）重要防护目标一览表、分布图。

（2）应急指挥位置及应急队伍行动路线、人员疏散路线、重要地点等标志。

（3）相关平面布置图纸、应急力量的分布图纸等。

4.13.6 相关应急预案名录

列出直接与本预案相关或相衔接的应急预案名称。

4.13.7 有关流程

（1）预警信息发布流程。

（2）突发事件信息报告流程。

（3）各级应急响应及处置流程。

附 录 A
电网企业专项应急预案体系目录

一、自然灾害类

1. 防台、防汛、防强对流天气应急预案

2. 防雨雪冰冻应急预案

3. 防大雾应急预案

4. 防地震灾害应急预案

5. 防地质灾害应急预案

6. 防森林火灾应急预案

二、事故灾难类

1. 人身事故应急预案

2. 电网事故应急预案

3. 电网黑启动应急预案

4. 电力设备事故应急预案

5. 大型施工机械事故应急预案

6. 电力网络信息系统安全事故应急预案

7. 火灾事故应急预案

8. 交通事故应急预案

9. 环境污染事故应急预案

三、公共卫生事件类

1. 传染病疫情事件应急预案

2. 群体性不明原因疾病事件应急预案

3. 食物中毒事件应急预案

四、社会安全事件类

1. 群体性突发社会安全事件应急预案

2. 突发新闻媒体事件应急预案

附 录 B
发电企业专项应急预案体系目录

一、自然灾害类

1. 防台、防汛、防强对流天气应急预案

2. 防雨雪冰冻应急预案

3. 防大雾应急预案

4. 防地震灾害应急预案

5. 防地质灾害应急预案

二、事故灾难类

1. 人身事故应急预案

2. 发电厂全厂停电事故应急预案

3. 电力设备事故应急预案

4. 垮坝事故应急预案

5. 大型机械事故应急预案

6. 电力网络信息系统安全事故应急预案

7. 火灾事故应急预案

8. 交通事故应急预案

9. 环境污染事故应急预案

10. 燃料供应紧缺事件应急预案

三、公共卫生事件类

1. 传染病疫情事件应急预案

2. 群体性不明原因疾病事件应急预案

3. 食物中毒事件应急预案

四、社会安全事件类

1. 群体性突发社会安全事件应急预案

2. 突发新闻媒体事件应急预案

电力企业现场处置方案编制导则

（试行）

前　　言

为指导和规范电力企业做好电力应急预案编制工作，依据《中华人民共和国突发事件应对法》、《电力监管条例》、《国家突发公共事件总体应急预案》、《生产经营单位安全生产事故应急预案编制导则》等有关文件制定本导则。

本导则是国家电力监管委员会组织编写的电力应急预案编制和应急演练规范系列文件的组成部分。各电力企业应按照本导则和相关文件要求，规范编制各类电力现场处置方案。

本导则的附录 A 和附录 B 分别为电网企业和发电企业典型现场处置方案目录。各电力企业可根据实际情况制定适应本单位生产现场应急处置工作需要的相关现场处置方案。

本导则由国家电力监管委员会提出并负责解释。

1 适用范围

本导则规定了电力企业编制现场处置方案的内容和要素等基本要求。

本导则适用于在中华人民共和国境内从事电力规划设计、生产运行、检修试验以及电力建设等业务的电力企业。各电力企业可结合本单位的组织结构、管理模式、生产规模、风险种类、应急能力等特点对现场处置方案框架结构等要素进行适当调整。

2 规范性引用文件

下列文件中的条款通过本导则的引用而成为本导则的条款。引用文件如有修订或更新，使用本导则的各方应研究使用这些文件的最新版本。

《生产经营单位安全生产事故应急预案编制导则》（AQ/T 9002—2006）

《电力企业综合应急预案编制导则》

《电力企业专项应急预案编制导则》

3 现场处置方案的编制要求

（1）电力企业应组织基层单位或部门针对特定的具体场所（如集控室、制氢站等）、设备设施（如汽轮发电机组、变压器等）、岗位（如集控运行人员、消防人员等），在详细分析现场风险和危险源的基础上，针对典型的突发事件类型（如人身事故、电网事故、设备事故、火灾事故等），制定相应的现场处置方案。

（2）现场处置方案应简明扼要、明确具体，具有很强的针对性、指导性和可操作性。

4 现场处置方案的主要内容

4.1 总则

明确方案的编制目的、编制依据和适用范围等内容。

4.2 事件特征

主要包括：

（1）危险性分析，可能发生的事件类型；

（2）事件可能发生的区域、地点或装置的名称；

（3）事件可能发生的季节（时间）和可能造成的危害程度；

（4）事前可能出现的征兆。

4.3 应急组织及职责

主要包括：

（1）基层单位（部门）应急组织形式及人员构成情况；

（2）应急组织机构、人员的具体职责，应同基层单位或部门、班组人员的工作职责紧密配合，明确相关岗位和人员的应急工作职责。

4.4 应急处置

主要包括：

（1）现场应急处置程序。根据可能发生的典型事件类别及现场情况，明确报警、各项应急措施启动、应急救护人员的引导、事件扩大时与相关应急预案衔接的程序；

（2）现场应急处置措施。针对可能发生的人身、电网、设备、火灾等，从操作措施、工艺流程、现场处置、事故控制、人员救护、消防、现场恢复等方面制定明确的应急处置措施。现场处置措施应符合有关操作规程和事故处置规程规定；

（3）事件报告流程。明确报警电话及上级管理部门、相关应急救援单位联络方式和联系人员，事件报告的基本要求和内容。

4.5 注意事项

主要包括：

（1）佩戴个人防护器具方面的注意事项；

（2）使用抢险救援器材方面的注意事项；

（3）采取救援对策或措施方面的注意事项；

（4）现场自救和互救的注意事项；

（5）现场应急处置能力确认和人员安全防护等事项；

（6）应急救援结束后的注意事项；

（7）其他需要特别警示的事项。

4.6 附件

4.6.1 有关应急部门、机构或人员的联系方式

列出应急工作中需要联系的部门、机构或人员的联系方式。

4.6.2 应急物资装备的名录或清单

按需要列出现场处置方案涉及的物资和装备名称、型号、存放地点和联系电话等。

4.6.3 关键的路线、标志和图纸

按需要给出下列路线、标志和图纸：

（1）现场处置方案所适用的场所、设备一览表、分布图；

（2）应急救援指挥位置及救援队伍行动路线；

（3）疏散路线、重要地点等标志；

（4）相关平面布置图纸、救援力量的分布图纸等。

4.6.4 相关文件

（1）按需要列出与现场处置方案相关或相衔接的应急预案名称。

（2）相关操作规程或事故处置规程的名称和版本。

4.6.5 其他附件

附 录 A
电网企业典型现场处置方案目录

一、人身事故类

1. 高处坠落伤亡事故处置方案

2. 机械伤害伤亡事故处置方案

3. 物体打击伤亡事故处置方案

4. 触电伤亡事故处置方案

5. 火灾伤亡事故处置方案

6. 灼烫伤亡事故处置方案

7. 化学危险品中毒伤亡事故处置方案

二、电网事故类

1. 重要输电通道及线路故障处理处置方案

2. 重要变电站、换流站、发电厂全停事故处置方案

3. 重要电力用户停电事件处置方案

4. 电网解列事故处置方案

5. 电网非同期振荡事故处置方案

6. 电网低频事故处置方案

7. 电网应对缺煤引发机组大范围停运事件处置方案

三、设备事故类

1. 变电站主变故障处置方案

2. 变电站母线故障处置方案

3. 输电线路倒塔断线事故处置方案

四、电力网络与信息系统安全类

1. 电力二次系统安全防护处置方案

2. 电网调度自动化系统故障处置方案

3. 电网调度通信系统故障处置方案

五、火灾事故类

1. 变压器火灾事故处置方案

2. 电缆火灾事故处置方案

3. 重要生产场所火灾事故处置方案

附 录 B
发电企业典型现场处置方案目录

一、人身事故类

1. 高处坠落伤亡事故处置方案

2. 机械伤害伤亡事故处置方案

3. 物体打击伤亡事故处置方案

4. 触电伤亡事故处置方案

5. 火灾伤亡事故处置方案

6. 灼烫伤亡事故处置方案

7. 化学危险品中毒伤亡事故处置方案

二、设备事故类

1. 锅炉大面积结焦处置方案

2. 锅炉承压部件爆漏处置方案

3. 汽轮机超速、轴系断裂、油系统火灾处置方案

4. 公用系统故障处置方案

5. 厂用电中断事故处置方案

6. 厂用气中断事故处置方案

7. 起重机械故障事故处置方案

三、电力网络与信息系统安全类

1. 电力二次系统安全防护处置方案
2. 生产调度通信系统故障处置方案

四、火灾事故类

1. 变压器火灾事故处置方案
2. 发电机火灾事故处置方案
3. 锅炉燃油系统火灾事故处置方案
4. 燃油罐区火灾事故处置方案
5. 制氢站火灾事故处置方案
6. 危险化学品仓库火灾事故处置方案
7. 制粉系统火灾事故处置方案
8. 输煤皮带火灾事故处置方案
9. 电缆火灾事故处置方案
10. 集控室火灾事故处置方案
11. 计算机房火灾事故处置方案

五、环境污染事故类

1. 化学危险品泄漏事件处置方案
2. 除灰系统异常事件处置方案
3. 脱硫系统异常事件处置方案

电力突发事件应急演练导则

（试行）

前　言

为指导和规范电力突发安全事件应急演练的组织与开展，提高应急演练的效果和科学性，依据《中华人民共和国突发事件应对法》、《电力监管条例》、《国家处置电网大面积停电事件应急预案》等有关文件制定本导则。

本导则是国家电力监管委员会组织编写的电力应急预案编制和应急演练规范系列文件的组成部分。各级政府、电力企业、电力用户组织开展电力突发事件应急演练时应参照本导则要求，规范应急演练的策划、准备、组织实施以及评估总结等各环节。

本导则的附录 A 和附录 B 分别为应急演练案例和应急演练流程图，供参考使用。

本导则由国家电力监管委员会提出并负责解释。

1 适用范围

本导则对电力突发事件应急演练（以下简称"应急演练"）的基本程序、内容、组织、实施与评估等方面做出一般性规定，适用于各级政府、电力企业、电力用户组织开展的应急演练活动。

2 规范性引用文件

下列文件中的条款通过本导则引用而成为本导则的条款。引用文件如有修订或更新，使用本导则的各方应研究使用这些文件的最新版本。

《国家突发公共事件总体应急预案》（国发〔2005〕11 号）

《国家处置电网大面积停电事件应急预案》（国办函〔2005〕44 号）

《生产经营单位安全生产事故应急预案编制导则》（AQ/T 9002—2006）

《电力企业综合应急预案编制导则》

《电力企业专项应急预案编制导则》

《电力企业现场处置方案编制导则》

3 术语和定义

3.1 突发事件

指突然发生，造成或者可能造成人员伤亡、电力设备损坏、电网大面积停电、环境破坏等危及电力企业、社会公共安全稳定，需要采取应急处置措施予以应对的紧急事件。

3.2 应急预案

指针对可能发生的各类突发事件，为迅速、有序地开展应急行动而预先制定的行动方案。

3.3 应急演练

指针对突发事件风险和应急保障工作要求，由相关应急人员在预设条件下，按照应急预案规定的职责和程序，对应急预案的启动、预测与预警、应急响应和应急保障等内容进行应对训练。

4 应急演练目的与原则

4.1 目的

（1）检验突发事件应急预案，提高应急预案针对性、实效性和操作性。

（2）完善突发事件应急机制，强化政府、电力企业、电力用户相互之间的协调与配合。

（3）锻炼电力应急队伍，提高电力应急人员在紧急情况下妥善处置突发事件的能力。

（4）推广和普及电力应急知识，提高公众对突发事件的风险防范意识与能力。

（5）发现可能发生事故的隐患和存在问题。

4.2 原则

（1）依法依规，统筹规划。应急演练工作必须遵守国家相关法律、法规、标准及有关规定，科学统筹规划，纳入各级政府、电力企业、电力用户应急管理工作的整体规划，并按规划组织实施。

（2）突出重点，讲求实效。应急演练应结合本单位实际，针对性设置演练内容。演练应符合事故/事件发生、变化、控制、消除的客观规律，注重过程、讲求实效，提高突发事件应急处置能力。

（3）协调配合，保证安全。应急演练应遵循"安全第一"的原则，加强组织协调，统一指挥，保证人身、电网、设备及人民财产、公共设施安全，并遵守相关保密规定。

5 应急演练分类

5.1 综合应急演练

由多个单位、部门参与的针对综合应急预案或多个专项应急预案开展的应急演练活动，其目的是在一个或多个部门（单位）内针对多个环节或功能进行检验，并特别注重检验不同部门（单位）之间以及不同专业之间的应急人员的协调性及联动机制。

其中，社会综合应急演练由政府相关部门、电力监管机构、电力企业、电力用户等多个单位共同参加。

5.2 专项应急演练

针对本单位突发事件专项应急预案以及其他专项预案中涉及自身职责而组织的应急演练。其目的是在一个部门或单位内针对某一个特定应急环节、应急措施或应急功能进行检验。

6 应急演练形式

6.1 实战演练

由相关参演单位和人员，按照突发事件应急预案或应急程序，以程序性演练或检验性演练的方式，运用真实装备，在突发事件真实或模拟场景条件下开展的应急演练活动。其主要目的是检验应急队伍、应急抢险装备等资源的调动效率以及组织实战能力，提高应急处置能力。

6.1.1 程序性演练

根据演练题目和内容，事先编制演练工作方案和脚本。演练过程中，参演人员根据应急演练脚本，逐条分项推演。其主要目的是熟悉应对突发事件的处置流程，对工作程序进行验证。

6.1.2 检验性演练

演练时间、地点、场景不预先告知，由领导小组随机控制，有关人员根据演练设置的突发事件信息，依据相关应急预案，发挥主观能动性进行响应。其主要目的是检验实际应急响应和处置能力。

6.2 桌面演练

由相关参演单位人员，按照突发事件应急预案，利用图纸、计算机仿真系统、沙盘等模拟进行应急状态下的演练活动。其主要目的是使相关人员熟悉应急职责，掌握应急程序。

除以上两种形式外，应急演练也可采用其他形式进行。

7 应急演练规划与计划

7.1 规划

各级政府、电力企业、电力用户应针对突发事件特点对应急演练活动进行3～5年的整体规划，包括应急演练的主要内容、形式、范围、频次、日程等。

从实际需求出发，分析本地区、本单位面临的主要风险，根据突发事件发生发展规律，制订应急演练规划。各级演练规划要统一协调、相互衔接，统筹安排各级演练之间的顺序、日程、侧重点，避免重复和相互冲突，演练频次应满足应急预案规定。

7.2 计划

在规划基础上，制订具体的年度工作计划，包括：演练的主要目的、类型、形式、内容，主要参与演练的部门、人员，演练经费概算等。

8 应急演练准备

针对演练题目和范围，开展下述演练准备工作。

8.1 成立组织机构

根据需要成立应急演练领导小组以及策划组、技术组、保障组、评估组等工作机构，并明确演练工作职责、分工。

8.1.1 领导小组

（1）领导应急演练筹备和实施工作。

（2）审批应急演练工作方案和经费使用。

（3）审批应急演练评估总结报告。

（4）决定应急演练的其他重要事项。

8.1.2 策划组

（1）负责应急演练的组织、协调和现场调度。

（2）编制应急演练工作方案，拟定演练脚本。

（3）指导参演单位进行应急演练准备等工作。

（4）负责信息发布。

8.1.3 技术保障组

（1）负责应急演练安全保障方案制订与执行。

（2）负责提供应急演练技术支持，主要包括应急演练所涉及的调度通信、自动化系统、设备安全隔离等。

8.1.4 后勤保障组

（1）负责应急演练的会务、后勤保障工作。

（2）负责所需物资的准备，以及应急演练结束后物资清理归库。

（3）负责人力资源管理及经费使用管理等。

8.1.5 评估组

（1）负责根据应急演练工作方案，拟定演练考核要点和提纲，跟踪和记录应急演练进展情况，发现应急演练中存在的问题，对应急演练进行点评。

（2）负责针对应急演练实施中可能面临的风险进行评估。

（3）负责审核应急演练安全保障方案。

8.2 编写演练文件

8.2.1 应急演练工作方案

工作方案主要内容包括：

（1）应急演练目的与要求；

（2）应急演练场景设计：按照突发事件的内在变化规律，设置情景事件的发生时间、地点、状态特征、波及范围以及变化趋势等要素，进行情景描述。对演练过程中应采取的预警、应急响应、决策与指挥、处置与救援、保障与恢复、信息发布等应急行动与应对措施预先设定和描述；

（3）参演单位和主要人员的任务及职责；

（4）应急演练的评估内容、准则和方法，及相关具体评定标准；

（5）应急演练总结与评估工作的安排；

（6）应急演练技术支撑和保障条件，参演单位联系方式，应急演练安全保障方案等。

8.2.2 应急演练脚本

应急演练脚本是指应急演练工作方案的具体操作手册，帮助参演人员掌握演练进程和各自需演练的步骤。一般采用表格形式，描述应急演练每个步骤的时刻及时长、对应的情景内容、处置行动及执行人员、指令与报告对白、适时选用的技术设备、视频画面与字幕、解说词等。

应急演练脚本主要适用于程序性演练。

8.2.3 评估指南

根据需要编写演练评估指南，主要包括：

（1）相关信息：应急演练目的、情景描述，应急行动与应对措施简介等；

（2）评估内容：应急演练准备、应急演练方案、应急演练组织与实施、应急演练效果等；

（3）评估标准：应急演练目的实现程度的评判指标；

（4）评估程序：针对评估过程做出的程序性规定。

8.2.4 安全保障方案

主要包括：

（1）可能发生的意外情况及其应急处置措施；

（2）应急演练的安全设施与装备；

（3）应急演练非正常终止条件与程序；

（4）安全注意事项。

8.3 落实保障措施

8.3.1 组织保障

落实演练总指挥、现场指挥、演练参与单位（部门）和人员等，必要时考虑替补人员。

8.3.2 资金与物资保障

落实演练经费、演练交通运输保障，筹措演练器材、演练情景模型。

8.3.3 技术保障

落实演练场地设置、演练情景模型制作、演练通信联络保障等。

8.3.4 安全保障

落实参演人员、现场群众、运行系统安全防护措施，进行必要的系统（设备）安全隔离，确保所有参演人员和现场群众的生命财产安全，确保运行系统安全。

8.3.5 宣传保障

根据演练需要，对涉及演练单位、人员及社会公众进行演练预告，宣传电力应急相关知识。

8.4 其他准备事项

根据需要准备应急演练有关活动安排，进行相关应急预案培训，必要时可进行预演。

9 应急演练实施

9.1 程序性实战演练实施

9.1.1 实施前状态检查确认

在应急演练开始之前，确认演练所需的工具、设备设施以及参演人员到位，检查应急演练安全保障设备设施，确认各项安全保障措施完备。

9.1.2 演练实施

（1）条件具备后，由总指挥宣布演练开始。

（2）按照应急演练脚本及应急演练工作方案逐步演练，直至全部步骤完成。

演练可由策划组随机调整演练场景的个别或部分信息指令，使演练人员依据变化后的信息和指令自主进行响应。

出现特殊或意外情况，策划组可调整或干预演练，若危及人身和设备安全时，应采取应急措施终止演练。

（3）演练完毕，由总指挥宣布演练结束。

9.2 检验性实战演练实施

9.2.1 实施前状态检查确认

在应急演练开始之前，确认演练条件具备，检查演练安全保障设备设施，确认各项安全保障措施完备。

9.2.2 演练实施

（1）演练实施可分为两种方式：

方式一：策划人员事先发布演练题目及内容，向参演人员通告事件情景，演练时间、地点、场景随机安排。

方式二：策划人员不事先发布演练题目及内容，演练时间、地点、内容、场景随机安排。

（2）有关人员根据演练指令，依据相应预案规定职责启动应急响应，开展应急处置行动。

（3）演练完毕，由策划人员宣布演练结束。

9.3 桌面演练实施

9.3.1 实施前状态检查确认

在应急演练开始之前，策划人员确认演练条件具备。

9.3.2 演练实施

（1）策划人员宣布演练开始。

（2）参演人员根据事件预想，按照预案要求，模拟进行演练活动，启动应急响应，开展应急处置行动。

（3）演练完毕，由策划人员宣布演练结束。

9.4 其他事项

9.4.1 演练解说

在演练实施过程中，可以安排专人进行解说。内容包括演练背景描述、进程讲解、案例介绍、环境渲染等。

9.4.2 演练记录

演练实施过程要有必要的记录，分为文字、图片和声像记录，其中文字记录内容主要包括：

（1）演练开始和结束时间；

（2）演练指挥组、主现场、分现场实际执行情况；

（3）演练人员表现；

（4）出现的特殊或意外情况及其处置。

10 应急演练评估、总结与改进

10.1 评估

对演练准备、演练方案、演练组织、演练实施、演练效果等进行评估，评估目的是确定应急演练是否已达到应急演练目的和要求，检验相关应急机构指挥人员及应急响应人员完成任务的能力。

评估组应掌握事件和应急演练场景，熟悉被评估岗位和人员的响应程序、标准和要求；演练过程中，按照规定的评估项目，依推演的先后顺序逐一进行记录；演练结束后进行点评，撰写评估报告，重点对应急演练组织实施中发现的问题和应急演练效果进行评估总结。

10.2 总结

应急演练结束后，策划组撰写总结报告，主要包括以下内容：

（1）本次应急演练的基本情况和特点；

（2）应急演练的主要收获和经验；

（3）应急演练中存在的问题及原因；

（4）对应急演练组织和保障等方面的建议及改进意见；

（5）对应急预案和有关执行程序的改进建议；

（6）对应急设施、设备维护与更新方面的建议；

（7）对应急组织、应急响应能力与人员培训方面的建议等。

10.3 后续处置

10.3.1 文件归档与备案

应急演练活动结束后，将应急演练方案、应急演练评估报告、应急演练总结报告等文字资料，以及记录演练实施过程的相关图片、视频、音频等资料归档保存；对主管部门要求备案的应急演练，演练组织部门（单位）将相关资料报主管部门备案。

10.3.2 预案修订

演练评估或总结报告认定演练与预案不相衔接，甚至产生冲突，或预案不具有可操作性，由应急预案编制部门按程序对预案进行修改完善。

10.4 持续改进

应急演练结束后，组织应急演练的部门（单位）应根据应急演练情况，对表现突出的单位及个人，给予表彰或奖励，对不按要求参加演练，或影响演练正常开展的，给予相应批评或处分。应根据应急演练评估报告、总结报告提出的问题和建议，督促相关部门和人员制订整改计划，明确整改目标，制订整改措施，落实整改资金，并跟踪督查整改情况。

附 录 A
A省电网大面积停电事件应急联合演练案例
（本参考案例属于程序性社会综合实战应急演练）

一、演练准备

（一）确定演练题目和范围

1. 演练题目

根据《A省处置电网大面积停电事件应急预案》，确定题目为"A省电网大面积停电事件应急联合演练"。

2. 范围

（1）事故类型：因自然灾害引发A省Ⅱ级大面积停电事件。

（2）事故涉及区域：A省中心城市B1、B2市。

（3）事故涉及单位：A省政府及应急办、经贸委、公安厅等相关部门，A省电力监管机构，A省电力公司，A省相关发电企业，A省相关电力用户，B1、B2市对应的政府及其相关部门、相关电力企业和电力用户。

（二）成立演练组织机构

1. 领导小组

组　长：主管副省长

副组长：省政府副秘书长、省应急办主任、省委宣传部副部长、B1市副市长、B2市副市长、省经贸委副主任、省电力公司总经理、电监办专员。

成　员：省发改委副主任、省公安厅副厅长、省交通厅副厅长、省卫生厅副厅长、省安全监管局副局长、省财政厅总会计师、省建设厅副厅长、省新闻出版广电局副局长、省军区副参谋长、省武警总队副参谋长、区域空管部门负责人、省委外宣传办（省政府新闻办）副主任、省能源集团公司总经理助理、A省广电集团副总编辑、B1市政府副秘书长、B2市政府副秘书长、省电力公司副总经理、B1市供电公司总经理、B2市供电公司总经理等相关部门和单位负责人。

主要职责：组织领导演练工作，负责审定演练方案，部署演练任务，检查督促演练各项准备工作，督促演练的总结改进。

2. 策划组

组　长：省电力应急办主任

成　员：省应急办副处长、省经贸委电力处副处长、电监办安全处处长、省电力公司安监部副主任、省电力公司生产部副主任、省电力公司营销部处长、省电力公司调度中心副主任及调度员、发电企业安监部副主任、省广电集团导演人员、参演重要用户相关人员。

主要职责：负责制订演练总体方案，协调演练的相关事宜，完成演练的相关准备工作，组织演练的实施及信息发布，指导参演单位进行应急演练准备等工作。

3. 技术保障组

组　　长：省经贸委副主任

成　　员：省广电集团，省电力公司及调度中心自动化处、通信处、运行方式处，省通信管理局，公安交管部门，发电企业等单位相关人员。

主要职责：负责制定应急演练安全保障方案，负责制订和落实应急演练技术支持方案。

4. 后勤保障组

组　　长：省电力应急办副主任

成　　员：省经贸委电力处副处长、电监办安全处副处长、省交通厅、省卫生厅、省民政厅相关处室负责人，省电力公司、发电企业、重要用户后勤部门负责人。

主要职责：负责应急演练后勤保障，落实演练所需物资和经费，统筹协调管理演练人员、经费。

5. 评估组

组　　长：国家级应急管理权威专家

成　　员：国家应急管理专家、电力监管机构专家、大学及科研院所专家、电力企业专家。

主要职责：负责对应急演练进行评估，拟定演练考核提纲，跟踪记录演练情况，查找演练存在的问题；负责评估演练实施中存在的风险，审核演练安全保障方案。

（三）编写演练文件

1. 应急演练工作方案

（1）演练目的与要求

检验各级政府和电力管理部门处置大面积停电事件应急预案的科学性、合理性和可操作性，进一步完善应急预案；磨合各级政府和电力行业处置大面积停电事件的应急机制，规范应对和处置大面积停电事件的程序和方法；锻炼各级处置大面积停电事件应急指挥机构和应急救援队伍，提高应急指挥和事故处置能力；教育广大群众增强停电危机意识，掌握在大面积停电事件发生时的应急技能。要求各参演单位领导高度重视，亲自领导、周密部署，参演人员积极认真、尽心尽责做好策划、准备、组织、实施、评估以及总结工作，确保本次演练取得圆满成功。

（2）演练课题

A省电网大面积停电事件应急联合演练。以B1、B2市电网超负荷用电和受雷雨大风天气影响，两市相继发生大面积停电事件（Ⅱ级事件），并引发次生、衍生灾害为背景，事发地电力、交通、金融、商场、医院、社区、生产企业等相关单位、部门、行业，依据大面积停电事件和引发次生、衍生灾害的实际需要，启动相应的应急预案，组织先期处置。B1、B2市政府按照大面积停电事件造成的危害程度、波及范围等，分别依据《B1市处置电网大面积停电事件应急预案》、《B2市处置电网大面积停电事件应急预案》启动应急响应程序。A省政府根据事态发展，按照《A省处置电网大面积停电事件应急预案》启动Ⅱ级大面积停电事件应急响应，开展社会救援、事故抢险、电力供应恢复等应急处置行动。

（3）演练方式

按照"政府领导、行业处置、分级负责、条块结合、属地为主"的原则，根据"政府统一指挥、部门联合行动、突出重点城市、防止次生衍生灾害、动员群众参与"的要求，采取省政府大面积停电事件应急指挥中心和 B1 市、B2 市"二地三方六中心"同步实时视音频传输、实战和模拟相结合的方式组织实施。整个演练过程把领导指挥协调、部门互相配合、救援力量快速响应、信息报送和发布、专家分析研判、组织社会力量参与融为一体。

（4）演练时间地点

时间：20××年×月××日下午 14：00－16：00，演练时间约 2 小时。

地点：A 省电力应急指挥中心，设在省政府应急指挥中心；B1 市电力应急指挥中心，设在 B1 市供电公司大楼内；B1 市相关事故处置演练现场，设在事发地；B2 市电力应急指挥中心，设在 B2 市政府大院内；B2 市相关事故处置演练现场，设在事发地；A 省电力公司应急指挥中心，设在省电力公司大楼内；B1 市供电公司应急指挥中心，设在 B1 市供电公司大楼内；B2 市供电公司应急指挥中心设在 B2 市供电公司大楼内。

省和 B1、B2 市大面积停电事件应急指挥部领导分别在各自应急指挥中心组织指挥和观摩演练；省和 B1、B2 市电力部门应急指挥部领导分别在各自的应急指挥中心组织演练。

（6）演练场景设计

20××年×月××日下午 15 时，A 省电网受飑线风、雷雨和外力破坏等因素影响，500 千伏北河 5401、北姆 5403 双线故障跳闸，天兰 5455 线严重过载，沿海电厂需要紧急减负荷 2400 兆瓦，B1 市、B2 市被迫大面积拉限电。与此同时，B2 市电网 220 千伏潘桥变由于大风刮起的漂浮物引起 220 千伏母线短路故障全停；220 千伏镇新 2305、镇乐 2306 线由于大吊机碰线同杆双线跳闸。事故共造成 B2 市电网 5 站 1 厂全停，失去负荷 1680 兆瓦，占 B2 市电网负荷 42%。B1 市电网××厂燃机由于天然气供应不足，需要紧急停机一台；500 千伏××变电站♯1、♯2 主变遭雷击引起♯1、♯2 主变跳闸，事故造成 B1 市电网共 8 站 1 厂全停，失去负荷 2200 兆瓦，占 B1 市电网总负荷 35%。A 省政府根据事态的发展和 B1、B2 两市大面积停电事件应急处置行动的需要，启动《A 省处置电网大面积停电事件应急预案》Ⅱ级电网大面积停电事件应急响应，指挥应急处置行动。

（7）演练进程

1）信息报送

a. B1 地调、B2 地调向 A 省调报告事故情况。

b. A 省调向 A 省电力公司应急指挥中心报告事故情况。

c. A 省电力公司应急指挥中心向 A 省电力应急领导小组办公室报告事故情况。

d. B1 供电公司向 B1 市电力应急领导小组办公室报告事故情况。

e. B2 供电公司向 B2 市电力应急领导小组办公室报告事故情况。

f. B1 市、B2 市处置大面积停电事件应急指挥部进入应急状态，并启动两市处置电网大面积停电事件应急预案。

g. B1 市、B2 市处置大面积停电事件应急指挥中心向省处置大面积停电事件指挥部报告事故情况。

2）预警发布

事故发生后，省处置大面积停电事件应急指挥部办公室迅速召集指挥部各成员单位和应急专家，就事故影响范围、发展过程、抢险进度、预计恢复时间等内容进行研判，并及时通过有关媒体向公众发布 B1、B2 两市大面积停电的预警信息，减少公众恐慌情绪。B1、B2 供电公司客户服务中心值班人员启动短信群发系统和供电公司互联网网站，向

B1、B2市广大用电客户发送停电提示信息。B1、B2市和省政府召开新闻发布会，向社会发布相关信息。

3）先期处置

停电事故发生后，电力系统和交通、金融、商场、医院、社区、生产企业等广大用户，依据各自的应急预案，组织应急救援队伍、应急物资和装备，对受损变电站、输电线路等进行抢修，立即启用应急电源、备用电源供电，开展保证道路畅通、市场商场秩序稳定、医院正常运作、企业重点部位安全、社区生活有序等先期处置行动，并及时报告相关信息。

4）应急处置

随着大面积停电事故的不断扩大和事态发展，B1市、B2市和省电力系统、各级政府相继启动《处置电网大面积停电事件应急预案》应急响应程序，协调指挥大面积停电事故和次生、衍生事故的应急处置行动。省政府召开新闻发布会，及时向社会发布相关信息。

a. A省电力公司应急指挥调度。

b. B1市应急处置。

——B1供电公司局95598客户服务中心接到群众电话，向客户解释停电情况。

——B1供电公司抢修车及人员出动，奔赴500kV××变电站事故现场，组织现场抢修。

——由于停电造成道路信号中断，电力事故抢修车辆在道路上遭堵塞，交警部门启动应急预案，就近交警立刻赶赴现场维护、指挥交通，确保抢修车辆顺利到达抢修现场。

——××社区停电，由于夏季高温天气，居民酷热难耐，社区及时与各级部门沟通联系，做好广播宣传、治安、消暑等工作。

——省建设银行启动停电应急预案，投入备用电源供电。

——省电信有限公司××市分公司电信二枢纽发生停电事故，组织应急处置。

——B1市商业银行停电应急处置。

——B1市移动通信有限公司停电应急处置。

——B1市××医院启动停电应急预案，开启应急电源，组织应急处置行动。

——B1市排水有限公司泵站分公司采取应急措施，保障排污。

——B1市××汽车发动机厂发生停电，全厂采取应急处置行动，防止发生次生、衍生事故。

——B1市××饭店停电，及时启用应急电源，维持饭店治安秩序，对旅客进行妥善安置。

——B1市××牵变停电，××电铁调整方案，组织应急处置。

——B1市××燃气电厂启动事故应急预案，进行保厂用电、保机组等应急处置。

c. B2市应急处置。

——B2供电公司95598客户服务中心接到群众电话，向客户解释停电情况。

——B2供电公司抢修车及人员出动，奔赴事故现场，组织现场抢修。

——B2市××电厂煤机和燃油机组及相应的220kV系统全停，电厂启动事故应急预案，进行保厂用电、保机组等紧急处置行动。

——B2市第二百货商场停电，商场启用应急电源，疏导顾客，维持商场秩序等。

——交通信号停电，B2市交警对市区道路交通进行人工指挥，疏导交通。

——B2市第二医院停电，医院紧急启动备用电源、对病人进行妥善安排和救护工作、请求供电公司发电车增援等。

——B2港停电，冷藏箱改由龙门吊应急供电，东卡口由龙门吊应急电源供电。

——B2市国际机场停电，塔台、灯光站、候机楼等各现场重要保障单位及时启动柴油发电机、UPS、应急照明等自备电源。

——B2市人民广播电台停电，启动停电应急预案，开启应急电源，保障电台正常运作。

——B2市联通公司停电，启动应急预案，进行开启应急电源等应急处置行动。

——B2市铁路南站启动停电应急预案，广播安抚旅客，维护车站秩序等。

——B2市××镇××化工有限公司失去网供电，启动停电应急预案，启动备用保安电源，并疏散部分厂内人员。

——B2市技嘉科技有限公司停电，启动应急预案，开启应急电源等，保证重点岗位正常运转。

——B2市×××溪口抽水蓄能电站启动事故应急预案。

5）应急终止

a. 省调向A省电力公司应急指挥中心报告电网恢复情况。

b. 省电力公司应急指挥中心向A省电力应急指挥中心汇报电网恢复情况。

c. B1市处置大面积停电事件应急指挥中心向省电力应急指挥中心汇报B1地区电网恢复情况及事故处理进展情况。

d. B2市处置大面积停电事件应急指挥中心向省电力应急指挥中心汇报B2地区电网恢复情况及事故处理进展情况。

e. A省电力应急指挥中心研究决定，终止应急响应。

6）善后处理

省政府召开新闻发布会，向社会通报大面积停电事件应急处置情况。组织相关单位、部门和专家，对事件组织善后处理，并进行调查总结。

（8）演练评估

1）评估内容

应急演练准备、应急演练方案、应急演练组织、应急演练实施、应急演练效果等。

2）评估准则

a. 坚持实事求是的原则。评估专家根据实际掌握的资料和真实的演练情况作为评估依据。

b. 坚持科学评估的原则。评估前制定科学规范的评估标准和评价指标，确保评估的科学性。

c. 坚持民主评议的原则。充分发挥专家特长，尊重专家意见，集思广益，在充分讨论的基础上形成评估报告。

d. 坚持持续改进的原则。评估报告重在总结经验，查找不足，达到持续改进的目的。

3）评估方法

评估组应掌握事件和应急演练场景，熟悉被评估岗位和人员的响应程序、标准和要求；应急演练过程中，应按照应急演练内容所规定的评估项目，依推演的先后顺序逐一进行记录；应急演练结束后，对照考核要点和提纲，对演练作出评估总结，并在总结会上进行点评。

4）评估标准

根据演练目的实现程度制定评判标准。主要对演练方案、组织工作、演练过程、支持系统进行评估。

2. 应急演练脚本

规定本次演练每个步骤的时刻和时长、对应的情景内容、处置动作、报告与指令、现场解说词、主屏画面等内容，见下页表（部分摘录）。

3. 评估指南

（1）评估演练相关信息。

（2）评估内容及标准。

1）演练方案

a. 针对性：演练方案是否针对实际运行中易出现且影响系统正常运行的情况。

b. 操作性：演练方案设想的事故是否是可以处理的，并且有一定的规模和组合，有一定的难度。

c. 灵活性：演练方案是否可以随实际演习出现的不定情况灵活变动（是否有备用方案）。

d. 适度性：演练方案内容是否前后联系紧密，时间控制合理。

e. 系统性：演练方案是否能够充分考虑到电网的运行情况。

f. 广泛性：参演单位和人员是否具有较强的广泛性、典型性。

应急演练脚本（部分摘录）

时间	时长	情景内容	处置动作	报告指令	现场解说词	画　面	备注
—2:00:00			开启、调试省应急指挥中心技术支持系统，技术保障人员到位，系统工作正常。演练总导演、导演、导播人员就位，通信调试正常，各项准备工作就绪，各部门、单位参演人员就位，准备工作就绪。内部点名完成		喂，喂，喂，现在是音响调试	主屏字幕：20××年 A 省电网大面积停电事件应急联合演练，左 1：演练进程 PPT；左 2：省电力公司应急指挥中心；右 1：B1 市电力应急指挥中心；右 2：B2 市电力应急指挥中心	省会场
—1:00:00		第一次点名			现在是××、B2 市应急指挥中心演练会场分别对各自下级参演单位进行点名	主屏：轮切 B1 市、B2 市主会场画面；分屏不变	省会场
……	……	……	……	……	……	……	……
0:00:00	30	飑线风等灾害天气造成电力设备故障	播放：A 省××地区遭受飑线风袭击，电力设施、设备受损场景		受强对流天气影响，A 省部分地区突发飑线风和阵雨。大风刮起的异物造成 500 千伏交流线路跳闸；多处 500 千伏线路、220 千伏变电站设备发生故障		省会场

时间	时长	情景内容	处置动作	报告指令	现场解说词	画　面	备注
0:00:30	30	500kV 北河 5401、北姆 5403 线遭受飚线风袭击		网调告：A 省调，我是××网调×××。15 时 500 千伏北河 5401、北姆 5403 双回线走廊发生飚线风灾害天气，双线跳闸。现天兰 5455 线严重过载，500 千伏××变、××变、××变、××变电压严重偏低，请按照稳定限额紧急控制 A 省调：我是 A 省调××。马上执行	主屏：A 省调收听画面	省会场
……	……	……	……	……	……	……	……
0:18:30	120	B1 市同步演练点：××医院实况演练	播放 B1 市××医院同步演练场景		停电事故发生后，××医院立即组织人员维持人群秩序稳定，做好病人和家属的安慰疏导工作，保护病人安全的场景。医院还通过各种渠道及时向院内的工作人员及病人通报，哪些科室受停电影响暂停，哪些科室正常工作。这能够给病人解决不必要的麻烦和防止混乱。××医院全年住院病人近 3 万人次，门诊病人 53 万人次。医院有很多先进而且昂贵的医疗设备。紧急停电，考验了医院的秩序控制能力、应变能力和疏导人员能力	B1 市××医院同步演练点
0:20:30	120	B2 市同步演练点：二百实况演练介绍	播放 B2 市二百同步演练场景		现在看到的是××第二百货商场因电力故障停电，立即启动停电应急预案，各部门迅速按停电应急预案程序，组织实施顾客疏散，并通过广播通知员工和顾客，有序疏导顾客撤离	主屏：上一事件结束后导入右 2 屏内容	B2 市二百同步演练点

时间	时长	情景内容	处置动作	报告指令	现场解说词	画　面	备注
……	……	……	……	……	……	……	……
0:57:20	30	新闻发布会情景		各位记者：在省政府的统一指挥下，经过紧张的故障抢险，目前 B1 市电网和 B2 市电网主网架已恢复正常，停电负荷已恢复 80% 以上，全省现已解除电力Ⅱ级应急响应状态，B1、B2 市生产生活秩序也已基本恢复正常			省会场
0:57:50	30	××向×副省长请示演练结束	××向×副省长请示。	报告×副省长，20××年 A 省大面积停电事件应急联合演练完毕。请指示			省会场
0:58:20	10	×副省长宣布演练结束		我宣布，20××年 A 省大面积停电事件应急联合演练，现在结束！			省会场
0:58:30	60			1. 评审组组长对本次演练进行评估（15 分钟）。2. 各级领导讲话（45 分钟）			省会场
0:59:30	5			省政府×××副秘书长宣布演练工作结束			省会场

2) 组织工作

a. 上下配合：演练方案及进度与相关单位事先协调，过程互相衔接，了解彼此的方案、内容及进度。

b. 机构完备：演练领导小组、试验工作组及相关参与单位相关专业人员完备，人员到位。

c. 组成合理：演练参与主要人员搭配合理（最好与平时实际搭班相符）。

154

3）演练过程

a. 判断准确、处理及时：参演人员对事故性质和故障点判断准确、迅速，没有差错；参演人员了解系统情况和事故具体原因后，及时处理事故、隔离故障点。

b. 调令通畅、配合默契：上下级配合顺畅，及时准确沟通本单位和系统情况，参演单位、人员之间配合默契、分工明确、商讨充分、交流及时，模拟操作熟练、及时、规范。

c. 急缓有序、行为规范：事故处理轻重缓急把握得当，重要、紧急的事故优先处理；事故处理按程序进行，调度用语标准、规范。

4）支持系统

a. 指挥得当：总指挥全面协调演习进程，提前联系各参演单位导演，使全过程有序进行，中间没有过松或过紧情况出现。

b. 通信通畅：有专门的演习用通信、自动化系统，相关人员全部到位，并且在演习中没有差错。

c. 模拟真实：演练系统模拟可能发生事故的真实环境，演练系统与运行系统完全安全隔离。

（3）评估程序

1）对应急演练方案进行评估。

2）到现场观摩评估。

3）形成评估报告。

4. 安全保障方案

（1）实战演练期间应遵循"安全第一"的原则，避免发生人为责任事故，以保人身、保设备为主。

（2）注意安排好电网运行系统，做好事故预想和事故处理预案，确保电网运行系统安全运行。充分做好实战试验系统的事故预想和应急事故处理预案，确保实战试验系统的设备安全。

（3）演练要保证社会公众人身财产安全，防止事故发生。

（4）编制演练安全保障处置方案，落实相关安全措施。

（5）根据实战演练具体特点，编制演练其他注意事项。部分演练可采取分步演练方式，选取合适时间进行现场演练。

（6）如演练过程出现其他突发事件，可中止局部演练或全部演练进程。

二、实施过程

（略）

三、演练评估

（略）

四、演练总结与改进

（略）

附 录 B
电力突发事件应急演练流程图

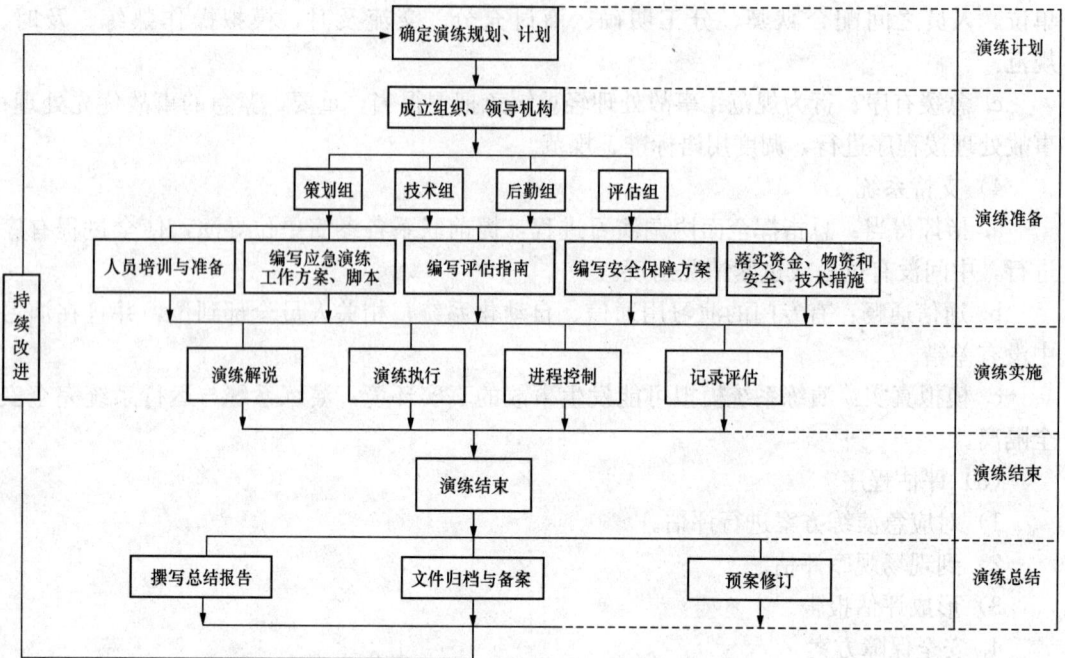

```
                    ┌──────────────────┐
                    │ 确定演练规划、计划 │────────────────────  演练计划
                    └────────┬─────────┘
                    ┌────────┴─────────┐
                    │  成立组织、领导机构 │
                    └────────┬─────────┘
        ┌──────────┬─────────┼─────────┬──────────┐
     ┌──┴──┐    ┌──┴──┐   ┌──┴──┐   ┌──┴──┐
     │策划组│    │技术组│   │后勤组│   │评估组│
     └──┬──┘    └──┬──┘   └──┬──┘   └──┬──┘
  ┌─────┴──┐ ┌─────┴───┐ ┌───┴────┐ ┌───┴────┐ ┌──────────┐
持│人员培训与│ │编写应急演练│ │编写评估指南│ │编写安全保障方案│ │落实资金、物资和│  演练准备
续│  准备   │ │工作方案、脚本│ │        │ │        │ │安全、技术措施│
改└────┬───┘ └─────┬───┘ └───┬────┘ └───┬────┘ └────┬─────┘
进     │           │         │          │           │
  ┌────┴───┐  ┌────┴───┐ ┌───┴────┐ ┌───┴────┐
  │ 演练解说 │  │ 演练执行 │ │ 进程控制 │ │ 记录评估 │         演练实施
  └────┬───┘  └────┬───┘ └───┬────┘ └───┬────┘
            ┌───────┴────────┐
            │    演练结束     │                         演练结束
            └───────┬────────┘
     ┌──────────────┼──────────────────┐
  ┌──┴─────┐  ┌─────┴──────┐    ┌──────┴───┐
  │撰写总结报告│  │ 文件归档与备案 │    │ 预案修订 │        演练总结
  └────────┘  └────────────┘    └──────────┘
```

国家电力监管委员会关于印发《电力二次系统安全管理若干规定》的通知

电监安全〔2011〕19号

为加强电力二次系统安全管理工作，保证电力系统安全稳定运行，依据相关法律法规，我会组织制定了《电力二次系统安全管理若干规定》，已经2011年9月20日主席办公会议通过，现印发给你们，请依照执行。

国家电力监管委员会

2011年9月29日

电力二次系统安全管理若干规定

第一条 为加强电力二次系统安全管理，确保电网安全稳定运行，依据相关法律法规，制定本规定。

第二条 电力调度机构（以下简称调度机构）和电网、发电、规划设计、监理等电力企业及相关电力用户等各相关单位依据本规定开展电力二次系统安全管理工作。

第三条 本规定所称电力二次系统包括继电保护和安全自动装置、发电机励磁和调速系统、电力通信和调度自动化系统（以下简称二次系统）；所称涉网二次系统是指发电厂及相关电力用户中与电网安全稳定运行有关的二次系统。

第四条 调度机构负责所辖系统内的二次系统专业管理工作。

第五条 电力监管机构依法对二次系统管理工作实施监管。

第六条 规划设计管理

（一）二次系统规划设计应满足国家和行业相关技术标准和有关规定。

（二）二次系统规划设计应满足电网安全稳定运行要求。

（三）二次系统规划设计应征求调度机构意见。

第七条 设备入网管理

（一）二次系统设备选型及配置应满足国家和行业相关技术标准，以及设备技术规程、规范的要求。

（二）二次系统设备应选择有相应资质的质检机构检验合格的产品。

（三）涉网二次系统设备选型及配置应征求调度机构意见，并满足调度机构相关管理规定及反事故措施的有关要求。

第八条 建设管理

（一）电力企业及相关电力用户负责本单位二次系统建设工作。

（二）二次系统安装、试验、验收应满足国家和行业相关标准、规范及调度机构有关规程和管理制度的要求。

（三）二次系统项目建设完成应由项目监理单位出具相关质量评估报告，其中涉网二次系统应经调度机构确认。

第九条 运行管理

（一）调度机构负责调度管辖范围内二次系统的运行管理工作。组织或参与发电厂及相关电力用户涉网二次系统的安全检查工作，参与发电厂及相关电力用户涉网二次系统的电力安全事故调查工作，参与发电厂及相关电力用户涉网二次系统的事故分析工作，制定反事故措施。

（二）电力企业及相关电力用户应按照国家、行业标准及调度机构相关规程和管理制度组织二次系统的定期检查和日常维护工作。

（三）二次系统设备、装置及功能应按照相关规定投退，不得随意投入、停用或改变参数设置。属调度机构调度管辖范围内的二次系统设备、装置及功能因故需要投入、退出、停用或改变设置的应报相应调度机构批准同意后方可进行。

（四）电力企业及相关电力用户应对不满足电网安全稳定运行要求的二次系统及时进行更新、改造，并进行相关试验。需要进行联合调试的，调度机构负责安排相关运行方式为联合调试创造条件。

（五）电力企业及相关电力用户所进行的影响电网安全及二次系统运行的重要设备投运和重大试验工作，应严密组织，防止引发电网事故和设备事故；调度机构应提前将有关投运和试验安排通知相关单位，并报告电力监管机构。

（六）已运行的二次系统（包括硬件和软件）需要改造升级的，应满足第七条的规定。

第十条 继电保护及安全自动装置定值管理

（一）电网安全运行要求加装的安全自动装置的控制策略与定值由调度机构负责下达。

（二）与电网有配合关系的继电保护及安全自动装置定值由调度机构负责管理，管理方式包括：

1. 由调度机构下达；

2. 由发电厂及相关电力用户按调度机构的给定限值要求整定，并报调度机构审核和备案。

（三）发电厂及相关电力用户负责整定的与电网安全运行有关的继电保护及安全自动装置定值应报调度机构备案。

（四）继电保护整定工作原则上应由本企业专业人员具体负责；如需外委，应委托经认证的单位承担。

（五）调度机构应及时将影响涉网二次系统运行和整定的系统阻抗等有关变化情况，书面通知发电厂及相关电力用户；发电厂及相关电力用户应及时与调度机构沟通，调整二次系统的运行方式和有关定值。

第十一条 发电机励磁与调速系统参数管理

（一）发电厂应按调度机构要求提供系统分析用的发电机励磁系统（包括电力系统稳

定器 PSS）和调速系统的数学模型和实测参数。

（二）发电厂的发电机励磁系统和调速系统定值和参数应报送调度机构备案。

（三）发电厂应根据电力系统网络结构变化及发电机励磁系统和调速系统变化，进行相关试验，并根据试验结论和调度机构的技术要求调整发电机励磁系统和调速系统定值参数，满足电力系统安全稳定运行要求。

（四）调度机构应指导发电厂做好发电机励磁系统与调速系统的参数优化和管理工作，并配合发电厂进行相关试验工作。

第十二条　电力通信与调度自动化管理

（一）电力企业及相关电力用户应相互配合，共同做好电力通信与调度自动化系统的设计、安装和调试工作。

（二）电力企业及相关电力用户各自负责所属电力通信与调度自动化系统的运行维护工作。

（三）调度机构应对各相关单位的电力通信与调度自动化系统的技术管理工作进行业务指导。

第十三条　异常与事故处理

（一）电力系统发生异常与故障后，各相关单位应依据调度规程和现场运行规程的有关规定，正确、迅速地进行处理，保全现场的记录、资料，并及时向调度机构报告相关一次设备及二次设备状态和处理情况。

（二）各相关单位应加强沟通，相互提供有关资料，积极查找异常与故障原因，并配合相关部门进行电力安全事故调查。

（三）各相关单位应分别制定整改措施，并负责落实。

第十四条　专业人员管理

（一）各相关单位应当配备足够的二次系统专业技术人员，并保证人员的相对稳定。

（二）调度机构应组织并督促二次系统专业技术培训和技术交流工作。

第十五条　综合管理

（一）调度机构应组织各相关单位贯彻执行国家和行业有关二次系统的标准、规程和规范。

（二）调度机构应组织制定（修订）调度管辖范围内二次系统的规程、规范和相关管理制度，并将与电力监管相关的事项报电力监管机构备案。

（三）调度机构应定期组织召开二次系统专业会议；组织开展二次系统运行统计分析工作，及时发布分析报告。

第十六条　技术监督

（一）电力企业及相关电力用户应依据国家和行业相关标准、规程和规范开展二次系统技术监督工作。

（二）调度机构应指导和参与二次系统技术监督工作。

第十七条　各相关单位应按电力监管机构的要求及时报送与电力监管相关的二次系统运行、管理等方面资料。

电力监管机构可对各相关单位二次系统相关工作进行现场检查，对检查中发现的违规行为，有权当场予以纠正或者要求限期改正。

第十八条　电力监管机构可以依据相关规定对二次系统管理工作中的有关争议进行调

解或裁决。

第十九条 电力监管机构可以以适当形式发布二次系统管理工作情况。

第二十条 违反本办法有关规定的，由电力监管机构依法追究其责任。

第二十一条 电监会各派出机构可根据情况制定相应的实施细则。

第二十二条 各相关单位应按照本规定和相关实施细则及时修订相关规程和管理制度。

第二十三条 本规定自发布之日起施行。

国家电力监管委员会　国家安全生产监督管理总局关于深入开展电力安全生产标准化工作的指导意见

电监安全〔2011〕21 号

为了贯彻落实《国务院关于进一步加强企业安全生产工作的通知》（国发〔2010〕23号）和《国务院办公厅关于继续深化"安全生产年"活动的通知》（国办发〔2011〕11号）精神，按照《国务院安委会关于深入开展企业安全生产标准化建设的指导意见》（安委〔2011〕4 号）和电监会《关于全面贯彻落实〈国务院关于进一步加强企业安全生产工作的通知〉精神继续深化"安全生产年"活动的意见》（电监安全〔2011〕9 号）的工作部署，电监会和国家安全监管总局决定深入开展电力安全生产标准化工作。结合电力行业的实际，现提出如下意见。

一、指导思想

以科学发展观为统领，坚持"安全第一、预防为主、综合治理"的方针，牢固树立以人为本、安全发展的理念，以落实企业安全生产主体责任为主线，全面推进电力安全生产标准化建设，加强基层安全管理，夯实安全基础，提高防范和处置生产安全事故的能力，提升安全生产监督管理水平，确保电力安全生产持续稳定。

二、工作目标

持续深入开展安全生产标准化建设，努力实现 2013 年年底前规模以上企业标准化达标，2015 年年底前所有企业标准化达标，确保一般事故隐患及时排查治理，重大事故隐患得到整治或监控，职工安全意识和操作技能得到提高，"三违"现象得到有效禁止，企业本质安全水平明显提高，防范事故能力明显加强，全国电力安全生产形势进一步好转。

三、工作重点

（一）积极推进电力安全生产标准化建设。企业按照电监会和国家安全监管总局联合制定的有关电力安全生产标准化规范及达标评级标准要求，结合本单位（或工程建设项目）实际，加强风险管理和控制，完善安全生产管理标准、作业标准和技术标准，开展以安全生产目标、组织机构和职责、安全生产投入、法律法规与安全管理制度、教育培训、生产设备设施、作业安全、隐患排查和治理、重大危险源监控、职业健康、应急救援、信息报送和事故调查处理以及绩效评定和持续改进等为主要内容的电力安全生产标准化建设工作。

（二）认真开展电力安全生产标准化自查自评。有关企业要对照电力安全生产标准化规范及达标评级标准，确定适用于本单位（或工程建设项目）的有关条款，根据电力安全生产标准化相关规定，逐条开展电力安全生产标准化自查工作，按照"边查边改"原则整治自查发现的缺陷和隐患，并结合自查结果完成本单位（或工程建设项目）的安全生产标准化自评。自评结果符合达标评级条件的，向电力监管机构提出电力安全生产标准化达标评级申请。

（三）切实做好电力安全生产标准化现场评审。评审机构要建立评审工作组织体系，制定评审工作方案，完善评审工作机制，组织评审专家队伍，按照规定的程序和要求，客观、公正、独立地开展现场评审工作。现场评审应认真查阅申请单位的安全生产文件和资料、运行记录和参数、电力设备设施有关台账和试验报告等，并经实地检查验证，确保现场评审工作质量。

（四）严格审核电力安全生产标准化评审结果。电力监管机构要按照安全生产标准化达标评级管理办法和实施细则规定，对申请单位是否符合条件、现场评审是否规范、评审结果是否完整和真实等方面进行审核，对审核符合要求并经公示无异议的企业（或工程建设项目）颁发证书，授予牌匾。对于申请单位隐瞒事实、不符合条件、评审过程不按规定程序开展以及评审结果严重失实的，不予认定申请级别，并视情况按规定对相关单位进行通报和处理。安全生产监督管理部门要积极参与电力监管机构组织的达标评级审核相关工作。

（五）组织开展电力安全生产标准化培训。有关企业和评审机构应组织本单位（或工程建设项目）安全生产标准化各级管理人员和现场评审人员，进行安全生产标准化知识的培训，学习和掌握有关电力安全生产标准化规范及达标评级标准、达标评级管理规定和国家有关安全生产标准化工作要求。电监会每年组织电力企业安全生产有关负责人和安全生产标准化管理人员进行安全生产标准化知识的培训，并适时组织开展评审机构主要负责人和现场评审人员的培训。

（六）认真做好电力安全生产标准化工作的监督管理。电力监管机构要结合日常安全监管工作，督促、检查电力企业加强安全生产标准化建设，指导电力企业开展安全生产标准化达标评级工作，不断加强安全生产标准化达标评级管理，将达标评级与评优评先、事故处理等结合起来，并将达标评级结果通报当地银行业、证券业、保险业、担保业等主管部门，促进电力企业（或工程建设项目）加快标准化工作步伐；结合专项安全监管工作，开展评审机构现场评审质量的监督检查，组织专家对已进行现场评审的电力企业（或工程建设项目）进行抽查，发现现场评审不严格、不到位或有失实的，视其情形对评审机构提出警告，直到撤销评审资格。电力监管机构会同安全生产监督管理部门加强对未按规定要求开展标准化工作、重大隐患整改不力和未达标的企业（或工程建设项目）的专项跟踪督查和安全考核，并做好评审机构的管理工作。

（七）巩固和提升电力安全生产标准化达标水平。已经标准化达标的企业（或工程建设项目）要不断加强电力安全生产标准化建设，按照闭环管理和持续改进的要求，推进标准化达标升级，开展更高级别的安全生产标准化建设和达标评级工作。对于评为三级标准化的，要重点抓改进；评为二级标准化的，要重点抓提升；评为一级标准化的，要重点抓巩固。电力监管机构和安全生产监督管理部门根据标准化达标开展情况，适时选择典型企业和工程建设项目，搭建经验交流平台，促进企业进一步提升电力安全生产标准化工作水平。

四、工作要求

（一）提高思想认识，加强组织领导。电力安全生产标准化工作涵盖了增强人员安全素质、提高设备设施水平、改善作业环境、强化责任制落实等各个方面。各单位要深刻认识开展电力安全生产标准化工作的重要意义，加强组织领导，明确责任部门和专人负责电力安全生产标准化工作，扎实开展电力安全生产标准化工作，不断提高安全管理水平。全国电力安全生产标准化工作由电力监管机构牵头负责，安全生产监督管理部门会同参与，实行分级管理。其中，一级由电监会牵头负责，国家安全监管总局会同参与；二级、三级由电监会派出机构牵头负责，省级安全生产监督管理部门会同参与。

（二）统筹规划，分步实施。各单位要根据本地区、本单位安全生产状况，制定电力安全生产标准化工作方案和达标评级计划，合理确定电力安全生产标准化达标评级工作阶段目标，有计划、有步骤地积极稳妥推进，成熟一批、评审一批，确保电力安全生产标准化达标评级目标的实现。电力安全生产标准化达标评级工作实行企业自主评定和外部评审的方式。有关企业根据电力安全生产标准化规范和达标评级标准，对本单位（或工程建设项目）安全生产标准化工作开展情况进行评定，企业自主评定后申请外部评审定级。电监会派出机构和全国电力安委会成员企业单位应于 2011 年 9 月底前将电力安全生产标准化工作方案报电监会。

（三）加强宣传教育，强化舆论引导。各单位要做好电力安全生产标准化工作的宣传教育，宣传电力安全生产标准化建设的重要意义和有关标准要求，营造电力安全生产标准化建设的浓厚氛围，促进安全生产标准化工作深入开展。电力监管机构要充分利用社会舆论监督作用，在指定媒体或网站上公告标准化达标的电力企业和电力工程建设项目名单，培育典型，示范引导，提高电力企业开展安全生产标准化工作的积极性、主动性和创造性，持续推进电力安全生产标准化工作。

国家电力监管委员会
国家安全生产监督管理总局
2011 年 8 月 3 日

国家电力监管委员会关于印发
《电力安全生产标准化达标评级
管理办法（试行）》的通知

电监安全〔2011〕28 号

为贯彻落实《国务院关于进一步加强企业安全生产工作的通知》（国发〔2010〕23 号），加强电力安全生产监督管理，规范电力安全生产标准化建设和达标评级工作，电监会制定了《电力安全生产标准化达标评级管理办法（试行）》，现予印发，请依照执行。试行中发现问题请及时反馈电监会安全监管局。

国家电力监管委员会

2011 年 9 月 21 日

电力安全生产标准化达标评级管理办法
（试行）

第一条 为落实《国务院关于进一步加强企业安全生产工作的通知》（国发〔2010〕23 号）精神，规范电力安全生产标准化达标评级工作，制定本办法。

第二条 本办法适用于发电企业（含火电、水电、风电等）、输电企业、地（市）级供电企业，以及施工工期在两年以上的电力工程建设项目。其他电力企业和电力工程建设项目参照执行。

第三条 发电企业安全生产标准化达标评级执行《发电企业安全生产标准化规范及达标评级标准》；输电企业和供电企业安全生产标准化达标评级执行《电网企业安全生产标准化规范及达标评级标准》；电力工程建设项目安全生产标准化达标评级执行《电力工程建设项目安全生产标准化规范及达标评级标准》。上述有关安全生产标准化规范及达标评级标准均简称《标准》。

第四条 电力安全生产标准化达标评级采用对照《标准》评分的方式，评审得分＝（实得分/应得分）×100。其中，实得分为评分项目实际得分值的总和；应得分为评分项目标准分值的总和。

第五条 电力安全生产标准化分为一级、二级、三级（以下简称标准化一级、二级、三级），依据评审得分确定。其中，标准化一级得分大于 90 分，标准化二级得分大于 80 分，标准化三级得分大于 70 分。

取得标准化三级以上即为安全生产标准化达标。

第六条 电力企业经评审、审核和公告符合安全生产标准化条件的，授予电力安全生产标准化企业称号；电力工程建设项目经评审、审核和公告符合安全生产标准化条件的，授予电力安全生产标准化工程建设项目称号。

第七条 电力安全生产标准化达标评级的主要程序如下：

（一）电力企业对照《标准》条款组织开展自查、自评工作，形成自评报告；

（二）电力企业根据本单位（或工程建设项目）自评结果，向所在地电力监管机构提出评审申请。同一电力企业（或工程建设项目）再次提出申请时间间隔应不少于半年；

（三）电监会派出机构对电力企业的评审申请材料进行审查。其中，对标准化一级企业（或工程建设项目）的评审申请材料经审查合格后报电监会；

（四）获准评审的电力企业委托评审人员经电力监管机构培训合格的评审机构开展评审；

（五）评审机构按照《标准》内容和要求进行现场检查评审，形成评审报告；

（六）电力监管机构对电力企业提交的评审报告组织审核。审核通过的，予以公告；

（七）电力监管机构对经公告无异议的电力企业（或工程建设项目）颁发相应级别的安全生产标准化证书和牌匾。

第八条 申请电力安全生产标准化评审的电力企业（或工程建设项目）应当具备以下基本条件：

（一）取得电力业务许可证；

（二）评审期内未发生负有责任的人身死亡或3人以上重伤的电力人身事故、较大以上电力设备事故、电力安全事故以及对社会造成重大不良影响的事件；

（三）发电机组（或风电场）通过并网安全性评价，运行水电站大坝按规定注册；

（四）电力建设工程项目已经核准，并在电力监管机构备案；

（五）无其他违反安全生产法律法规的行为。

第九条 取得电力安全生产标准化称号的电力企业（或工程建设项目）应保持绩效，持续改进电力安全生产标准化工作。

第十条 电监会履行以下监督管理职责：

（一）组织制定有关电力安全生产标准化管理的规章制度和标准规范；

（二）组织评审机构现场评审人员和电力企业（或工程建设项目）安全生产标准化专责人员的培训；

（三）组织对标准化一级企业（或工程建设项目）的审核；

（四）统一制定电力安全生产标准化证书和牌匾式样，并向符合条件的标准化一级企业（或工程建设项目）颁发证书和牌匾；

（五）指导、协调达标评级工作中的其他有关事宜；

（六）对电力企业、评审机构在达标评级中的违规行为进行处理。

第十一条 电监会派出机构履行以下监督管理职责：

（一）审查电力企业提交的评审申请材料；

（二）组织对标准化二级、三级企业（或工程建设项目）的审核；

（三）向符合条件的标准化二级、三级企业（或工程建设项目）颁发证书和牌匾；

（四）组织辖区内电力安全生产标准化工作培训；

（五）对电力企业、评审机构在达标评级中的违规行为进行处理。

第十二条 电力企业（或工程建设项目）出现下列情况之一的，降低安全生产标准化级别。其中，对标准化一级、二级电力企业（或工程建设项目），由原发证电力监管机构撤销称号，所在地电监会派出机构授予比原级别低一级的称号并换发证书和牌匾；对标准化三级电力企业（或工程建设项目），由原发证电监会派出机构直接撤销称号：

（一）发生负有责任的较大以上电力人身伤亡事故、电力安全事故和设备事故；

（二）发生电力监管机构认定的、对社会造成重大不良影响的事件；

（三）发生违反法律法规及电力监管规章制度的严重事件。

第十三条 电力企业（或工程建设项目）出现下列情况之一的，由原发证电力监管机构撤销其电力安全生产标准化称号：

（一）发生重大以上电力人身伤亡事故、电力安全事故和设备事故；

（二）发生违反法律法规及电力监管规章制度的重大事件。

第十四条 电力企业存在下列行为之一的，由原发证电力监管机构撤销其电力安全生产标准化称号，予以通报，且两年内不得重新提出申请：

（一）通过贿赂、隐瞒、欺骗、弄虚作假等不正当方式取得达标评级的；

（二）伪造、涂改安全生产标准化达标评级证书的；

（三）倒卖、出租、出借、转让安全生产标准化达标评级证书的。

第十五条 电力企业不按要求开展安全生产标准化工作、未达标及存在重大隐患整改不力的，由电力监管机构会同安全生产监督管理部门进行专项督查和安全考核，并按照有关规定处理。

第十六条 评审机构应客观、公正、独立地开展评审工作，对评审结果负责。对于评审过程中有下列行为之一的，应当责令其退出电力安全生产标准化达标评级工作：

（一）出具虚假或者严重失实的评审报告；

（二）泄露被评审单位的技术秘密和商业秘密；

（三）发生其他违法、违规行为，情节严重的。

第十七条 电力企业（或工程建设项目）降级或被撤销称号后经整改符合条件的，以及申请高于已取得级别的，可按本办法有关规定重新申请评审。

第十八条 电力监管机构应在指定媒体或网站上公告电力安全生产标准化达标企业和达标电力工程建设项目名单。

第十九条 电监会派出机构可将辖区内电力企业（或工程建设项目）安全生产标准化达标评级结果向所在地银行业、证券业、保险业、担保业等部门通报。

第二十条 电力安全生产标准化企业（或工程建设项目）证书和牌匾有效期为 5 年。有效期届满前 3 个月应按本办法第七条程序办理换证手续。

第二十一条 任何单位和个人对电力安全生产标准化达标评级中的违法、违规行为，可向电力监管机构投诉或者举报。

第二十二条 本办法下列用语的含义：

（一）本办法中"大于"、"以上"包括本数。

（二）评审期为申请日前一年时间。

（三）发电企业、输电企业和地（市）级供电企业，是指直接从事发电、输电、变电、供电运行管理的企业。

166

（四）施工工期，是指电力工程建设项目可行性研究报告中确定的施工工期。

（五）评审机构，是指从事安全生产标准化外部评审的第三方机构。

第二十三条 本办法自发布之日起执行。

国家电力监管委员会办公厅关于印发
《电力安全生产标准化达标评级
实施细则（试行）》的通知

办安全〔2011〕83 号

为规范电力安全生产标准化达标评级工作，根据《电力安全生产标准化达标评级管理办法（试行）》，电监会制定了《电力安全生产标准化达标评级实施细则（试行）》，现予印发，请依照执行。试行中发现问题请及时反馈电监会安全监管局。

国家电力监管委员会办公厅

2011 年 9 月 21 日

电力安全生产标准化达标评级实施细则
（试行）

第一条 根据《电力安全生产标准化达标评级管理办法》，制定本细则。

第二条 电力企业应当建立电力安全生产标准化管理责任体系，完善自查、自评组织机构，并明确专人负责电力安全生产标准化工作。专责人员应当经电力监管机构培训并考试合格。

第三条 电力企业结合本单位（或工程建设项目）实际，对照相关电力安全生产标准化规范及达标评级标准（以下简称《标准》），确定适用的《标准》项目，并对照项目条款开展自查、自评工作。

第四条 电力企业根据自查、自评及整改工作情况，完成自评报告。自评报告包括：企业（或工程建设项目）概况及安全管理状况，基本条件的符合情况，自评工作开展情况，专业查评情况，自评结果（含自评得分），发现的主要问题，整改计划及措施，以及整改项目完成情况等。

第五条 电力企业根据本单位（或工程建设项目）自评结果，向所在地电监会派出机构提出评审申请。评审申请材料应包括申请表和自评报告。电力企业所在地有上级主管单位的，也可由上级主管单位汇总评审申请材料，集中向所在地电监会派出机构提出评审申请。

第六条 电监会派出机构自收到电力企业评审申请材料之日起，5 个工作日内完成审查。主要审查：

（一）电力企业（或工程建设项目）是否符合申请条件；

（二）自评报告是否符合要求，内容是否完整。

第七条 电监会派出机构应将申请材料的审查结果告知电力企业。经审查发现申请材料不完整或存在疑问的，电力企业应予以补充或说明。电力企业如在接到告知 10 个工作日内未提供补充或说明材料，视为放弃申请。

第八条 标准化一级企业（或工程建设项目）的评审申请，由所在地电监会派出机构按第六条和第七条规定进行初步审查，审查合格的报电监会。

第九条 经审查获准评审的电力企业委托评审机构开展现场评审工作。评审机构应根据电力企业实际，选派评审人员开展现场评审。现场评审人员原则上不得少于 5 人，且与被评审单位无直接利益关系。

第十条 评审机构应当具备以下条件：

（一）具有独立企业法人资格，能够客观、公正、独立地开展达标评级工作；

（二）具备从事电力安全生产工作或解决电力安全生产问题的能力，并取得良好业绩；

（三）具有电力安全生产标准化达标评级所需专业技术力量，电力行业中级以上职称、5 年以上电力安全生产工作经历的人员至少 10 名；

（四）现场评审人员经过电力安全生产标准化培训并考试合格。

第十一条 评审机构评审级别根据现场评审人员培训考试情况、专业技术力量、电力安全生产工作业绩确定。中央电力企业可推荐在本企业内从事标准化三级企业（或工程建设项目）评审的评审机构。

第十二条 确定为标准化一级企业（或工程建设项目）评审的评审机构，可以在全国范围内从事标准化一级、二级、三级企业（或工程建设项目）的评审业务；确定为标准化二级企业（或工程建设项目）评审的评审机构，可以在指定范围内从事标准化二级、三级企业（或工程建设项目）的评审业务；确定为标准化三级企业（或工程建设项目）评审的评审机构，可以在指定范围内从事标准化三级企业（或工程建设项目）的评审业务。

第十三条 评审机构现场评审应按以下程序开展工作：

（一）召开首次会议。明确评审目的、依据、范围、程序和方法，了解自评工作情况；

（二）现场查证考评。对照《标准》内容和要求，查阅有关文件、资料，并进行现场实地检查考评，形成评审意见，提出整改意见和建议；

（三）召开末次会议。通报评审工作情况和评审意见。

第十四条 评审机构应在评审工作结束后 15 个工作日内完成评审报告。评审报告至少包括以下内容：

（一）电力企业（或工程建设项目）概况；

（二）安全生产管理及绩效；

（三）评审人员组成及分工；

（四）评审情况及得分；

（五）存在的主要问题及整改建议；

（六）评审结论。

第十五条 达标评级审核工作由电力监管机构组织。其中，标准化一级企业（或工程建设项目）评审报告的审核由电监会负责；标准化二级、三级企业（或工程建设项目）评审报告的审核由所在地电监会派出机构负责。

第十六条　电力监管机构自接到电力企业提交的评审报告之日起，20 个工作日内完成审核工作。审核工作应邀请安全生产监督管理部门有关人员参加。

第十七条　评审报告审核工作主要包括以下内容：

（一）评审机构和现场评审人员是否符合要求；

（二）评审程序和现场评审是否规范；

（三）评审报告是否客观、公正、真实、完整；

（四）自评及评审中发现的主要问题整改及措施落实情况；

（五）是否存在否决条件；

（六）审定级别是否符合规定。

电力监管机构认为必要时，可组织现场核查。

第十八条　电力监管机构对审核通过的电力企业（或工程建设项目）及其标准化达标评级结果应在指定媒体或网站上予以公告。公告期为 10 个工作日。

第十九条　电力监管机构对经公告无异议的电力企业（或工程建设项目），颁发和授予相应级别的证书、牌匾；对经公告有异议的，应予调查核实，并按相关规定处理。

第二十条　电力监管机构组织现场核查中发现评审报告与实际情况不符时，视情节严重程度对评审机构予以通报或责令退出电力安全生产标准化达标评级工作的处理。

第二十一条　本细则第五条和第十六条涉及到跨省电力企业（或工程建设项目）由区域电监局按规定审查和审核发证，涉及跨区电力企业（或工程建设项目）由电监会按规定审查和审核发证。

第二十二条　本细则中所在地上级主管单位指地方电力集团、中央电力企业各地分支机构以及省级电网企业。

第二十三条　本细则自发布之日起施行。

国家电力监管委员会关于加强电力企业班组安全建设的指导意见

电监安全〔2012〕28 号

为贯彻落实《国务院关于进一步加强企业安全生产工作的通知》（国发〔2010〕23号）和《国务院关于坚持科学发展安全发展促进安全生产形势持续稳定好转的意见》（国发〔2011〕40号）精神，进一步加强电力企业班组安全管理工作，切实把安全生产责任、安全生产防范措施、宣传教育培训等工作落实到生产一线班组，全面夯实安全生产基层基础，有效防范各类电力事故，确保电力系统安全稳定运行和电力可靠供应，现提出如下意见。

一、高度重视企业班组安全建设工作

1. 提高对班组安全建设工作的认识。班组是电力企业的基层组织，是电力安全生产工作的基础。安全生产是班组的根本任务，是一切工作的出发点和落脚点。加强班组安全建设是强化安全管理、夯实安全基础的核心内容，是实现企业规范化管理、标准化建设，实现企业科学发展、安全发展的关键环节。电力企业要深刻认识加强班组安全建设的重要性和必要性，进一步巩固安全生产在班组工作的中心地位，不断强化班组安全建设，为安全生产奠定更加坚实的基础。

2. 加强班组安全建设的组织工作。电力企业要认真贯彻"安全第一，预防为主，综合治理"方针，牢固树立科学发展安全发展理念，始终把班组安全建设作为企业安全生产工作的重点，纳入企业发展总体规划，有序、有力、有效扎实推进；要加强班组安全建设的组织领导，安全生产第一责任人要亲自抓班组安全建设，形成党委领导、行政主导、工会督导、职能部门协调，党政工团齐抓共管的工作格局。电力监管机构要结合本地区实际，加强指导，督促企业切实把班组安全建设落到实处，抓出实效。

二、落实班组安全生产责任

3. 建立健全班组安全生产责任制。班组的岗位安全责任制，是企业各级安全责任制的基础。电力企业必须建立健全班组安全生产责任制，把企业安全生产目标层层分解到班组，明确到岗位，落实到个人。电力企业要根据工作实际，合理确定班组安全目标，努力实现班组控制未遂和异常、不发生人身轻伤和障碍，保证生产安全。

4. 落实班组长安全生产责任。班组长是本班组的安全第一责任人。电力企业班组长要加强安全检查和督导，开展经常性的安全教育，落实员工职业健康措施，定期组织安全活动，提高成员主动参与安全管理意识。班组长对本班组作业现场实施安全生产决策和组织指挥，督促落实安全措施，规范设备操作和使用工器具及个人防护用品。在安全隐患没有排除或安全生产条件不具备时，班组长应当拒绝开工或决定停止生产。

5. 落实班组安全监督责任。班组安全离不开班组自身的安全监督。班组成员要严格遵守安全生产规章制度和劳动纪律，执行安全技术操作规程，履行岗位职责。电力企业班组要设置安全员，协助班组长全面行使安全监督职责。要维护班组成员对安全生产的参与权与监督权，在生产中要相互进行安全监督，在作业过程中做到不伤害自己、不伤害他人、不被他人伤害、保护他人不受伤害，拒绝违章指挥，阻止他人的违章行为，有效避免电力事故的发生。

三、落实班组安全规章制度和措施

6. 建立健全班组安全生产制度。电力企业要加强班组安全生产制度建设，建立健全安全生产标准化管理、隐患排查治理、事故报告和处理、安全检查与奖惩、安全教育培训、现场安全文明生产、安全绩效考核等方面的规程标准和制度，不断完善班组安全生产制度体系，并根据企业实际情况对制度进行及时修订完善，有效规范和保障班组安全建设。

7. 严格执行"两票三制"制度。"两票三制"是电力企业安全生产保证体系中最基本的工作制度，是电力行业多年发展中形成的保证电力生产安全的重要手段和措施。要严格执行工作票、操作票和交接班制度、巡回检查制度、设备定期试验轮换制度，加强安全风险管控，落实各项措施；要定期分析"两票"执行情况，积极创新管理手段，推广应用信息化管理技术，将"两票三制"落到实处。

8. 深入开展反"三违"活动。班组要深入地开展反"三违"活动，健全反违章制度，规范安全生产行为，切实做到杜绝违章指挥、违章作业和违反劳动纪律行为。要经常性开展安全生产检查，落实安全措施和反事故措施，从源头制止违章作业行为。要把"三违"现象当作未遂事故进行分析处理，做到防患于未然。要严格执行国家标准《电力安全工作规程》，建立完善班组自我约束、相互监督、持续改进的现场安全管理常态机制，努力创建无违章班组。

9. 加强隐患排查治理。班组是排查治理隐患、防范电力事故的前沿阵地。电力企业要严格执行隐患管理制度，落实班组治理责任。班组要对生产作业场所、设备设施进行定时、定点、定项目巡回检查，及时排查治理现场隐患；对发现的隐患要及时上报；对限期整改的隐患，要严格落实防范措施。要积极开展作业安全风险辨识和防范，落实安全组织、技术和应急措施，实现安全隐患闭环管理，确保作业安全。

10. 推进班组安全生产标准化建设。电力企业要积极开展班组安全生产标准化建设，逐步实行作业程序和生产操作标准化、生产设备和安全设施管理标准化、作业环境和工具管理标准化、安全用语和安全标志标准化、个人防护用品使用标准化，不断规范班组安全生产行为，实现粗放管理向精益管理、传统管理向现代管理的转变。

11. 强化班组安全生产绩效考核。电力企业要建立班组安全生产绩效考核标准和班组安全生产目标考核奖惩制度，切实加强班组安全考核管理，考核结果要与班组成员的待遇、收入、晋级和使用挂钩。要加强班组长工作考核，将安全生产管理水平作为选拔任用班组长的首要条件，实施"一票否决"；对安全生产工作不称职或有严重失误的班组长，要及时进行调整。要健全人才成长和使用机制，利用一线班组培养安全管理优秀人才。

四、加强班组安全宣传教育和培训

12. 加强班组安全生产教育培训。电力企业要坚持以人为本，结合企业、班组和岗位的特点，大力开展岗位技术培训和班组安全教育活动，增强员工遵章守纪的自觉性；要加强班组安全警示教育和全员安全知识培训，做到应知应会、主动防范；所有新进、转岗等人员必须先培训并经考试合格后上岗，特殊作业人员必须持证上岗，员工外部工作环境发生变化时必须开展针对性技能训练和安全培训，从根本上提高职工安全素质和操作技能。

13. 加强外协队伍和劳务派遣人员安全培训。电力企业要严格外协队伍和劳务派遣人员管理，将外协队伍和劳务派遣人员安全教育培训工作纳入企业统一管理范围，有针对性地组织开展安全生产知识技能教育培训。对外协队伍与正式员工实行同样的培训内容、培训时间和培训标准，做到统一要求、统一考核、统一奖惩，使安全管理不留死角，全面提高班组安全生产管理水平，积极构筑和谐电力企业。

14. 积极开展班组安全文化活动。电力企业要通过多种形式、多种载体，面向基层班组、职工群众，加强安全宣传工作，营造人人关心、人人参与安全的浓厚舆论氛围。要坚持开展班组安全日活动，丰富活动内容，保证活动时间，确保活动效果。要加强班组安全文化建设，大力倡导"事故可防可控"观念，强化员工安全生产责任意识，培养树立正确的安全价值观，增强安全生产内在动力，真正实现"我要安全"、"我会安全"、"我能安全"的转变。

15. 广泛开展班组安全生产劳动竞赛。电力企业要按照国家有关要求，以创建"工人先锋号"、开展"安康杯"竞赛等活动为载体，以预防事故、消除隐患、提高质量、技术革新为重点，开展主题鲜明的安全生产劳动竞赛，引导班组成员争当安全生产工作的先锋和推动安全发展的楷模。要定期组织开展班组安全管理先进经验交流活动，开展评比竞赛，对安全管理先进班组和优秀员工要给予表彰奖励和宣传，不断提高班组安全生产工作的执行力、创新力和凝聚力。

五、提高班组应急能力

16. 加强班组应急能力建设。电力企业要重视班组应急能力建设，将班组应急工作纳入企业应急体系建设，将应急建设要求落实到班组。要加大班组应急投入，配备必要的装备物资，完善应急保障条件，为班组第一时间开展应急救援创造条件。班组长在突发事件应急情况下，要按预案要求履行现场指挥、决策等职责，确保一旦发生险情，能够及时采取措施，最大可能减少事故损失，避免人员伤亡和事态扩大。

17. 加强班组应急管理。班组要加强自身应急管理，在执行企业制度和应急救援预案的基础上，进一步细化现场处置方案，制定落实应急救援措施，明确应急处置流程和班组成员职责。班组要结合实际定期开展应急演练，增强人员对设备操作、应急程序、应急职能的熟练程度。班组要注重通过演练发现问题，及时对现场处置方案和应急救援措施进行完善，切实提高方案措施的针对性和实效性。

18. 提高班组成员应急技能。电力企业和班组要加强作业人员的触电急救、医疗救护、消防、应急避险、安全保卫等的应急知识教育和技能培训，组织员工开展岗位应急训练，确保员工正确使用应急装备、应急工器具、个人应急防护用品，积极推广应用电力专业应急新技术和新装备，不断提高员工个人应急自救互救能力。

国家电力监管委员会

2012 年 5 月 15 日

国家电力监管委员会关于印发《电力安全隐患监督管理暂行规定》的通知

电监安全〔2013〕5号

为贯彻落实"安全第一、预防为主、综合治理"方针，规范电力行业安全隐患监督管理工作，我会制定了《电力安全隐患监督管理暂行规定》，现印发给你们，请依照执行。

电监会《关于实行电力安全生产事故隐患排查治理情况月报告的通知》（办安全〔2012〕70号）同时废止。

国家电力监管委员会

2013年1月14日

电力安全隐患监督管理暂行规定

第一章 总 则

第一条 为贯彻落实"安全第一、预防为主、综合治理"方针，明确电力行业安全隐患（以下简称"隐患"）分级分类标准，规范隐患排查治理工作，建立隐患监督管理的长效机制，防止电力事故和电力安全事件的发生，依据《电力监管条例》等国家相关法律法规和电力行业相关规定，制定本规定。

第二条 发电（含核电厂常规岛部分）、输变电、供电企业和电力建设工程项目隐患排查治理和电力监管机构对隐患实施安全监管，适用本规定。

第三条 本规定所称隐患是指电力生产和建设施工过程中产生的可能造成人身伤害，或影响电力（热力）正常供应，或对电力系统安全稳定运行构成威胁的设备设施不安全状态、不良工作环境以及安全管理方面的缺失。

第二章 分 级 分 类

第四条 根据隐患的产生原因和可能导致电力事故事件类型，隐患可分为人身安全隐患、电力安全事故隐患、设备设施事故隐患、大坝安全隐患、安全管理隐患和其他事故隐患等六类。

第五条　根据隐患的危害程度，隐患分为重大隐患和一般隐患。其中：重大隐患分为Ⅰ级重大隐患和Ⅱ级重大隐患。

第六条　重大隐患是指可能造成一般以上人身伤亡事故、电力安全事故，直接经济损失 100 万元以上的电力设备事故和其他对社会造成较大影响事故的隐患。

（一）Ⅰ级重大隐患主要包括：

1. 人身安全隐患：可能导致 10 人以上死亡，或者 50 人以上重伤事故的隐患。

2. 电力安全事故隐患：可能导致发生国务院第 599 号令《电力安全事故应急处置和调查处理条例》规定的较大以上电力安全事故的隐患。

3. 设备设施事故隐患：可能造成直接经济损失 5000 万元以上设备事故的隐患。

4. 大坝安全隐患：可能造成水电站大坝或者燃煤发电厂贮灰场大坝溃决的隐患。

5. 其他事故隐患：可能导致发生《国家突发环境事件应急预案》规定的重大以上环境污染事故的隐患。

（二）Ⅱ级重大隐患主要包括：

1. 人身安全隐患：可能导致 1 人以上、10 人以下死亡，或者 1 人以上、50 人以下重伤事故的隐患。

2. 电力安全事故隐患：可能导致发生国务院第 599 号令《电力安全事故应急处置和调查处理条例》规定的一般电力安全事故的隐患。

3. 设备设施事故隐患：可能造成直接经济损失 100 万元以上、5000 万元以下的设备事故的隐患。

4. 大坝安全隐患：可能造成水电站大坝漫坝、结构物或边坡垮塌、泄洪设施或挡水结构不能正常运行的隐患，或者造成燃煤发电厂贮灰场大坝断裂、倒塌、滑移、灰水灰渣泄漏、排洪设施损坏的隐患。

5. 安全管理隐患：安全监督管理机构未成立，安全责任制未建立，安全管理制度、应急预案严重缺失，安全培训不到位，发电机组（风电场）并网安全性评价未定期开展，水电站大坝未开展安全注册和定期检查，燃煤发电厂贮灰场大坝未开展安全评估等隐患。

6. 其他事故隐患：可能导致发生《火灾事故调查规定》（公安部第 108 号令）和《公安部关于修改〈火灾事故调查规定〉的决定》（公安部第 121 号令）规定的火灾事故隐患；可能导致发生《国家突发环境事件应急预案》规定的一般和较大等级的环境污染事故的隐患。

第七条　一般隐患是指可能造成电力安全事件，直接经济损失 10 万元以上、100 万元以下的电力设备事故，人身轻伤和其他对社会造成影响事故的隐患。

第三章　认　定　原　则

第八条　隐患等级应在客观因素最不利的情况下，按照其可能直接造成的最严重后果来认定。不同类型的隐患，应按照其可能导致不同等级事故（事件）的最严重程度认定。

第九条　人身安全隐患的认定：

（一）死伤人数按隐患可能导致的最严重后果计算，可能导致重伤的按死亡计算。

（二）在特定条件下，确认不会导致人身死亡和重伤的隐患，可以认定为人身轻伤。

第十条　电力安全事故（事件）隐患的认定：

（一）在认定隐患可能造成发电厂或者变电站全厂（站）对外停电事故（事件）时，

不考虑其可能对电网造成的电压波动。

（二）在认定隐患可能造成发电机组故障停运事故（事件）时，不考虑其可能导致的电网减负荷。

（三）在认定隐患可能造成电网减供负荷和城市供电用户停电事故（事件）时，县供电企业事故等级认定可参照县级市事故等级的认定。

（四）供热电厂停止供热是指所有时间段的供热中断。

第十一条 设备设施事故隐患的认定：

（一）设备设施事故隐患的认定应按照隐患可能造成最严重的设备设施损坏计算。造成设备部分零部件损坏，但无法更换损坏零部件的，应计算整套设备的损失。

（二）隐患可能造成的财产损失费用，包括固定资产损失，或者为恢复其功能所发生的备品配件、材料、人工、运输、清理等费用以及事故罚款、赔偿费用等。

（三）设备设施的修复和整改时间认定，按照设备设施正常采购、修复及更换时间来计算，特殊设备考虑厂家标准制造时间。

第十二条 大坝安全隐患的认定：

按照《水电站大坝运行安全管理规定》（电监会第 3 号令），安全等级评定为险坝的水电站大坝，定为Ⅰ级重大隐患；安全等级评定为病坝的水电站大坝，定为Ⅱ级重大隐患。按照电监会《燃煤发电厂贮灰场安全监督管理规定》（电监安全〔2013〕3 号），安全等级评定为险态灰场的燃煤发电厂贮灰场，定为Ⅰ级重大隐患；安全等级评定为病态灰场的燃煤发电厂贮灰场，定为Ⅱ级重大隐患。

第十三条 安全管理隐患的认定：

（一）安全监督管理机构未成立，是指未按照国家有关法规要求设立独立的安全监督管理机构。

（二）安全责任制未建立，是指未能明确企业各级领导、各职能部门、工程技术人员和现场生产人员在生产运营和建设施工中应负有的安全责任。

（三）安全管理制度严重缺失，是指按照发电、供电企业和电力建设项目安全生产标准化规范及达标评级标准要求，"法律法规与安全管理制度"部分得分没能达到 36 分以上的。

（四）应急预案严重缺失，是指企业未能按照《电力企业综合应急预案编制导则（试行）》以及本单位的组织结构、管理模式、生产规模和风险种类等特点，编制综合应急预案；或者编制的应急预案内容不符合《电力企业专项应急预案编制导则（试行）》和《电力企业现场处置方案编制导则（试行）》的基本要求。

（五）安全培训不到位，是指未按照《国务院安委会关于进一步加强安全培训工作的决定》（安委〔2012〕10 号）要求，实行三项岗位人员（企业主要负责人、安全管理人员和特种作业人员）持证上岗和先培训后上岗制度。

（六）应急演练未开展，是指没有开展应急演练或虽已开展应急演练但无相关记录和总结的。

（七）发电机组（风电场）并网安全性评价未开展，是指未按照电监会《关于印发〈发电机组并网安全评价及条件〉的通知》（办安全〔2009〕72 号）、《关于印发〈风力发电场并网安全评价及条件〉的通知》（办安全〔2011〕79 号）要求开展并网安全性评价工作的。

（八）水电站大坝未开展安全注册和定期检查，是指水电站未按照《水电站大坝运行安全管理规定》（电监会 3 号令）开展大坝安全注册和定期检查。燃煤发电厂未按照《燃煤发电厂贮灰场安全监督管理规定》（电监安全〔2013〕3 号）开展贮灰场大坝安全等级评定。

第十四条 火灾事故隐患的认定：

（一）影响人员疏散或者灭火救援的；

（二）消防设施不完好有效，影响防火灭火功能的；

（三）擅自改变防火分区，容易导致火势蔓延、扩大的；

（四）在人员密集场所违反消防安全规定，使用、存储易燃易爆化学品的；

（五）不符合城市消防安全布局要求，影响公共安全的；

（六）其他违反消防法规的情形。

第十五条 环境污染事故隐患的认定：按照因危险源泄漏，可能对人身、设备设施、大气、水源等方面造成的危害程度以及因环境污染可能引发的跨行政区域纠纷的严重程度认定。

第四章 监 督 管 理

第十六条 电力企业是隐患排查治理工作的责任主体，电力企业分管安全负责人对隐患排查、治理、统计、分析、上报和管控工作全面负责。电力企业应按照"谁主管、谁负责"和"全方位覆盖、全过程闭环"的原则，落实职责分工，完善工作机制，对隐患进行初步评估，并于每月 10 日前向电力监管机构报送上月隐患排查治理情况（见附表 1），于每季度第一个月 10 日前报送上季度隐患排查治理分析总结。

第十七条 建立重大隐患即时报告制度。电力企业经过自评估确定为重大隐患的，应当立即向所在地区电力监管机构报告。涉及消防、环保、防洪、航运和灌溉等重大隐患，电力企业要同时报告地方人民政府有关部门协调整改。重大隐患信息报告应包括：隐患名称、隐患现状及其产生的原因、隐患危害程度、整改措施和应急预案、办理期限、责任单位和责任人员（见附表 2）。

第十八条 电力监管机构对整改时间超过 180 天的重大隐患实行挂牌督办制度。电监会负责对整改时间超过 180 天的Ⅰ级重大隐患挂牌督办，电监会派出机构负责对整改时间超过 180 天的Ⅱ级隐患进行挂牌督办。电监会可根据情况委托派出机构对部分Ⅰ级重大隐患挂牌督办；涉及跨省跨区和多个单位的Ⅱ级重大隐患，派出机构可报请电监会挂牌督办。

第十九条 电监会派出机构对所辖地区电力企业报送的以及在督查中发现的重大隐患要按照本规定第六条进行定级和登记建档，确定为重大隐患的，应组织评估。经评估为Ⅱ级重大隐患的且整改时间超过 180 天的，要向相关企业下达重大隐患挂牌督办通知单。经评估为Ⅰ级重大隐患的且整改时间超过 180 天的，应于 2 个工作日内将重大隐患信息报送电监会和当地人民政府。

整改时间超过 180 天的Ⅰ级重大隐患挂牌督办通知单可由电监会下达到全国电力安全生产委员会企业成员单位并告知有关派出机构，或通过派出机构直接下达到被挂牌的电力企业。重大隐患挂牌督办通知单主要包括：督办名称、督办事项、整改和过程防控要求、办理期限、督办解除程序和方式。

对整改时间不超过 180 天的重大隐患，电力监管机构要加强现场督查和指导。

第二十条　电力企业要建立隐患管理台账，制定切实可行的整治方案，落实整改责任、整改资金、整改措施、整改预案和整改期限，限期将隐患整改到位。在重大隐患治理过程中，应当加强监测，采取有效的预防措施，制订应急预案，开展应急演练，实现重大隐患的可控在控。

第二十一条　在重大隐患排除前或者排除过程中无法保证安全的，如果不影响电力（热力）供应，电力企业应当停工停产或者停止运行存在重大隐患的设备设施，撤离人员，并及时向电力监管机构和政府有关部门报告。重大隐患治理完成后，电力企业要组织技术人员和专家对重大隐患治理情况进行评估，符合安全生产条件的，需经电力监管机构审查验收同意方可恢复施工和生产。

第二十二条　电力监管机构要加强现场监督检查，及时了解重大隐患整改工作进度，对于隐患整改责任不落实、未能按规定时间完成整改的电力企业，电力监管机构有权责令其暂时停工停产。

第二十三条　电力监管机构要加强信息交流工作，建立隐患月报告、季度分析、年度总结制度，定期统计分析和通报所辖地区电力企业在隐患管理制度建设、责任落实、奖惩机制和信息报告等方面的工作情况，并于每月 17 日前向电监会报送上月本地区重大隐患治理情况，每季度第一个月 17 日前报送上季度隐患排查治理分析总结。

第二十四条　电力监管机构对于电力企业自主排查评估、及时上报重大隐患并得到有效治理的，要给予通报表扬；在督查时发现重大隐患而相关电力企业未上报的，要给予通报批评，造成严重后果的，要从严追究相关责任。

第五章　附　　则

第二十五条　本规定由电监会负责解释并监督执行。

第二十六条　各电力企业应结合各自实际和特点，制定管理办法或实施细则，并报相应电力监管机构备案。

第二十七条　本规定自印发之日起执行。

附表 1　201＿年＿月电力安全隐患排查治理情况月报表（略）
附表 2　重大电力安全隐患信息报告单（略）

国家电力监管委员会关于加强电力行业地质灾害防范工作的指导意见

电监安全〔2013〕6 号

为贯彻落实《国务院关于加强地质灾害防治工作的决定》（国发〔2011〕20 号），指导电力行业各单位进一步加强地质灾害防范工作（以下简称"防范工作"），避免或最大程度地减少地质灾害造成的人身伤亡和经济损失，保证电力安全生产持续稳定，现提出以下指导意见：

一、提高地质灾害防范工作重要性的认识

（一）我国是地质灾害多发国家，近年来，崩塌、滑坡、泥石流、塌陷等地质灾害多次引发电力事故，特别是对电力建设工程安全生产构成严重威胁，做好防范工作不仅关系到电力安全可靠供应，更关系到企业员工的生命安全。各单位应当充分认识防范工作的重要性和紧迫性，坚决贯彻执行国家有关地质灾害防治工作的各项政策要求，结合电力安全生产实际，加强电力设施和电力建设工程的防范工作，采取切实有效措施，防范因地质灾害引发电力事故。

二、防范工作的指导思想、基本原则和总体目标

（二）指导思想。以科学发展观为指导，坚持以人为本的理念，加强组织领导，强化监督管理，落实防范责任，完善规章制度，深入开展地质灾害隐患排查和应急管理工作，提高防灾避险能力，预防和遏制重特大电力事故发生。

（三）基本原则。坚持属地管理、分工负责，形成地方政府综合指导、电力监管机构行业指导、企业分工负责、社会共同参与的工作格局；坚持预防为主，防治结合，科学运用监测预警、工程治理和搬迁避让等多种手段，有效规避灾害风险；坚持专群结合、群测群防，紧紧依靠企业员工和当地群众全面做好防范工作；坚持谁引发、谁治理，对电力建设工程引发的地质灾害隐患明确责任单位，切实落实防范和治理措施。

（四）总体目标。全面建设形成电力行业防范工作体系和地质灾害监测预警、隐患排查、应急联动工作机制，按照国家地质灾害防治工作主管部门及地方政府要求，完成地质灾害高易发区重要电力设施及周边地质灾害隐患排查工作，基本完成地质灾害高易发区重要电力设施及周边地质灾害隐患点的工程治理或搬迁避让，使地质灾害造成的电力事故明显减少。

三、建立防范规章制度，落实防范工作责任

（五）建立完善组织体系和规章制度。以从事发电、输电、供电生产等为主营业务的企业（以下简称"电力企业"），电力建设单位，电力建设工程勘察（测）、设计、施工、监理等各参建方（以下简称"参建方"）应当加强防范工作组织领导，建立组织机构，明确工作职责，形成分工明确、职责清晰的防范工作组织体系。各单位应当将防范工作内容纳入安全生产日常管理工作当中，完善防范工作管理制度，明确监测预警、隐患排查、信息报送、应急救援、教育培训、资金保障等方面内容，结合实际制定崩塌、滑坡、泥石

179

流、塌陷等地质灾害的技术防范措施。

（六）落实防范工作责任和监管职责。各单位应当在国家地质灾害防治工作主管部门及地方政府的综合指导下，科学有序开展防范工作。要落实防范工作责任，电网企业负责输变电设施及周边的防范工作；发电企业负责电源点生产区域及周边的防范工作；电力建设单位对电力建设工程防范工作负全面管理责任，统一指导和组织协调电力建设工程的防范工作，负责建立与地方政府有关部门的联动机制；施工单位负责所承揽工程施工区域及周边防范工作，勘察（测）、设计、监理等单位负责职责范围内的防范工作。

电力监管机构应当对电力企业和电力建设工程的防范工作进行指导和监督，督促相关单位落实防范工作责任和防范工作措施。

四、科学论证统筹规划，规避地质灾害风险

（七）严格电力建设工程地质灾害危险性评估。电力建设单位应当按照《地质灾害防治条例》（国务院令第 394 号）和国家建设工程核准有关规定，在电力建设工程可行性研究阶段，聘请具备相应资质的评估机构，依据国家及地方政府发布的地质灾害防治规划开展地质灾害危险性评估，形成地质灾害危险性评估报告。评估报告应当对电力建设工程遭受地质灾害危害的可能性以及该工程建设中、建成后引发地质灾害的可能性做出评价，提出具体的预防和治理措施。

（八）强化勘察（测）、设计工作防范地质灾害的要求。电力建设工程勘察（测）、设计阶段，勘察（测）、设计单位应当依据地质灾害危险性评估报告和设计规范，科学论证项目选址，尽量避开地质灾害易发区。对确实需要在地质灾害易发区内建设的工程，应当在充分论证的基础上，采取差异化设计，适当提高工程设防标准。勘察（测）、设计单位应当在现场详细勘察（测）基础上，优化厂区（站址）生产、生活区平面布置，合理规划现场作业区、工程弃渣区等选址方案，提出电力建设工程地质灾害防治方案和措施。

（九）加强地质灾害防治工程建设。对于存在地质灾害风险以及可能引发地质灾害的电力建设工程，应当建设地质灾害防治工程，其设计、施工和验收应当与主体工程的设计、施工、验收同时进行。电力建设单位应当保证地质灾害防治工程资金投入，监督施工单位按规定足额使用。对于施工方案变更可能引发地质灾害的，电力建设单位应当组织参建方进行充分的论证，必要时应当聘请专业评估机构提出防治措施。

（十）合理选择电力建设工程生活办公营地。电力建设单位和参建方生活办公营地应当选择在地形平坦开阔，水、电、路易通入的区域；选择在历史上未发生过滑坡、崩塌、泥石流、地面塌陷、地面沉降及地裂缝等地质灾害的地区；远离冲沟沟口、弃渣场、贮灰场、废石场以及尾矿库（矿区）；避开不稳定斜坡和高陡边坡；不宜紧邻河（海、库）岸边、地下采空区诱发的地表移动范围。电力建设单位有责任对参建方选择的生活办公营地的防范工作进行监督检查，督促其开展地质灾害风险辨识，对营地选择不合理的，应当督促其搬迁或及时采取防范措施，最大限度地降低地质灾害风险。

（十一）做好施工现场防范工作的组织管理。电力建设单位应当依据地质灾害危险性评估报告和工程设计文件，制定电力建设工程防范工作方案，明确地质灾害危险点分布范围、参建方防范责任和防范措施等，指导参建方做好施工现场防范工作。

参建方应当依据电力建设单位制定的防范工作方案，细化本单位防范工作组织措施，在对施工现场及周边地区地质灾害进行风险辨识的基础上，优化施工组织设计中大型施工机具、材料加工站（拌和楼）、材料堆放场、临时施工道路布置等方案，有针对性地完善施工安全技术措施，防范地质灾害造成人身伤亡及设备损毁。施工单位应当严格按照设计方案和施工组织设计进行施工，不得随意更改设计和擅自扩大施工范围，严防施工诱发地质灾害。

五、加强隐患排查治理，综合防范地质灾害

（十二）定期开展地质灾害隐患排查。各单位应当结合地方政府发布的地质灾害防治规划和生产实际，定期组织专业人员开展电力设施和电力建设工程及周边地质灾害风险辨识，全面排查崩塌、滑坡、泥石流、塌陷等地质灾害隐患，同时做好防滑桩、护坡、挡渣墙、截排水系统等防护设施的安全隐患排查，确保其正常发挥作用。对地质灾害高易发区内的重要电力设施，原则上应当每三年聘请地质灾害防治专家开展一次全面的隐患排查。发现重大地质灾害隐患或地质灾害监测数据发生突变，以及附近地区发生地震等重大自然灾害后，相关单位应当聘请专业评估机构，对电力设施或电力建设工程进行全面的地质灾害风险分析，并提出风险分析评估报告，明确防范治理方案。

（十三）加强地质灾害隐患治理工作。对于一般地质灾害隐患，相关责任单位应当立即进行治理；对于重大地质灾害隐患，应当严格按照地质灾害风险分析评估报告提出的治理方案进行治理。对短期内难以治理的重大地质灾害隐患，应当采取加强监测预警、制定专项应急预案或者搬迁避让等措施，确保人身和设备安全。对非防范工作责任范围内且对电力设施和建设工程项目构成威胁的地质灾害隐患，应当及时向地方政府报告隐患情况，并配合地方政府开展治理工作。

（十四）积极开展地质灾害综合防治。各单位应当按照国家有关规定，做好电力设施和电力建设工程及周边地区环境保护和水土保持工作，实现地质灾害的综合防治。水电厂（站）应当加强水库周边地区以及病险大坝的除险加固，防止因漫坝、溃坝造成山洪、泥石流灾害；火电厂应当通过实施节能技术改造，尽量避免所在地区地下水过度抽采，防止出现地面塌陷；电网企业应当优化铁塔结构和基础形式，减少因塔基施工开挖影响环境并引发地质灾害；电力建设单位及参建方应当推广采用科学合理、先进适用的施工方案，同时做好施工区域的植被恢复工作，防止和减少建设工程项目造成地表环境变化带来地质灾害风险。

六、加强灾害监测预警，及时组织临灾避险

（十五）建立健全监测预警机制。电力企业和电力建设单位应当加强与地方政府国土、气象、水利等部门的联系沟通，明确地质灾害监测预警工作程序，落实责任单位和人员，畅通监测预警渠道，及时接收、传递地方政府有关部门发布的监测预警信息，并按照要求上传有关监测信息。电力建设单位应当针对施工队伍及其人员流动性大的特点，及时掌握施工人员变动情况，并督促参建方将预警信息及时传递到相关人员。

（十六）加强地质灾害监测工作。各单位应当结合地质灾害隐患点分布情况，综合分析诱发因素，科学开展地质灾害监测工作。对于已经发现的地质灾害隐患点，应当按照国家地质灾害防治监测规定，合理布设地质灾害监测点，安排专业单位或专业人员定期进行监测，并及时汇总、分析、上报监测信息。各单位应当依据电力设施和电力建设工程所在地地质灾害监测经验，采取先进监测手段与"拉线法、木桩法、刷漆法、贴纸法、旧裂缝填土陷落目测法"等传统方法相结合的方式，针对地表破坏、冲沟发育、山体蠕变、地面沉降等情况开展日常监测工作，分析、研判地质灾害隐患发展趋势。

（十七）强化重点防范期灾害监测预警。各单位应当在充分分析本地区诱发地质灾害气象条件的基础上，重点强化汛期，强降雨、强降雪期间以及其他恶劣天气发生期间的监测预警工作，增大监测频次，及时发现新的地质灾害隐患点，划定危险区域，设置警示标志；应当安排专人值守，加强巡视检查，重点加强生产区、施工区、生活办公营地及周边的监测预警，观测降雨强度和雨量，监测地面土体开裂、坡体蠕动、树干倾斜、山洪暴涨、惊响异常等灾害前兆，及时发现和排除险情。各单位应当充分发挥专业机构作用，紧紧依靠当地群众，共同做好地质灾害的群测群防工作，发现险情及时报告。

（十八）完善地质灾害预警信息传递手段。各单位应当紧紧依靠地方政府，畅通地质灾害预警信息和应急信息传播渠道，充分利用广播、电视、互联网、手机短信、电话、宣传车和电子显示屏等各种媒体和手段，及时传递地质灾害预警信息。偏远地区应当因地制宜，利用有线广播、高音喇叭、鸣锣吹哨、逐户通知等方式，将紧急灾害预警信息及时通告受威胁人员。

（十九）做好临灾避险工作。各单位应当建设完善应急避难场所和逃生通道，储备必要的生活物资和医疗用品。对出现灾害前兆、可能造成人员伤亡及重大经济损失的区域和地段，应当划定地质灾害警戒区，指定疏散路线及临时安置场所等。电力建设单位接到有关部门发布的预警信息，或者对本单位监测信息研判后认为可能发生地质灾害时，应当立即向参建方通告地质灾害预警信息；参建方发现地质灾害险情后应当迅速组织本单位人员撤离避险，同时报告电力建设单位，电力建设单位应当立即通知其他有关参建方迅速启动防灾避险方案，及时有序组织人员安全转移。

七、完善灾害应急体系，提高应急处置能力

（二十）完善地质灾害应急体系。各单位应当将防范工作应急管理纳入本单位应急体系，建立快速反应、处置有效的地质灾害应急响应机制。重大电力建设工程和高易发区内的电力建设工程，应当成立由电力建设单位牵头、各参建方参加的地质灾害应急工作小组，统一指导、部署应急救援、抢修恢复等工作，及时传递应急响应信息。各单位应当按照国家地质灾害信息报告有关规定，及时向地方政府和电力监管机构报送险情和灾情信息。

（二十一）加强应急预案编制和演练。各单位应当针对地质灾害风险，组织编制相应的专项应急预案和现场处置方案，明确具体的应急处置程序、应急救援和保障措施等。因自然灾害、建设施工造成周边地质条件发生变化并可能引发地质灾害时，各单位应当及时修订完善相应的应急预案。专项应急预案应当按照有关规定报电力监管机构和地方政府有关部门备案。

各单位应当根据地质灾害防范重点，在每年汛期来临前至少组织一次应急演练，并对演练效果进行评估，及时完善应急预案。地质灾害高易发区内的重要电力设施和电力建设工程，相关单位宜开展功能性演练和实战性演练。

（二十二）及时开展地质灾害应急抢险救援。地质灾害发生后，各单位应当及时启动应急预案，做出应急响应，开展人员搜救、设备抢修、灾情调查、险情分析、次生灾害防范等应急处置工作，并及时向地方政府和电力监管机构报告灾情信息，请求地方政府支援。重大地质灾害发生后，电力建设单位和参建方应当在做好抢险救援工作的同时，协助地方政府开展社会应急救援。地质灾害对电网安全运行产生影响时，电网企业应当及时调整运行方式，按照供电序位实施有序供电，并对灾害发生区域内的其他电力设施进行评估，及时采取控制措施，降低灾害造成的影响。

八、加强宣传教育培训，提升人员防范意识

（二十三）开展全员地质灾害教育。各单位应当积极组织开展地质灾害识灾防灾、灾情报告、避险自救等知识的宣传普及，以提升相关人员地质灾害的防范意识和自我保护能力为重点，提高地质灾害防灾宣传教育培训工作的实效性和针对性。地质灾害高易发区内的电力企业、电力建设单位及参建方应当定期组织全体人员重点强化地质灾害防范和临灾避险技能培训。

（二十四）加强应急抢险救援队伍技能培训。各单位应当加强应急救援队伍建设，强化地质灾害应对专业技能培训，重点在生命搜救、装备使用、专业协同等方面组织开展培训工作，确保地质灾害发生后及时投入抢险救援，最大程度减少人身伤亡和经济损失。

国家电力监管委员会

2013 年 1 月 18 日

国家能源局综合司关于电力安全生产标准化达标评级修订和补充的通知

国能综电安〔2013〕210 号

按照国务院机构设置和职能转变有关要求，为进一步有序推进电力安全生产标准化达标评级工作，现就修订和补充有关规定通知如下：

一、按照《国务院机构改革和职能转变方案》，将《电力安全生产标准化达标评级管理办法》（以下简称《管理办法》）和《电力安全生产标准化达标评级实施细则》（以下简称《实施细则》）中"电监会"改为"国家能源局"、"电力监管机构"改为"能源监管机构"，有关证书和牌匾样式一并作相应修改。

二、按照《国家能源局主要职责内设机构和人员编制》，取消能源监管机构对达标评级的审批，将《管理办法》和《实施细则》部分条款作如下修改：

1、删除《管理办法》第十条第三款和第十一条第二款，并将第七条第六款中"电力监管机构对电力企业提交的评审报告组织审核。审核通过的，予以公告"修改为"评审机构形成的评审报告应经审核。能源监管机构根据审核意见，对审核通过的予以公告"。

2、删除《实施细则》第十五条和第十六条，并在第十七条前增加"评审机构形成的评审报告应经审核"；在第十八条后增加"标准化一级企业（或工程建设项目）由国家能源局公告；标准化二、三级企业（或工程建设项目）由国家能源局派出机构公告"。

三、鉴于水电站大坝注册时间较长，为妥善处理大坝安全注册和标准化达标评级工作，对《管理办法》第八条第三款中"运行水电站大坝按规定注册"作如下补充：

水电企业向大坝中心申请安全注册，大坝中心已出具注册书面同意的，视同正在进行大坝安全注册，企业按照规定同时开展达标评级和大坝安全注册工作。已经通过达标评级但未在规定期限内完成大坝安全注册的，由原发证单位取消其达标称号并收回证书和牌匾。

四、评审机构应制定评审人员公正性和行为规范性准则，并向被评审电力企业作出承诺。现场评审结束后，评审机构应根据被评审企业反馈的评审质量和评审满意度意见（包括现场评审人员服务态度、服务意识、专业知识、评审技能、解决问题的能力及工作效率等），加强内部管理，及时改进和完善评审工作，不断提高现场评审水平。

国家能源局综合司

2013 年 7 月 5 日

国家能源局关于防范电力人身伤亡事故的指导意见

国能安全〔2013〕427 号

为贯彻落实中央领导同志的指示精神和国务院关于加强安全生产工作的决策部署，进一步加强电力生产和建设施工中人身伤亡事故（以下简称人身伤亡事故）防范工作，避免和减少事故造成的人员伤亡和经济损失，现提出以下意见。

一、指导思想和总体目标

（一）指导思想。以科学发展观为指导，牢固树立"以人为本、生命至上"的安全理念，加强组织领导，强化监督管理，落实防范责任，完善规章制度，规范现场作业，提高防灾避险和应急处置能力，营造"关爱生命、安全发展"的安全生产氛围，切实保障员工人身安全。

（二）总体目标。进一步落实电力企业的安全生产主体责任，充分发挥能源监管机构的监督指导和协调作用，健全隐患排查治理长效机制，强化电力行业从业人员安全意识，深入开展"反三违"（违章指挥、违章作业和违反劳动纪律）活动，强化电力生产的规范化、标准化管理，杜绝重大以上人身伤亡责任事故，降低人身伤亡事故起数和死亡人数，有效防范人身伤亡事故的发生。

二、加强安全生产体系机制建设

（三）落实各级人员安全责任。电力企业主要负责人要严格履行安全生产第一责任人的职责。电力企业要把控制人身伤亡事故作为安全生产责任制的主要内容，层层分解落实防范人身伤亡事故的目标。要建立健全安全生产问责机制，因安全责任落实不到位导致人身伤亡的，要严格进行安全考核和责任追究。要针对生产作业现场的人身安全风险，建立企业负责人和各级安监人员到岗到位工作责任制度，并进行相应考核。

（四）完善安全管理制度和操作规程。电力企业要健全安全生产管理制度和操作规程，并根据国家行业法规标准的更新和本单位作业环境及设备设施的变化，及时修订完善，确保人身伤亡事故防范工作管理制度和规程规范、有效、可行。要将管理制度、操作规程配备到相关工作岗位和人员，及时组织开展教育培训，使每个职工都掌握防范人身伤亡事故的相关规定和要求，并在实际工作中严格遵守执行。

（五）健全防范人身伤亡事故的保障体系。电力企业要健全安全生产监督和保证体系，从决策指挥、执行运作、安全技术、安全管理和安全监督等方面严格执行安全法规制度，落实防范人身伤亡事故措施。要制定本单位、本部门、本岗位的反事故技术措施和安全劳动保护措施计划，优先保证对防范人身伤亡事故有突出作用和明显效果的措施得以实现。要保证安全投入，及时、足额提取和规范使用安全生产费用，严禁挤占和挪用。

三、夯实电力安全生产基础

（六）加强班组安全建设。要落实《关于加强电力企业班组安全建设的指导意见》，夯实安全生产基础，有效规范班组安全管理。要合理确定班组安全目标，努力实现班组控制未遂和异常，不发生人身轻伤和障碍。要重点抓好班组作业安全措施落实，严格班前班后会制度，接班（开工）前，要明确工作任务、工作地点、危险因素、安全措施和注意事项，交班（收工）时应对当日安全情况进行总结。要大力开展岗位练兵和班组安全活动，提高人员安全技能。

（七）积极推进安全生产标准化创建工作。认真贯彻电力安全生产标准化达标评级相关规定，通过开展安全生产标准化创建和达标评级工作，进一步加强生产现场安全管理，提高职工安全意识和操作技能，规范生产人员作业行为，改善设备安全状况和环境条件，提高作业行为标准化、规范化水平，并有效管控因人员素质、技能的差异和岗位变动、人员流动等因素带来的安全风险，防范和减少人身伤亡事故发生。

（八）开展全员安全生产教育培训。要严格执行《电力行业安全培训工作实施方案（2013－2015年）》，做好企业从业人员安全培训工作，主要负责人、安全管理人员和特种作业人员必须经培训持证上岗。要强化以"新工人、班组长、农民工"为重点的从业人员岗位安全培训，使其掌握生产作业各流程环节中存在的人身伤害风险和防控措施。要重视对人员变更，设备变更，采用新技术、新工艺、新材料等情况带来的人身伤害风险辨识，有针对性地做好安全培训和警示工作。要加大外包队伍和临时用工人员岗前培训力度，未经安全培训考试合格的人员严禁从事任何现场作业。要普及防灾避险常识和人员施救知识，使员工有效识别工作环境中存在的人身伤亡风险，提高自我保护意识，掌握应急逃生、应急装备使用、人身急救等技能，增强识灾防灾和应急处置能力，防范施救不当造成事故扩大。

（九）大力开展企业安全文化建设。牢固树立"以人为本，生命至上"的安全理念，结合企业实际，把尊重人、关心人、爱护人作为安全文化建设的出发点，以防范人身伤亡事故作为安全文化建设的核心目标，丰富安全文化内涵。利用各种渠道传播安全文化，扩大安全文化外延，使安全文化渗透到每个岗位，影响每一位员工，激发员工"关注安全、关爱生命"的意识，提高员工安全素质，规范员工安全行为，实现"要我安全"到"我要安全"、"我会安全"的转变，从根本上防范和遏制人身伤亡事故发生。

四、加强作业现场安全管控

（十）加强生产作业安全管控。电力企业要严格执行工作票、操作票制度，制定明确、具体的安全措施。要严格落实现场作业交接班制度、设备巡回检查制度和设备定期试验及轮换制度，交接班时把防范人身伤亡事故的措施和安全注意事项作为重点，由交接班人员共同检查安全措施，确保执行到位；设备巡检和轮换时注重排除易引发人身伤亡的设备隐患，落实设备定置管理、临时用电管理、安全工器具管理等作业现场规范化管理的有效措施。对高处作业、转动机械、动火作业、有限空间等特殊作业环境，要及时识别可能导致人身伤亡的危险和有害因素，落实防控措施；对机组检修、技术改造工程项目要严格现场管理，做好资质审查和安全技术交底，加强现场作业监护，确保作业人员安全。

（十一）加大反"三违"工作力度。电力企业要把反"三违"作为防范人身伤亡事故的重点，完善工作机制，加大"三违"现场查处和纠正力度，规范作业安全行为。要将"三违"作为未遂事故认真分析处理，按照"四不放过"原则对违章人员进行曝光、教育和处罚，并对违章进行责任倒推，对安全职责履行不到位的管理人员一并处罚。对屡纠屡犯或处在关键岗位、从事危险性较大作业的违章人员，要通过调离岗位等方式建立违章

"高压线"；对模范遵章守纪的员工要给予奖励，从源头上减少"三违"现象。

（十二）加强设备设施管理。要选用科技含量高、性能优良的生产设备，加强技术性能改造，提高设备本质安全性能。要对设备设施的局部变动情况，及时进行设备异动管理，保证各种图纸和现场规程标准与实际相符。要落实设备防人身伤亡事故技术措施，加强防误闭锁等装置的运行管理，防止设备误操作。要加强特种设备安全管理，严格执行特种设备操作规程，防范锅炉爆炸，压力容器、管道泄漏，起重机械故障，电梯失控等造成的人身伤亡事故。要健全危险源评估机制，定期开展危险源辨识，确定危险源等级，识别可导致人身伤亡的危险有害因素，做好危险源监测、检查和防范等工作，并按规定将重大危险源信息向政府有关部门报备。

（十三）加强电力建设施工作业安全管控。电力建设单位要对电力建设工程安全生产负全面管理责任，电力施工单位对施工现场安全生产负责。要科学制定施工方案，做好施工方案交底和施工组织，严禁不按审定方案施工。施工条件变化导致原方案无法实施时，必须重新制定施工方案和安全措施，重新报批。遇有恶劣天气或发生其他影响施工安全的特殊情况，必须立即停止相关作业。要加强施工现场安全管理，规范工艺工序和作业流程，强化对重点区域、重点环节、关键部位和危险作业项目的安全监控，落实人员、设备、物资等安全管控措施。要合理安排工程进度，严禁盲目抢工期，工期调整应进行充分论证，提出并落实相应安全保障措施。规范施工机械、脚手架、大型起重设备管理，其装拆必须制定专项方案，并做好现场安全监督。要配备充足的监理人员，切实做好施工现场监护和重大项目、重要工序等的旁站监理，督查现场安全措施的落实及施工人员的作业行为。

（十四）加强外包队伍安全管理。电力企业要建立完善的外包队伍审查制度，杜绝安全管理差、施工力量薄弱或屡次发生人身伤亡事故的外包队伍参与施工作业。严厉打击超越资质范围承揽工程，挂靠、借用资质，违法分包和转包工程等不法行为。要加强工程分包监督管理，加大作业现场监督检查力度。要加强劳务分包安全管理，将劳务派遣人员、临时用工纳入本企业统一安全管理体系，严格落实安全措施，加强作业现场检查。

五、提高防灾避险和应急处置能力

（十五）加强自然灾害监测预警和防范工作。电力企业要加强防范人身伤亡事故专项应急预案和现场处置方案的编制、修订、培训和演练工作，加强与当地政府、气象、国土等有关部门的沟通联系，健全自然灾害预警机制，充分利用各种手段，及时传递灾害预警信息，注重信息传递的反馈，确保不留死角，不漏人员。要落实《关于加强电力行业地质灾害防范工作的指导意见》，强化重点防范期、防范区灾害预警和防范，加强台风、强降雨、泥石流等灾害的监测预警，重点做好生产区、施工区、生活营地的地质灾害防范工作，及时发现和预报险情，确保各项防范措施提前落实到位，防止和减少自然灾害导致的人员伤亡。

（十六）及时启动应急响应和开展抢险救援。事故灾害发生后，事发单位应在初判事故灾害情况后，立即启动应急响应，迅速开展抢险救援工作，同时向当地政府及有关部门报告。要以防范人身伤亡为首要任务，现场带班人员、班组长和调度人员要第一时间下达停产撤人命令，组织人员撤离避险和有序转移，保障人员生命安全。要及时开展人员搜救，现场救援力量不足时，应尽快协调救援力量。要充分做好可能发生的次生灾害的事故预想，应急救援方案和处置措施要做到科学合理，避免盲目施救造成人员二次伤亡事故。

（十七）做好电力事故信息报告和调查处理。要严格执行电力事故事件信息报送工作制度，对瞒报、谎报、迟报、漏报事故事件等行为，要严肃追究相关单位和人员的责任。要严格按照"四不放过"原则认真做好人身伤亡事故调查处理，落实防范人身伤亡事故措施，做到举一反三，深刻吸取教训，防范同类事故再次发生。

国家能源局
2013 年 11 月 14 日

国家能源局关于印发《电力安全培训监督管理办法》的通知

国能安全〔2013〕475 号

为贯彻落实《国务院安委会关于进一步加强安全培训的决定》（安委〔2012〕10 号），加强和规范电力行业安全培训工作，进一步落实安全培训工作责任，强化电力行业安全基础建设，提高从业人员安全素质和安全监督管理效能；结合电力行业安全生产工作实际，我局制定了《电力安全培训监督管理办法》，并经局长办公会审议通过，现印发你们，请依照执行。

国家能源局

2013 年 12 月 8 日

电力安全培训监督管理办法

第一章 总 则

第一条 为加强和规范电力行业安全培训工作，提高电力行业从业人员安全素质和安全意识，促进电力安全培训工作健康发展，根据《安全生产法》、《行政许可法》、《电力监管条例》和《国务院安委会关于进一步加强安全培训的决定》（安委〔2012〕10 号）等法律法规和规范性文件，制定本办法。

第二条 电力企业从业人员和电力安全培训教师的安全培训，适用本办法。

电力企业指发电企业、电网企业和电力建设施工企业。电力企业从业人员包括企业相关负责人、各级安全生产管理人员和以班组长、新工人、农民工为重点的其他从业人员（以下简称其他从业人员）。

对特种作业人员、特种设备作业人员安全培训监督管理另有规定的，从其规定。

第三条 电力安全培训工作实行统一规划、归口管理、分级实施、教考分离的原则。

第四条 国家能源局负责指导全国电力安全培训工作，依法对全国电力安全培训工作实施监督管理。国家能源局派出机构依法对所辖地区电力安全培训工作实施监督管理。

电力企业承担企业安全培训的主体责任，负责本单位从业人员安全培训工作。

第二章 组 织 实 施

第五条 国家能源局负责组织、指导和监督电力安全培训教师的培训工作。国家能源局派出机构负责组织、指导和监督所辖地区电力企业相关负责人、安全生产管理人员的培训工作。电力企业负责组织以班组长、新工人、农民工为重点的其他从业人员的安全培训工作。

第六条 电力企业应当建立安全培训管理制度，保障安全培训投入，对从业人员进行与其所从事岗位相应的安全教育培训。从业人员调整工作岗位或者采用（使用）新工艺、新技术、新设备、新材料的，应当对其进行专门的安全培训。

未经安全培训合格的从业人员，不得上岗作业。

第七条 下列人员应当由电力安全培训机构进行培训：

（一）电力企业相关负责人、各级安全生产管理人员；

（二）电力安全培训教师。

第八条 国家能源局定期公布电力安全培训机构名单和培训范围，接受社会监督。

第九条 电力安全培训机构应当建立电力安全培训工作制度和人员培训档案，落实电力安全培训计划，利用现代信息技术开展电力安全培训，实现电力安全培训信息化管理。

第三章 培训内容和时间

第十条 电力安全培训应当按照规定的培训大纲进行。

电力企业相关负责人、安全生产管理人员和电力安全培训教师的培训大纲，由国家能源局组织制定。

电力企业其他从业人员的安全培训内容，由电力企业按照本办法自行制定。

第十一条 电力企业相关负责人和安全生产管理人员安全培训应当包括下列内容：

（一）国家安全生产方针政策和有关电力安全生产的法律法规及规程标准；

（二）安全管理基本理论；

（三）电力安全生产管理、电力安全生产技术等；

（四）电力应急管理基础理论、电力突发事件应急预案编制、演练以及应急处置基本流程；

（五）国内外先进的安全生产管理经验；

（六）典型电力事故和应急救援案例分析；

（七）其他需要培训的内容。

第十二条 电力安全培训教师安全培训应当包括下列内容及其更新：

（一）国家安全生产方针政策和有关电力安全生产的法律法规及规程标准；

（二）安全管理基本理论；

（三）电力安全管理实践和国内外先进安全生产管理经验；

（四）电力安全生产技术；

（五）安全培训技能、方法等；

（六）其他需要培训的内容。

第十三条 电力企业其他从业人员安全培训应当包括下列内容：

（一）《电力安全工作规程》、《电力建设安全工作规程》等规程标准及安全生产基本知识；

（二）本单位、部门、班组安全生产情况；

（三）本单位、部门、班组安全生产规章制度和劳动纪律；

（四）从业人员安全生产权利和义务；

（五）工作环境、工作岗位及危险因素；

（六）所从事工种的安全职责、操作技能；

（七）自救互救、急救方法、疏散和现场紧急情况的处理；

（八）安全设备设施、个人防护用品的使用和维护；

（九）预防事故措施及应注意的安全事项；

（十）有关事故案例；

（十一）电力应急基本技能；

（十二）其他需要培训的内容。

第十四条　电力建设施工企业相关负责人、项目负责人、安全生产管理人员安全资格培训时间不得少于 48 学时。每年再培训时间不得少于 16 学时。

发电企业和电网企业相关负责人、安全生产管理人员首次安全培训时间不得少于 32 学时。每年再培训时间不得少于 12 学时。

电力安全培训教师初次安全资格培训时间不得少于 32 学时。每年再培训时间不得少于 12 学时。

第十五条　电力建设施工企业新上岗的其他从业人员，岗前安全培训时间不得少于 72 学时，每年接受再培训的时间不得少于 20 学时。

发电企业和电网企业新上岗的其他从业人员，岗前安全培训时间不得少于 24 学时。

第十六条　电力企业发生负有主要责任的电力人身伤亡事故、电力安全事故或直接经济损失 100 万元以上设备事故的，其相关负责人和安全生产管理人员应当重新参加安全培训。

第十七条　国家能源局及其派出机构将根据电力安全监督管理实际情况开展专项培训。

第四章　考　核　发　证

第十八条　电力安全培训工作的考核，应当坚持统一标准、统一题库、分级负责的原则。

第十九条　国家能源局负责电力安全培训教师的安全培训的考核；国家能源局派出机构负责所辖地区电力企业的相关负责人、安全生产管理人员的安全培训的考核。电力企业自行组织其他从业人员的考核。

第二十条　国家能源局派出机构、电力企业应当制定电力安全培训的考核制度，建立考核管理档案备查。

第二十一条　经国家能源局及其派出机构考核合格的人员，由国家能源局及其派出机构在考核结束后 10 个工作日内颁发相应的证书。考核、发证不得收费。

第二十二条　电力建设施工企业的相关负责人、项目负责人、安全生产管理人员经考核合格后，颁发电力建设安全管理人员资格证；其他电力企业相关负责人、安全管理人员经培训合格后，颁发电力安全培训合格证。电力安全培训教师经考核合格后，颁发电力安全培训教师合格证。

第二十三条 电力建设施工企业安全管理人员资格证、其他电力企业安全管理人员培训合格证、电力安全培训教师培训合格证的式样，由国家能源局统一规定。

第二十四条 电力建设安全管理人员资格证、电力安全培训教师合格证和电力安全培训合格证的有效期为5年。有效期届满需要延期的，应当于有效期届满30日前向原发证部门申请办理延期手续。

第五章 监督管理

第二十五条 国家能源局及其派出机构依照法律法规和本办法，加强对电力安全培训工作的监督管理，对电力企业、电力安全培训机构违反有关法律法规和本办法的行为，依法作出处理。

国家能源局派出机构应当定期统计分析辖区内电力安全培训、考核、发证情况，并报国家能源局。

第二十六条 国家能源局及其派出机构应当对电力安全培训机构进行监督检查，内容包括：

（一）电力安全培训的开展情况；

（二）电力安全培训管理制度的建立情况；

（三）专兼职教师配备及持证情况；

（四）培训大纲的执行和培训档案的管理情况；

（五）法律法规规定的其他内容。

第二十七条 国家能源局及其派出机构应当对电力企业开展安全培训情况进行监督检查，内容包括：

（一）电力安全培训制度、年度培训计划的制定实施和安全培训档案的管理情况；

（二）电力安全培训经费投入和使用的情况；

（三）相关负责人、安全生产管理人员、特种作业人员、特种设备作业人员安全培训和持证上岗情况；

（四）采用（使用）新工艺、新技术、新材料、新设备时从业人员安全培训的情况；

（五）以班组长、新员工、农民工为重点的其他从业人员安全培训情况；

（六）法律法规规定的其他内容。

第二十八条 任何单位或者个人对电力企业、电力安全培训机构违反有关法律法规和本办法的行为，均有权向国家能源局及其派出机构报告或者举报。

接到举报的国家能源局及其派出机构应当为举报人保密，并按照有关规定对举报进行核查和处理。

第二十九条 电力安全培训机构有下列情形之一的，责令限期改正，予以通报：

（一）隐瞒有关情况或者提供虚假材料从事电力安全培训工作的；

（二）未按照统一的培训大纲组织教学培训的；

（三）电力安全培训教师未经考核，或者考核不合格而从事电力安全培训工作的；

（四）未建立培训档案或者培训档案管理不规范的；

（五）将自身承担的电力安全培训工作转包给其他机构或者个人的。

第三十条　电力企业有下列情形之一的，责令改正，情节严重的予以通报：

（一）未建立安全培训管理制度和从业人员安全培训档案、不能保障安全培训所需费用的；

（二）企业相关负责人、安全管理人员、特种作业人员和特种设备作业人员未参加相关部门组织的安全培训的，或者未取得相关证书的；

（三）从业人员安全培训的时间少于本办法第十四条、第十五条规定的；

（四）相关人员未按照本办法第十六条规定重新参加安全培训的。

第三十一条　依据有关法律法规，对应持证未持证或未经培训就上岗的电力企业从业人员，一经发现，严格执行先离岗、培训持证后再上岗的制度。

第三十二条　电力企业存在违反有关法律法规中安全生产教育培训的其他行为的，依照相关法律法规的规定予以处罚。

第六章　附　　则

第三十三条　相关负责人是指电力企业中主管、分管或者协管本单位安全生产工作的总经理、副总经理和总工程师等。

安全生产管理人员是指电力企业安全生产管理机构负责人及其管理人员，以及未设安全生产管理机构的电力企业中的专、兼职安全生产管理人员等。

其他从业人员是指除相关负责人、安全生产管理人员以外，该单位从事电力生产活动的所有人员，包括其他负责人、其他管理人员、技术人员和各岗位的工人以及临时聘用的人员。

第三十四条　参与电力建设工程的承装（修、试）电力设施企业相关负责人、安全管理人员和其他从业人员的安全培训，参照本办法执行。

第三十五条　本办法自颁发之日起施行，有效期8年。

国家能源局关于印发《发电机组并网安全性评价管理办法》的通知

国能安全〔2014〕62号

为加强电力安全监督管理，进一步完善发电机组并网安全性评价工作，我局组织修订了《发电机组并网安全性评价管理办法》，现印发你们，请依照执行。

国家能源局

2014年2月8日

发电机组并网安全性评价管理办法

第一条　为了加强电力安全监督管理，规范发电机组并网安全性评价（以下简称并网安评）行为，保障发电机组安全可靠并网运行，确保电力系统安全稳定，根据《电力监管条例》、《电网运行规则（试行）》等，制定本办法。

第二条　本办法中所称发电机组，是指包括火力发电机组、水力发电机组、核电机组（非核岛部分）、太阳能发电站和风力发电场等在内的所有发电设施。

第三条　本办法适用于由地（市）级及以上电力调度机构调度管理的发电机组的并网安评工作。

地（市）级以下电力调度机构调度管理的发电机组（不包括分布式发电设施）的并网安评工作参照执行。

第四条　新建、改建或扩建发电机组在进入商业运营前应通过并网安评。

已运行发电机组涉及并网安全的主要设备或系统经过改造的，应按本办法进行并网安评。

第五条　并网安评主要内容应包括：

（一）安全生产管理体系及绩效；

（二）电气主接线系统及厂、站用电系统；

（三）发电机组励磁、调速系统；

（四）发电机组自动发电控制、自动电压控制、一次调频功能；

（五）继电保护、安全自动装置，电力通信、直流系统；

（六）二次系统安全防护；

（七）对电网安全、稳定运行有直接影响的电厂其他设备及系统。

并网安评具体评价内容按照国家标准《发电机组并网安全条件及评价》以及其他相关并网安评标准执行。

第六条 并网安评工作的主要程序如下：

（一）国家能源局派出机构（以下简称派出机构）编制辖区内并网安评工作计划；

（二）发电企业开展并网安评自查、自改工作；

（三）发电企业自主选择中介机构开展现场查评工作；

（四）中介机构选派人员进行现场查评并形成并网安评报告；

（五）派出机构组织并网安评报告评审并下达审核意见。

第七条 国家能源局负责全国并网安评监督管理工作，制定完善并网安评有关管理办法和相关标准，指导、监督和检查派出机构并网安评工作，组织中介机构现场查评人员培训。

第八条 派出机构按照属地管理原则，组织辖区内并网安评工作，履行以下监督管理职责：

（一）制定本辖区并网安评实施细则、现场查评标准和中介机构并网安评工作监管办法，明确并网安评报告评审标准、评审程序和评审完成期限；

（二）负责中介机构并网安评工作管理，公布符合工作要求的中介机构名单；

（三）制定本辖区并网安评工作计划；

（四）指导、监督和检查发电企业并网安评工作及相关整改工作；

（五）指导、监督和检查中介机构现场查评工作，协调解决相关问题；

（六）组织并网安评报告评审并下达审核意见；

（七）组织发电企业相关人员并网安评培训。

派出机构在组织非本辖区电力调度机构调度发电机组的并网安评工作时，应邀请相关派出机构参加报告评审等工作。

第九条 发电企业是并网安评工作的责任主体，应按照以下要求开展工作：

（一）执行派出机构制定的并网安评工作计划；

（二）按照并网安评标准开展自查、自评工作；

（三）选择符合要求的中介机构开展并网安评工作；

（四）配合并监督中介机构现场查评工作；

（五）及时整改评价中发现的问题和隐患。

第十条 电力调度机构应积极配合并网安评工作，参加派出机构组织的并网安评活动，执行派出机构并网安评相关决定。

第十一条 中介机构应按照国家有关规定，取得相应的资质，按照"谁评价、谁负责"和"谁签字、谁负责"的原则，独立、公正、客观、真实、准确地开展并网安评工作，对并网安评报告承担相应责任。

中介机构应按照有关并网安评标准对并网安评项目逐一进行查评，不得采取抽项检查的方式进行评价。

第十二条 中介机构应根据发电企业实际情况，选派符合要求的人员开展现场查评工作。现场查评人员原则上不少于五人，且与被查评企业无直接利益关系。现场查评人员应具备以下条件：

（一）具备十年以上在电力调度机构、电网企业、发电企业、电力科研院所或安全评价机构从事相关专业工作的经历；

（二）一般应具有相关专业高级技术职称，并具备从事并网安评的知识和能力；

（三）身体健康，满足现场查评工作要求。

中介机构及其现场查评人员应遵守发电企业现场安全管理规定，并保守企业秘密。

第十三条 任何单位和个人对并网安评中的违法、违规行为，可向国家能源局及其派出机构投诉或者举报。

第十四条 违反本办法规定的，国家能源局及其派出机构依据有关规定予以处理。

第十五条 派出机构应将本辖区并网安评实施细则、现场查评标准和中介机构并网安评工作监管办法等文件报国家能源局备案。

第十六条 本办法自发布之日起施行，原国家电力监管委员会于 2007 年 11 月 27 日发布的《发电机组并网安全性评价管理办法》（电监安全〔2007〕45 号）同时废止。

国家能源局关于印发《电网安全风险管控办法（试行）》的通知

国能安全〔2014〕123 号

为了有效防范电网大面积停电风险，建立以科学防范为导向，流程管理为手段，全过程闭环监管为支撑的全面覆盖、全程管控、高效协同的电网安全风险管控机制，国家能源局制定了《电网安全风险管控办法（试行）》，现印发你们，请依照执行，执行中如有问题和建议，请及时报告国家能源局。

国家能源局

2014 年 3 月 19 日

电网安全风险管控办法（试行）

第一章 总 则

第一条 为了有效防范电网大面积停电风险，建立以科学防范为导向，流程管理为手段，全过程闭环监管为支撑的全面覆盖、全程管控、高效协同的电网安全风险管控机制，制定本办法。

第二条 电网企业及其电力调度机构、发电企业、电力用户在电网安全风险管控中负主体责任，国家能源局及其派出机构负责电网安全风险管控工作的监督管理。

第三条 各有关单位应当高度重视电网安全风险管控工作，定期梳理电网安全风险，有针对性地做好风险识别、风险分级、风险监视、风险控制工作，以便及时了解、掌握和化解电网安全风险。

第二章 电网安全风险识别

第四条 电网企业及其电力调度机构负责组织进行风险识别，发电企业、电力用户应当配合电网企业及其电力调度机构做好风险识别工作。风险识别工作在于合理确定风险防控范围。风险识别应明确风险可能导致的后果、查找风险原因、判明故障场景。

第五条 风险可能导致的后果由各级电网企业及其电力调度机构根据电力安全事故（事件）的标准，结合本地电网的实际情况确定，可以选用电网减供负荷、停电用户的比例或对电网稳定运行和电能质量的影响程度等指标。

第六条　风险根据形成原因可以分为内在风险和外在风险。内在风险主要包括电网结构风险、设备风险（含一次设备风险和二次设备风险）；外在风险主要包括人为风险、自然风险、外力破坏风险。部分风险可以由多个原因组合而成。

第七条　故障场景可以参照《电力系统安全稳定导则》规定的三级大扰动，各电力企业可以根据实际情况将第三级大扰动中的多重故障、其他偶然因素进行细化。

第三章　电网安全风险分级

第八条　电网企业及其电力调度机构负责组织进行风险分级。风险分级在于判明风险大小，并为后续监视和控制提供依据。

第九条　风险等级主要根据风险可能导致的后果来进行划分。对于可能导致特别重大或重大电力安全事故的风险，定义为一级风险；对于可能导致较大或一般电力安全事故的风险，定义为二级风险；其他定义为三级风险。

第四章　电网安全风险监视

第十条　电网安全风险监视在于密切跟踪风险的发展变化情况。风险监视工作应当遵循"分区、分级"的原则。

第十一条　对于跨区电网风险，由国家电网公司负责监视，国家能源局负责相关工作的监督指导；对于区域内跨省电网风险，由当地区域电网企业负责监视，国家能源局当地区域派出机构负责相关工作的监督指导；对于省内电网风险，由当地电网企业负责监视，国家能源局当地派出机构负责相关工作的监督指导。

第十二条　对于三级电网安全风险，由相关电网企业自行监视；对于二级以上电网安全风险，相关电网企业应当报告国家能源局当地派出机构；对于一级电网安全风险，国家能源局当地派出机构应当上报国家能源局并抄报当地省（自治区、直辖市）人民政府。

第五章　电网安全风险控制

第十三条　电网安全风险控制在于把电网安全风险可能导致的后果限制在合理范围内。各电力企业负责本企业范围内风险控制措施的落实，国家能源局及其派出机构负责督促指导电力企业的风险控制工作。

第十四条　电网企业应当制定风险控制方案，按照国家有关法规和技术规定、规程等的要求，综合考虑风险控制方法与途径，必要时与发电企业、电力用户等其他风险相关方进行沟通和说明，确保风险控制措施的可行性和可操作性。各风险相关方应当落实各自责任，保证风险控制所需的人力、物力、财力。

第十五条　临时控制电网安全风险的具体措施可以分为降低风险概率、减轻风险后果、提高应急处置能力等方面。降低风险概率的措施包括但不限于专项隐患排查、组织设备特巡、精心挑选作业人员、加强现场安全监督、加强设备技术监督管理。减轻风险后果的措施包括但不限于转移负荷、调整运行方式、合理安排作业时间、采取需求侧管理措施。提高应急处置能力的措施包括但不限于制定现场应急处置方案、开展反事故应急演练、提前告知用户安全风险、提前预警灾害性天气。

第十六条　降低电网安全风险的途径包括但不限于纳入电网规划和建设计划、纳入技改检修项目计划、纳入管理制度和标准、纳入日常生产工作计划、纳入培训教育计划。

第十七条　各电力企业应当对风险控制方案的实施效果进行评估，对下级单位风险控制方案的落实情况进行检查，确保风险控制措施得到有效实施。

第六章　风险管控与其他工作的衔接

第十八条　风险管控应当与电网规划相结合，通过优化电网规划，适当调整规划项目实施次序，增强网架结构，提高系统抵御风险能力。

第十九条　风险管控应当与电网建设相结合，通过严格执行设计方案，强化过程控制，提升建设施工水平，严格竣工验收，确保电网建设工程质量。

第二十条　风险管控应当与生产计划安排相结合，在安排检修计划和夏（冬）高峰、丰（枯）水期、重要保电、配合大型工程建设等特殊时期方式时，应同时考虑风险管控措施。

第二十一条　风险管控应当与物资管理相结合，通过加强设备物资采购管理，加强设备监造工作，提升输变电设备整体技术和质量水平。

第二十二条　风险管控应当与隐患排查治理相结合，通过加强日常安全隐患排查和治理工作，消除影响电力系统安全运行的重大隐患和薄弱环节，减少事故，确保电网安全。

第二十三条　风险管控应当与可靠性管理相结合，通过加强设备全寿命周期管理，分析设备的运行状况、健康水平，落实整改措施，降低电网运行的潜在风险。同时加强设备可靠性统计工作，为风险的识别、分级提供技术支持。

第二十四条　风险管控应当与应急管理相结合，通过完善应急预案体系，建立健全应急联动机制，加强应急演练，形成多元化应急物资储备方式，控制和减少事故造成的损失。

第七章　工作实施和监督管理

第二十五条　各省级以上电网企业应按年度对所辖 220 千伏以上电网开展电网安全风险管控工作，并在此基础上形成本企业年度风险管控报告。报告中应包括以下内容：

（一）全面总结本企业电网安全风险管控工作开展情况；

（二）深入分析所辖电网存在的安全风险；

（三）提出有针对性的风险管控措施和建议。

各省级以上电网企业应当于当年 9 月 30 日前将本企业年度风险管控报告报国家能源局或者有关派出机构。

第二十六条　国家能源局各派出机构应当汇总形成本省（区域）年度风险管控报告，于当年 10 月 15 日前上报国家能源局。

第二十七条　对于二级以上的电网安全风险，电网企业要将风险控制方案和实施效果评估报告报担负相应风险监视监督指导职责的国家能源局或者有关派出机构。对于发电企业、电力用户等风险相关方未落实风险控制方案的，电网企业要及时报告国家能源局当地派出机构和地方政府有关部门。

第二十八条　国家能源局及其派出机构应当加强对企业上报的电网安全风险的跟踪监视，不定期开展对电网安全风险管控落实情况的监督检查或重点抽查。

第二十九条　对于未按要求报告或未及时采取管控措施而导致电力安全事故或事件

的，国家能源局或者有关派出机构将依据有关法律法规对责任单位和责任人从严处理。

第八章 附 则

第三十条 本办法由国家能源局负责解释。

第三十一条 国家能源局各派出机构及各电力企业可依据本办法制定具体的实施细则。

第三十二条 本办法中所称"以上"均包括本数。

第三十三条 本办法自公布之日起试行。

国家能源局关于印发《电力安全事件监督管理规定》的通知

国能安全〔2014〕205 号

按照工作安排，国家能源局修订了原电监会《电力安全事件监督管理暂行规定》，现将完成后的《电力安全事件监督管理规定》印发你们，请依照执行。

国家能源局

2014 年 5 月 10 日

电力安全事件监督管理规定

第一条 为贯彻落实《电力安全事故应急处置和调查处理条例》（以下简称《条例》），加强对可能引发电力安全事故的重大风险管控，防止和减少电力安全事故，制定本规定。

第二条 本规定所称电力安全事件，是指未构成电力安全事故，但影响电力（热力）正常供应，或对电力系统安全稳定运行构成威胁，可能引发电力安全事故或造成较大社会影响的事件。

第三条 电力企业应当加强对电力安全事件的管理，严格落实安全生产责任，建立健全相关的管理制度，完善安全风险管控体系，强化基层基础安全管理工作，防止和减少电力安全事件。

第四条 电力企业应当依据《条例》和本规定，制定本企业电力安全事件相关管理规定，明确电力安全事件分级分类标准、信息报送制度、调查处理程序和责任追究制度等内容。

第五条 电力企业制定的电力安全事件相关管理规定应当报送国家能源局及其派出机构。属于全国电力安全生产委员会成员单位的电力企业向国家能源局报送，其他电力企业向当地国家能源局派出机构（以下简称"派出机构"）报送。电力安全事件相关管理规定作出修订后，应当重新报送。

第六条 国家能源局及其派出机构指导、督促电力企业开展电力安全事件防范工作，并重点加强对以下电力安全事件的监督管理：

（一）因安全故障（含人员误操作，下同）造成城市电网（含直辖市、省级人民政府所在地城市、其他设区的市、县级市电网）减供负荷比例或者城市供电用户停电比例超过《电力安全事故应急处置和调查处理条例》规定的一般电力安全事故比例数值60％以上；

（二）500千伏以上系统中，一次事件造成同一输电断面两回以上线路同时停运；

（三）省级以上电力调度机构管辖的安全稳定控制装置拒动或误动、330千伏以上线路主保护拒动或误动、330千伏以上断路器拒动；

（四）装机总容量1000兆瓦以上的发电厂、330千伏以上变电站因安全故障造成全厂（全站）对外停电；

（五）±400千伏以上直流输电线路双极闭锁或一次事件造成多回直流输电线路单级闭锁；

（六）发生地市级以上地方人民政府有关部门确定的特级或者一级重要电力用户外部供电电源因安全故障全部中断；

（七）因安全故障造成发电厂一次减少出力1200兆瓦以上，或者装机容量5000兆瓦以上发电厂一次减少出力2000兆瓦以上，或者风电场一次减少出力200兆瓦以上；

（八）水电站由于水工设备、水工建筑损坏或者其他原因，造成水库不能正常蓄水、泄洪，水淹厂房、库水漫坝；或者水电站在泄洪过程中发生消能防冲设施破坏、下游近坝堤岸垮塌；

（九）燃煤发电厂贮灰场大坝发生溃决，或发生严重泄漏并造成环境污染；

（十）供热机组装机容量200兆瓦以上的热电厂，在当地人民政府规定的采暖期内同时发生2台以上供热机组因安全故障停止运行并持续12小时。

第七条　发生第六条所列电力安全事件后，对于造成较大社会影响的，发生事件的单位负责人接到报告后应当于1小时内向上级主管单位和当地派出机构报告，在未设派出机构的省、自治区、直辖市，应向当地国家能源局区域派出机构报告。全国电力安全生产委员会成员单位接到报告后应当于1小时内向国家能源局报告。

其他电力安全事件报国家能源局的时限为事件发生后24小时。同时，当地派出机构要对事件进一步核实，及时向国家能源局报送事件情况的书面报告。

第八条　电力企业对发生的电力安全事件，应当吸取教训，按照本企业的相关管理规定，制定和落实防范整改措施。

对第六条所列电力安全事件，电力企业应当依据国家有关事故调查程序，组织调查组进行调查处理。

对电力系统安全稳定运行或对社会造成较大影响的电力安全事件，国家能源局及其派出机构认为必要时，可以专项督查。

第九条　对第六条所列电力安全事件的调查期限依据《电力安全事故应急处置和调查处理条例》规定的一般电力安全事故调查期限执行，调查工作结束后5个工作日内，电力企业应当将调查结果以书面形式报国家能源局及其派出机构。

第十条　涉及电网企业、发电企业等两个或者两个以上企业的电力安全事件，组织联合调查时发生争议且一方申请国家能源局及其派出机构调查的，可以由国家能源局及其派出机构组织调查。

第十一条　对发生第六条所列电力安全事件且负有主要责任的电力企业，国家能源局及其派出机构将视情况采取约谈、通报、现场检查和专项督办等手段加强督导，督促电力企业落实安全生产主体责任，全面排查安全隐患，落实防范整改措施，切实提高安全生产管理水平，防止类似事件重复发生，防止由电力安全事件引发电力安全事故。

第十二条　电力企业违反本规定要求的，由国家能源局及其派出机构依据有关规定处理。

第十三条　派出机构可根据本规定，结合本辖区实际，制定相关实施细则。

第十四条　本规定自发布之日起执行。

国家能源局综合司关于做好电力安全信息报送工作的通知

国能综安全〔2014〕198 号

为进一步贯彻落实国务院《电力安全事故应急处置和调查处理条例》（国务院令第599 号）和《生产安全事故报告和调查处理条例》（国务院令第493 号）有关要求，规范和加强电力安全信息报送工作，现将有关事项通知如下。

一、信息报送范围

1. 电力生产（含电力建设施工）过程中发生的电力安全事故、电力人身伤亡事故（其统计范围见附件4）、电力设备损坏造成直接经济损失达到100 万元以上的事故（简称"设备事故"），以上统称"电力事故"。

2. 影响电力（热力）正常供应，或对电力系统安全稳定运行构成威胁，可能引发电力安全事故或造成较大社会影响的电力安全事件（具体见国能安全〔2014〕205 号《关于印发电力安全事件监督管理规定的通知》）。对电力企业、电力行业和国家安全造成或可能造成危害的电力信息安全事件（具体见电监信息〔2007〕336 号《关于印发〈电力行业网络与信息安全应急预案〉的通知》，以下简称"信息安全事件"），电力安全事件和信息安全事件以下统称"事件"。

3. 境外电力工程建设和运营项目发生的较大以上人身伤亡事故。

二、信息报告单位

发生"信息报送范围"中所述电力事故或事件的电力企业是信息报告的责任单位。其中，电力建设施工中发生电力事故或事件时，电力工程项目业主、建设、施工、监理等各单位都有报告信息的责任。

三、即时报告信息的程序、时限、内容及方式

1. 报告程序及时限

信息报告责任单位负责人接到电力事故报告后应当于1 小时内向上级主管单位、事故发生地国家能源局派出机构报告，在未设派出机构的省、自治区、直辖市，信息报告责任单位负责人应向国家能源局相关区域监管局报告。全国电力安全生产委员会（以下简称"电力安委会"）成员单位接到电力事故报告后应当于1 小时内向国家能源局值班室报告。境外电力工程建设和运营项目发生较大以上人身伤亡事故的，事故发生单位在国内的主管企业在接到报告后1 小时内向国家能源局值班室报告。

造成较大社会影响的电力安全事件和信息安全事件报送时限参照电力事故报送时限执行。其他电力安全事件和信息安全事件报国家能源局的时限为：信息报告责任单位负责人接到事件报告后12 小时内向上级主管单位、事件发生地国家能源局派出机构报告，未设派出机构的省、自治区、直辖市，信息报告责任单位负责人应向国家能源局相关区域监管局报告。全国电力安全生产委员会（以下简称"电力安委会"）成员单位接到事件报告后12 小时内向国家能源局值班室报告。

涉及电网减供负荷或者城市供电用户停电的电力安全事故或事件，由省级以上电网企业向国家能源局派出机构报告。

2. 报告内容及方式

信息报告应当采取书面方式（内容及格式见附件1）上报，不具备书面报告条件的可先通过电话报告，再行书面报告。信息报告后又出现新情况的，应当及时补报。

四、综合信息的报送程序、时间及内容

1. 月（年）度电力事故或电力安全事件信息统计表

报送程序：省（自治区）监管办统计本省（自治区）月（年）度电力事故或事件信息报区域监管局，未设监管办的省（自治区、直辖市）发生的电力事故或电力安全事件信息由区域监管局负责统计。区域监管局汇总本区域月（年）度电力事故或电力安全事件信息后报国家能源局电力安全监管司。电力安委会企业成员单位汇总本企业月（年）度电力事故或电力安全事件信息后报国家能源局电力安全监管司。

报送时间及内容：区域监管局和电力安委会企业成员单位应于每月17目前报送上月电力事故或事件信息统计表（见附件2、3），次年1月底前报送上年度电力事故或电力安全事件信息统计表（见附件2、3）。

2. 年度电力安全生产情况分析报告

电力安委会成员单位应于次年1月底前向国家能源局电力安全监管司报送上年度电力安全生产情况分析报告，主要内容包括：全年电力安全生产情况，电力事故或事件规律研究，存在的问题和风险分析，以及整改措施等。

3. 电力事故或事件调查报告书

组织或参与事故或事件调查的国家能源局派出机构和事故或事件发生单位应于事故或事件调查报告书经正式批复或同意后5个工作日内将事故或事件调查报告书报送国家能源局电力安全监管司。

五、信息报送要求

1. 各单位要高度重视电力安全信息报送工作，加强领导，落实责任，建立健全工作机制，完善工作制度，采取有效措施，切实做好信息报送工作，确保信息的及时、准确和完整。

2. 各单位要完善电力安全信息报送工作程序，明确信息报送的部门、人员和24小时联系方式，报国家能源局电力安全监管司，如发生变动，须及时通报。

3. 电力事故或电力安全事件即时报告，应在书面报告后立即报送电子信息；报送月（年）度电力事故或电力安全事件信息统计表、年度电力安全生产情况分析报告、电力事故或电力安全事件调查报告书时应同时报送纸质文件和电子信息。纸质文件和电子信息须经本单位安全生产部门负责人签发和审核。电子信息在"电力安全信息报送"软件上直接填报。

4. 国家能源局派出机构要加强对企业该项工作的监督检查，对成绩突出的单位和个人给予表彰；对迟报、漏报、谎报、瞒报信息的单位要责令其改正，情节严重或造成严重后果的单位应当予以通报或处罚。

5. 本通知自印发之日起施行。以前有关文件中如有与上述规定不符的，以此通知为准。

六、信息报送相关联系方式

（略）

附件：1. 电力事故或电力安全事件即时报告单
  2. ＿月（年）电力事故信息统计表（电力人身伤亡事故部分）
     ＿月（年）电力事故信息统计表（电力安全事故/设备事故部分）
  3. ＿月（年）电力事故基本信息统计表
     ＿月（年）电力安全事件信息统计表
  4. 电力人身伤亡事故统计范围

国家能源局综合司

2014 年 5 月 16 日

电力事故或电力安全事件即时报告单

内容 序号			报 告 内 容		
1	报告类型		事故报告□　　　事件报告□		
2	填报时间 及方式		第1次报告□　　　后续报告□		
			第1次报告时间		年 月 日 时 分
3	企业名 称、地 址及联 系方式		企业详细名称		
			企业详细地址、电话		
			上级主管单位名称		
		事故涉及 的外包 单位情况	外包单位名称		
			外包单位地址电话		
			外包单位上级主管单位		
		在建 项目	建设单位名称		
			施工单位名称		
			设计单位名称		
			监理单位名称		
4	事故或 事件经过		发生时间		
			地点（区域）		
			事故或事件类型		
			初判事故等级		
			简要经过		
5	损失 情况	人身伤 亡情况	死亡人数		
			失踪人数		
			重伤人数		
		电力设备设施损坏情况及损失金额			
		停运的发电（供热）机组数量、电网减 供负荷或者发电厂减少出力的数值、停电 （停热）范围，停电用户数量等			
		其他不良社会影响			
6	原因及 处置恢 复情况		原因初步判断		
			事故或事件发生后采取的措施、电网运 行方式、发电机组运行状况以及事故或事 件的控制或恢复情况等		
7	填报单位		填报人		联系方式

注：1. 事故类型：电力生产人身伤亡事故、电力建设人身伤亡事故、电力安全事故、设备事故。
　　事件类型：影响电力（热力）正常供应事件（参见《电力安全事件监督管理规定》第六条第一、十款）、影
响电力系统安全稳定运行事件（参见第六条第二、三、四、五、七款）、造成较大社会影响事件（参见第六
条第六、八、九款）。
　　2. 初判事故等级：一般、较大、重大和特别重大。事件信息不填报事故等级。
　　3. 境外电力工程建设和运营项目发生较大以上人身伤亡事故的，填写本表。
　　4. 电网企业直管、控股、代管县及县级市供电企业及其所属农村供电所组织的10千伏及以下生产经营等业务
活动中发生的事故或事件亦属电力安全信息送报范围。
　　5. 本页填报不完的可另附页。

信息安全事件报告表

报告单位	
事件时间	自___年___月___日___时 至___年___月___日___时

事件描述及危害程度：

处置措施：

分析研判：

有关意见和建议：

领导意见：

（单位公章）

年 月 日

附件 2

____月（年）电力事故信息统计表（电力人身伤亡事故部分）

填报单位（章）：_____

项目 ＼ 期间	电力生产人身伤亡事故												电力建设人身伤亡事故											
	电力生产人身伤亡情况			其中									电力建设人身伤亡情况			其中								
				较大			重大			特别重大						较大			重大			特别重大		
	起数	死亡	重伤	起数	死亡	重伤	起数	死亡	重伤	起数	死亡	重伤	起数	死亡	重伤	起数	死亡	重伤	起数	死亡	重伤	起数	死亡	重伤
当月																								
本年累计																								
上年同期																								
上年累计																								
填报说明：																								

注：电力人身伤亡事故"起数"的单位为"次"，"死亡"和"重伤"的单位为"人"。

审核人签字：　　　　　制表人签字：　　　　　　填报日期：____年____月____日

____月（年）电力事故信息统计表（电力安全事故/设备事故部分）

填报单位（章）：_____

统计项目 ＼ 统计期间	电力安全事故（次）				设备事故（次）			
	事故次数	其中			事故次数	其中		
		较大	重大	特别重大		较大	重大	特别重大
当月								
本年累计								
上年同期								
上年累计								
填报说明：								

审核人签字：　　　　　制表人签字：　　　　　填报日期：____年____月____日

209

附件 3

____月（年）电力事故基本信息统计表

填报单位（章）：_____

项目 序号	时间	地点 （单位）	事故类型	事故等级	电力人身伤 亡事故类别	造成电力安全事故/ 设备事故责任原因	事故简要经过、 后果及处置情况
1							
2							
3							
填报说明：							

审核人签字：　　制表人签字：　　填报日期：____年____月____日

注：1. 事故类型：电力生产人身伤亡事故、电力建设人身伤亡事故、电力安全事故、设备事故。
　　2. 事故等级：一般、较大、重大和特别重大。
　　3. 电力人身伤亡事故类别：触电、高处坠落、物体打击、机械伤害、淹溺、灼烫伤、火灾、坍塌、中毒、爆炸、道路交通等。
　　4. 造成电力安全事故/设备事故责任原因：规划设计不周、制造质量不良、施工安装不良、检修质量不良、调整试验不当、运行不当、管理不当、调度不当、电力系统影响、用户误操作、外力破坏、自然灾害等。
　　5. 本页填报不完的可另附页。

____月（年）电力安全事件信息统计表

填报单位（章）：_____

项目 序号	时间	地点 （单位）	事件类型	造成电力安全 事件原因	事件简要经过、后果	事件处置情况
1						
2						
3						
填报说明：本月（年）事件次数____，本年累计____，上年同期____，上年累计____。						

审核人签字：　　制表人签字：　　填报日期：____年____月____日

注：1. 事件类型：影响电力（热力）正常供应事件（参见《电力安全事件监督管理规定》第六条第一、十款）、影响电力系统安全稳定运行事件（参见第六条第二、三、四、五、七款）、造成较大社会影响事件（参见第六条第六、八、九款）。
　　2. 造成电力安全事件原因：规划设计不周、制造质量不良、施工安装不良、检修质量不良、调整试验不当、运行不当、管理不当、调度不当、用户误操作、外力破坏、自然灾害等。
　　3. 本页填报不完的可另附页。

附件 4

电力人身伤亡事故范围

1. 电力生产（建设）类人身伤亡事故：包括电力企业人员从事电力生产（建设）过程中发生的人身伤亡事故；非电力企业人员从事电力生产（建设）过程中发生的人身伤亡事故。电力企业人员从事电力用户工程过程中发生的人身伤亡事故。

2. 交通类人身伤亡事故：包括厂（场）内交通事故，作业路途中发生的道路、水上等交通事故造成的人身伤亡事故（交通部门牵头调查的交通事故除外）。

3. 自然灾害类人身伤亡事故：由于自然灾害造成的电力生产（建设）人员的伤亡事故。

注：

1. "电力企业"范围执行《电力安全生产监管办法》规定。

2. 发生上述电力人身伤亡事故的单位要按规定时限上报事故信息，事后定性与初判不符的可在后续统计中调整。其中，地方政府定性为意外的人身伤亡事故，取得国家能源局承装修试资质的非电力企业从事电力用户业务时发生的人身伤亡事故，电力企业人员私自从事工作范围以外涉电工作造成的人身伤亡事故不纳入事故信息统计范围。

城乡建设环境保护部　水利电力部
关于印发《城市电力网规划
设计导则（试行）》的通知

水电生字（85）第 8 号

为搞好城市规划中的电力网规划，在总结城市电力网改造经验的基础上，一九八一年原电力工业部和原国家城建总局联合颁发了"关于城市电力网规划设计的若干原则"（试行），对全国城市电力网的规划工作起了重要的指导作用。随着城市电力网改造的广泛开展，各地供电和城建规划部门都感到有必要制订一个更详细具体的技术经济导则，用以指导城市电力网的规划设计，使城市电力网的改造和建设工作更好地开展下去。为此，水电部委托中国电机工程学会供用电专业委员会在总结经验、调查研究的基础上编制了本导则。在编写过程中，水电部会同城乡建设环境保护部共同组织了有关单位参与讨论和修改，并广泛地征求了意见。现正式颁发试行。希各城市按本导则的要求对本地的电力网规划做进一步修改、补充。在试行中如发现导则有何问题，有什么建议，请随时报水电部，以便今后作进一步修改。

城乡建设环境保护部

水利电力部

1985 年 5 月 10 日

城市电力网规划设计导则（试行）

第一章　总　　则

第一条　本导则是根据原电力工业部和原城市建设总局于 1981 年联合颁发的"关于城市电力网规划设计的若干原则"（试行）而进一步提出的一些具体规定，是编制与审查城市电力网（以下简称城网）规划的指导性文件，适用于我国大、中城市，小城市可参照执行。

第二条　城网是城市范围内为城市供电的各级电压电网的总称。城网既是电力系统的主要负荷中心，又是城市现代化建设的一项重要基础设施，因此搞好城网规划从而加强城网的改造和建设是一项十分重要的工作。

第三条　城网规划是城市总体规划的重要组成部分，也是电力系统规划的重要组成部分。城网规划应由当地供电部门、城市规划管理部门共同负责，结合城市总体规划、电力系统规划进行。城市总体规划应充分考虑城网的需要，城网规划与城市的各项发展规划应相互紧密配合、同步实施。城网规划还必须根据城市发展各阶段的负荷预测和电力平衡对电力系统有关部分提出具体的供电需求，以保证两者之间的衔接。

第四条　城网应着重研究电网的整体，而不是设备元件的简单组合。城网规划的编制应从实际出发，实事求是地调查分析现有城网状况，根据需要与可能，从改造与加强现有城网入手，研究负荷增长规律，做到新建与改造相结合，逐步扩大城网的供电能力，有步骤地加强城网的结构布局，做到远近结合，技术经济合理，分期实施。

城网规划的建设项目应按城市规划的要求，节约土地，实行综合开发，统一建设。

第五条　本导则设想在 2000 年的规划实现后，各地城网将达到以下水平：

（1）城网具有充足的综合供电能力，可满足城市各类用电需要。

（2）根据电力先行的方针，城网建设速度应略高于城市用电增长的速度。送、变、配电容量之间，有功与无功容量之间的比例协调。

（3）城网供电可靠性符合安全供电准则的要求，达到本导则规定的供电可用率指标。

（4）建设资金与建设时间都取得最佳的经济效益。

（5）城网设备陈旧、技术落后面貌得到改变。在进行现有设备完善化的同时，优先采用新技术、新设备、新材料，基本建成技术先进的现代化电网。线路和变电所设施符合占地面积小、容量大、可靠性高、维护量少的要求。在城网管理中积极采用自动化技术；在大、中城市中心区、重点旅游城市和经济特区城市中的主要地区广泛使用地下电缆。

第六条　本导则是根据我国实际情况而制订的，今后在执行中将结合实际需要进行修改补充，以期不断完善。

第二章　规划的编制要求

第一节　城网的范围和层次

第七条　城网的供电区包括城市的全部地区。城网规划应以市区电网规划为主要组成部分。市区是指城市的建成区及远期规划发展地区。建成区是指市区内已经建成的地区，一般指集中连片的部分以及近郊区内与城市有密切联系的其他城市建设用地，计算城网负荷密度所用的供电面积，原则上不包括大片农田、山区、水域、荒地等。

市中心区是指市区内人口密集，行政、经济、商业、交通集中的地区。市中心区用电负荷密度很大，供电质量和安全可靠性要求高，电网接线以及供电设施都应有较高的要求。一个城市的城网可根据其中心区的布局、地理条件、负荷密度和送电网电压的选择，划分为几个区域电力网。如市区以外的远郊独立工业区和卫星城可分别建设区域性电力网，县和农村的电力网应纳入有关的农村电气化规划，其由城网延伸供电部分可作城网的负荷点考虑。在城网规划设计的供电容量和接线方式中应同时考虑。

第八条　城网由 220kV 的送电网，110、63、35kV 的高压配电网，10kV 及以下的中压和低压配电网三层电网组成。某些地区在 220kV 送电网尚未出现前可将 110kV 作为送电网。

第二节 编制规划的步骤和主要内容

第九条 编制规划一般可按以下步骤和主要内容进行。

（1）分析城网现状，在城市地形图上标明城网接线和分区负荷密度，研究城网布局与负荷分布的现状。通过分析应明确以下问题：

1）城网供电能力是否满足现有负荷的需要及其可能适应负荷增长的程度；

2）城网的供电可靠性；

3）正常运行时各枢纽点的电压水平及主要线路的电压损失；

4）各级电压电网的线路损失；

5）供电设备进行更新的必要性与可能性。

现状分析中应对 10kV 中压配电网接线及存在问题进行重点研究，提出改进方案。

（2）预测负荷，并在地形图上（或用表格）标明各规划期间各分区的预测负荷密度和大用电负荷点。

（3）进行有功、无功电力平衡，提出对城网供电电源点（发电厂、220kV 及以上的变电所）的建设要求。

（4）进行各规划期城网结构的整体设计，应提出多方案的比较、论证及必要的计算（包括潮流计算）等。在进行方案比较中应确定各个方案的综合供电能力。

（5）确定调度、通信、自动化等的规模和要求。

（6）确定变电所的地理位置和线路路径。确定分期建设的工程项目，包括中、低压配电网的改造项目。

（7）估算各规划期需要的投资，主要设备的规范和数量。

（8）估算各规划期末将取得的经济效益和扩大供电能力以后取得的社会经济效益。

（9）绘制各规划期末的城网规划地理位置接线图（包括现状接线图）。

（10）编制规划说明书。

第三节 经 济 分 析

第十条 经济分析是城网规划设计的重要内容。对规划设计中参与比较的各个方案都必须进行经济分析，选取最佳方案。

经济分析包括经济计算和财务计算。经济计算一般用于论证方案和选择参数，财务计算一般用于阐明建设方案的财务现实可能性。

第十一条 在经济分析中，一切费用（包括投资和运行费用）和效益都应考虑时间因素，即都应按贴现的方法，将不同时期发生的费用和效益折算为现值。贴现率暂定为 10％。城网供电设施的综合经济使用年限可定为 20～25 年。

第十二条 经济分析中各个比较方案应具备相同的可比条件，即：

（1）在供电能力、电压质量、供电可靠性、建设工期方面能同等程度地满足同一地区城网的发展需要；

（2）工程技术、设备供应、城市建设等方面都是现实可行的；

（3）在价格上采用同一时间的价格指标；

（4）在环境保护方面都能满足国家规定的要求。

第十三条 经济计算应从国民经济的整体利益出发，考虑各个方案的相关因素。在计算各方案的费用时，应计算可能发生的各项费用，包括：土地征用、建筑物拆迁、环境保护设备、设施、施工、运行维护、电能损失等费用。

城网规划设计中参与比较的各方案由于可比条件相同，经济计算一般可以采用年费用最小法，选取年费用最小的方案。

第十四条 规划设计中还可以采用优化供电可靠性的原则进行方案比较，以取得供电部门和全社会的最大综合经济效益。在这种方案比较中，各方案的总费用中还应包括该方案的停电损失费用。

停电损失费用根据各地区不同用电构成的具体情况，通过典型调查和分析确定。

第十五条 经济分析中，有时需要对投资、工期、电价等可能影响方案经济性较大的因素做敏感性分析。敏感性分析是根据可能情况对这些因素设一个变动幅度进行计算，以便获得较多的数据进行分析。

第四节 规划的年限和各阶段的要求

第十六条 城网规划年限应与国民经济发展规划和城市总体规划的年限一致，一般规定为近期（5年）、中期（10年）、远期（20年）三个阶段。

第十七条 近期规划应从当前实际出发，着重解决当前城网存在的主要问题，逐步解决负荷需要。近期规划是年度计划和前期工作的依据，应进行不同方案的论证和技术、经济比较，提出逐年改造、新建项目。

第十八条 中期规划应与近期规划相衔接，着重将城网结构有步骤地过渡到规划网络，使城网各个环节配置合理，并对大型项目进行可行性研究。规划期间如电力系统或预测负荷等情况有较大变动时，应对中期规划进行修正。

第十九条 远期规划主要考虑城网的长远发展，研究确定电源布局和规划网络，使之有更好的适应性和经济性，满足远期规划负荷水平的需要。远期规划一般每5年修订一次。

第五节 规 划 的 审 批

第二十条 城网规划应经网（省）电管局（电力局）审查，按国务院《城市规划条例》规定的程序报批。审查规划应着重以下几个方面：

（1）规划是否符合国民经济和社会发展的方针、政策，是否能满足城市发展中对用电的要求；

（2）城网现状分析及存在问题是否符合实际，城网改造与远景发展是否做到远近结合；

（3）负荷预测有无充分依据，分析方法和数据是否恰当，各规划期间是否做到电力平衡；

（4）城网结构能否满足规划负荷的要求，布局是否合理，各级电压城网的供电能力是否配合协调，供电设施和通信、自动化等是否符合本导则的要求；

（5）规划设计中是否重视经济效益、社会效益、环境效益，讲求综合投资效益；

（6）实现规划所需的资金、人力、物资是否合理，需要解决的主要问题有无具体措施；

（7）高压伸入市区方案是否有充分的经济技术论证依据，和市区的矛盾是否已得到妥善解决。

规划一经上级批准，应作为城网发展及年度计划的依据，未经审批单位同意，不得随意变更。

第六节　规划的实施

第二十一条　城网规划应通过城市建设与改造的统一规划来实施，城建部门应与供电部门密切配合，统一安排供电设施用地，如：变（配）电所、线路走廊（包括电缆通道）以及在城市大型建筑物内或建筑物群中预留区域配电所和营业网点的建筑用地。

第二十二条　城网规划的具体实施应通过年度计划，年度计划应以规划为依据，但不能只是规划内容的简单摘录，应根据当年的具体情况作出必要的调整。年度计划应包括当年投产工程、在建工程和前期工程三个方面，应有一定的比例，做到工程有储备，以保证规划项目在实施上的相互衔接。

城网建设中的线路走廊、电缆通道、变配电所等用地，应充分考虑远期规划的规模合理划定，但建设可按实际需要分期进行。

第二十三条　远期规划中不定因素很多，变化较大，宜以规划负荷为目标，建立具有相应供电能力的规划主干网（目标系统）。在电源点和负荷分布的地理位置无大变动时，即使负荷增长速度有所变化，通常只影响规划主干网的建设进度和顺序，主干网格局可基本保持不变。

第二十四条　城网的实施应考虑技术储备。在采用、推广新技术和新设备时要开展科研工作，提出必要的技术要求，配合设备制造部门组织研制工作。

新技术与新设备的采用，必须经过试点，取得成熟的经验，并经上级组织鉴定后再推广使用。

第三章　负　荷　预　测

第一节　一　般　规　定

第二十五条　负荷预测是城网规划设计的基础，应在经常性调查分析的基础上，充分研究本地区用电量和负荷的历史发展规律来进行测算，并适当参考国内外同类型城市的历史和发展资料进行校核。

注：本导则所用负荷一词均指最大电力负荷。

第二十六条　城网负荷预测数字应分近期、中期和远期。近期应按年分列，中期、远期可只列规划期末数字。

第二十七条　负荷预测应分区并分电压等级进行，使城网结构的规划设计更为合理。分区应根据城市规划功能分区、地理自然分布位置、负荷性质等情况进行适当划分，亦可按一个或几个变电所供电范围来划分。分区的选择主要便于制订城网在不同时期的改造与发展规划。

分电压等级应根据城网选用的电压等级划分，计算某个电压等级城网的负荷时，应自总负荷中减去上一级电压城网的线损功率和直接供电的（包括发电厂直供的）负荷。

第二十八条　负荷预测需收集的资料一般应包括以下内容：

（1）城市建设总体规划中有关人口规划、用地规划、能源规划、产值规划、城市居民收入和消费水平、市区内各功能区（如工业、商业、住宅、文教、港口码头、风景旅游等区域）的改造和发展规划。

（2）市计划、统计部门和各大用户的上级主管部门提供的用电发展规划和有关资料。

（3）电力系统规划中如电力、电量的平衡等有关资料。

（4）全市及分区、分电压等级统计的历年用电量和负荷，典型日负荷曲线及潮流图。

（5）各级电压变电所、大用户变电所和有代表性的配电所的负荷记录和典型日负荷曲线。

（6）按行业分类统计的历年售电量和负荷。

（7）大工业用户的历年用电量、负荷、主要产品产量和用电单耗。

（8）计划新增的大用户名单、用电容量、时间和地点。

（9）现有电源供电设备或线路过负荷情况，及由此而供不出电的数量和因限电对生产、生活等造成影响的资料。

10. 国家及地方经济建设发展中的重点工程项目及用电发展资料。

第二节 预 测 方 法

第二十九条 负荷预测可采用两种基本方法。一种方法是从电量预测入手，然后转化为负荷；另一种方法是从计算市内各分区现有负荷密度入手，然后再推算城网的总负荷。两种方法可以互相校核。

第三十条 电量预测应按工业、农业、交通运输、市政生活（包括上下水道、一般照明、非工业动力及其他）四项分类进行，其中工业并可再按水利电力部规定的统计分类方法分别进行预测。

电量预测的常用方法很多。本导则推荐以下四种主要方法：

1. 单耗法根据产品（或产值）用电单耗和产品数量（或产值）来推算电量，是预测有单耗指标的工业，部分农业生产用电量的一种直接有效的方法。预测的准确程度取决于对产品数量（或产值）的估计和对用电单耗变动趋向的正确掌握；按产值计算用电单耗时，还需注意产品结构的变化。

总的工业用电量可按主要产品分类预测，或分行业综合预测后再进行汇总。本法较适用于近、中期规划。

2. 综合用电水平法

根据人口及每人的平均用电量来推算城市的用电量。对于市政生活用电，可通过典型小区调查分析按市区人口的每人用电量来估算。在人民生活水平不断提高，市区工业增长相对稳定的情况下，市政生活用电的比重将有较大的增长。

3. 外推法

运用历年的历史资料数据加以延伸，由此推测未来各年的用电量，外推法有回归分析法和平均增长率法等。回归分析法是用时间、人口、工农业产值等相关因素作为自变量，电量作为因变量，根据历史规律用数理统计方法求出适当的数学模型，据以预测电量。

平均增长率法是以时间为自变量，电量为因变量，根据历史规律和未来国民经济发展规划估算出今后的电量平均增长率。电量平均增长率可以是一个数值（直线函数），也可以是一段时期一个数值（折线函数）。

4. 弹性系数法

电力弹性系数是地区总用电量平均年增长率与工农业总产值平均年增长率的比值。城网的电力弹性系数应根据地区工业结构、用电性质，并对历史资料及各类用电比重发展趋势加以分析后慎重确定。弹性系数法一般只用于校核中期或远期的规划预测值。

以上四种方法及其他方法可以同时应用并相互进行补充校核，然后确定规划期间城网的总用电量预测值。

第三十一条 城网最大负荷的预测值可用年供电量的预测值除以年综合最大负荷利用小时数求得。

年供电量的预测值等于年用电量与地区线路损失电量预测值之和。

年综合最大负荷利用小时数可由平均日负荷率、月不平衡负荷率和季不平衡负荷率三者的连乘积再乘以 8760 而求得，也可将每月的典型日负荷曲线相加求出年平均日负荷率，再乘以 8760 而求得。

分区负荷和分电压等级负荷可以从城网最大负荷的预测值乘以负荷分散系数（＞1），再分配到各分区和各电压等级，得出全地区的负荷分布情况。也可以从各分区和各电压等级各自的电量分别除以各自的最大负荷利用小时求得。

第三十二条 负荷密度法适用于市区内大量分散的用电负荷预测，负荷密度按市内分区面积以每平方公里的平均负荷千瓦数表示。市区内少数集中用电的大用户必要时可视作点负荷单独计算。

采用负荷密度法应首先调查市内各分区的现有负荷，分别计算现有负荷密度值。必要时可将分区再分为若干小区进行计算后加以合成。然后根据城市功能区和大用户的用电规划以及市政生活用电水平等并参考国内外城市用电规划资料，估计规划期内各分区可能达到的负荷密度预测值。

从各分区的负荷密度汇总计算市区内总负荷预测值时，应同时考虑分区间的负荷分散系数（＞1）和单独计算的大用户用电预测值。

第三节 电 力 平 衡

第三十三条 根据预测的负荷水平和分布情况，应与电力系统规划中对城网安排的电源容量进行电力平衡（包括有功与无功功率）。

第三十四条 通过电力平衡应与上级规划部门共同确定：

（1）由电力系统供给的电源容量和必要的备用容量；

（2）电源点（包括地区发电厂、热电厂、用户自备电厂，以及其他电源）的位置、接线方式及电力潮流；

（3）地区发电厂、热电厂、用户自备厂接入城网的电压等级、接入方法和供电范围（根据机组容量通过经济技术论证确定）；

（4）电源点和有关线路以及相应的配套工程的建设年限、规模及进度。

电力平衡应分阶段分区进行。

第四章　规划设计的技术原则

第三十五条 城网结构是规划设计的主体，应根据城市建设规模，规划负荷密度以及各地的实际情况，合理选择和具体确定电压等级、供电可靠性的要求、接线方式、点线配置等，要充分发挥网的作用，达到以下的要求：

（1）各级电压的网络结构应合理，送电网应有一定的吞吐能力，高压配电网要有较多的互通容量。要充分发挥配电网的潜力，进行合理的改造、调整和扩建。在满足上述要求的基础上，城网的接线力求简化，使城网取得整体的经济效益。

（2）送电网是受端系统的组成部分，应按受端系统要求而加强以防止大面积停电；配电网应做到接线灵活，以便在部分设备检修或事故情况下不影响大部分或全部用户的用电。

（3）随着高一级电压送电网的出现和发展，应有计划地逐步简化和改造较低等级电压的网络实现开环运行，分片供电，限制城网的短路容量，尽可能避免高低压电磁环网，简化保护。

（4）变（配）电所的布点与网络结构应考虑到用电负荷不断发展的需要，留有一定的裕度。中压配电网结构应尽可能保持长期不变。在市区内各用电点都应能取得合理的供电方式。

第三十六条 城网的骨干网是变（配）电所（包括地区发电厂）之间用主干线连接组成的，其结构方式一般有放射线式、多回线式、环式（单环或双环）和格式。其接线方式的选择体现安全与经济的统一，应由多方案比较后才确定。各级电压的网络都应有充足的供电能力，满足供电可靠性和运行经济性的要求。

连接在各层骨干网上的送、变、配电设备都应有适当的容量比例。变电所的主接线应力求简化，一个地区的变电所主接线要尽量标准化。

第一节 电 压 等 级

第三十七条 城网电压等级和最高一级电压的选择，应根据现有实际情况和远景发展进行慎重研究后确定。城网应尽量简化变压层次，一般情况下应少于 4 个变压层次。老城市在简化变压层次时可以分期分区进行。

第三十八条 城网的标称电压应符合国家电压标准。送电电压为 220kV（或110kV），高压配电电压为 110、63、35kV，中压配电电压为 10kV，低压配电电压为380/220V，选用电压等级时，应尽量避免重复降压。现有的非标准电压应限制发展，合理利用，根据设备使用寿命与发展需要分期分批进行改造。

第三十九条 一个地区同一电压城网的相位和相序应相同。

第四十条 现有城网供电容量严重不足或老旧设备需要全面进行技术改造时，可采取升压措施。城网升压改造是扩大供电能力的有效措施但应结合远期规划注意做好以下工作：

（1）研究现在城网供电设施全部或部分进行升压改造的技术经济合理性；

（2）升压改造中应对旧设备的利用或更新以及其他方面制订有关的技术要求，以保证它们的安全运行；

（3）在升压过渡期间应有妥善可靠的过渡方案及其相应的技术措施，尽量不削弱供电可靠性。

第二节 供电安全可靠性

第四十一条 城网应有较高的供电安全可靠性（以下简称供电可靠性），特别要防止大面积停电事故。提高供电可靠性相应地需要加强电网结构，增加投资，提高电能成本。应根据城市的规模和性质不同，从两者的平衡来决定供电可靠性的水平。各地城网都应作出相应的安全准则和有关的计算指标，在实践中积累经验，改善和提高供电可靠性水平。安全准则中有关送电网、配电网的具体规定分别在第四、五、六节中叙述。

第四十二条 本导则推荐采用年平均供电可用率作为城网供电可靠性的计算指标，以便统一对比口径。年平均供电可用率用下式表达

$$R = \left(-\frac{Sn_1 t_1}{8760N}\right) \times 100\%$$

式中　R ——年平均供电可用率（%）；

　　　N ——统计用户总数；

　　　n_1 ——一年中每次停电（包括计划检修和事故停电，但不包括由于电源不足引起的限电）影响的用户数；

t_1 ——一年中每次停电的持续小时数。

目前在使用上式时，可将城网按各级电压分别统计并计算出各级电压城网的年平均供电可用率。在计算用户总数 N 时，暂可将变电所或配电所的每组变压器作为一个用电统计单位统计在某一电压等级的用户总数内。

第四十三条 年平均可用率指标是根据现有城网的运行资料所取得的实际统计数字。影响这一指标的因素很多，除了城网结构外，还涉及到技术管理水平、统一检修管理水平、处理事故能力及自动化水平等。因此在规划设计中可采用相同的可比条件和参数，对规划电网结构进行对比，从而估算各规划期可能达到的年平均供电可用率。

高压配电网中市区电网的年平均供电可用率应争取达到 99.9% 以上，即每户年平均停电小时数在 9h 以下；10kV 电压城网中市区的年平均供电可用率最低应争取到 99.5%，即每户年平均停电小时不超过 44h；大城市的主要市区 10kV 电压城网的年平均可用率应逐步达到 99.9% 以上。

第三节 容 载 比

第四十四条 变电容载比是城网内同一电压等级的主变压器总容量（kVA）与对应的供电总负荷（kW）之比，计算时应将地区发电厂的主变压器容量及其所供负荷、用户专用变电所的主变压器容量及其所供负荷分别扣除。各地区在城网规划设计中应根据现在的统计资料和电网结构形式确定合理的容载比。容载比过大将使电网建设投资增大，电能成本增加；容载比过小将使电网适应性差，调度不灵，甚至发生"卡脖子"现象。一般 220kV 变电所可取 1.8~2.0，35~110kV 变电所可取 2.2~2.5。

变电容载比也可参考下式进行估算

$$R_S = \frac{K_1 K_4}{K_2 K_3}$$

式中　R_S ——变电容载比；

　　　K_1 ——负荷分散系数（>1）；

　　　K_2 ——功率因数；

　　　K_3 ——主变压器经济负荷率，即经济最大负荷与额定容量之比；

　　　K_4 ——储备系数，包括事故备用系数和负荷发展储备系数。

第四十五条 变电所的一次侧进线总供电容量应与初级母线的转供容量和主变压器的允许负荷容量相配合，并满足供电可靠性的要求。

变电所的二次侧出线总供电容量，应能送出主变压器全部容量并满足供电可靠性的要求。

第四节 送 电 网

第四十六条 送电网包括与城网有关的 220kV 送电线路和 220kV 变电所。

送电网是电力系统的组成部分，又是城网的电源。送电网的接线方式应根据《电力系统技术导则》有关受端系统的要求和电源点的地理位置分布情况确定。

第四十七条 一般至少应有两个向城网直接供电的电源点（220kV 变电所或地区发电厂），大城市应实现多电源供电方式。当送电网中任一条送电线路，或一台主变压器，或地区发电厂内一台最大机组因计划检修或事故时，应能保持向所有用户正常供电。

220kV 变电所一般宜有两回电源进线、两台主变压器。若只有一回路电源和一台主变压器的，更应在低压侧加强与外来电源的联络。

第四十八条 城网电源点布置应尽量接近负荷中心。在地区负荷密集、用电容量很大，供电可靠性要求高的大城市中，如通信干扰及环境保护符合要求，并经过技术经济比较认为合理后，应采用高压深入市区的供电方式。

第五节 高压配电网

第四十九条 高压配电网包括 110、63、35kV 的线路和变电所，应能接受电源点的全部容量，并能满足供应 110、63、35kV 变电所的全部负荷。

为了提高城网供电可靠性，不影响电力系统安全稳定，高压配电网的网络应按第 35 条第 3 款的原则采用诸如以下方式的接线：环网布置，开环运行；双回或多回路布置，但其受端分裂运行并可带 T 接的单电源辐射方式等。

第五十条 对直接接入高压配电网的中、小型供热或自备电厂，随着城网负荷的增长，逐步缩小这些电厂的供电范围，并一般采用单电源辐射方式向附近供电。这些电厂与系统的连接方式，通过高压配电线一般考虑在运行上仅与一个高一级电压的系统枢纽变电所相连，并在适当地点设解列点。

第五十一条 向市区供电的高压配电网应能保证当任何一条 35～110kV 线路或一台主变压器计划检修停运时能保持向用户继续供电，不过负荷，不限电；事故停运时能自动或通过操作保持向用户继续供电，不限电，并不发生超过设备允许的过负荷。

第五十二条 35～110kV 变电所的具体布点，除应根据各分区的规划负荷密度确定外，还应结合变电所的用地、进出线走廊、运输通道等情况确定。

第六节 中、低压配电网

第五十三条 中、低压配电网包括 10kV 线路配电所、开闭所和 380/220V 线路。在中、低压配电网的规划设计中应包括路灯照明的改进和发展部分。

第五十四条 中压配电网的规划设计应有较大的适应性，中压配电网主干线的导线截面宜按远期规划负荷密度一次选定，争取在 20 年内保持不变。当负荷密度增加到一定程度时，可插入新的 35～110kV 变电所，使网络结构基本不变。

中压配电网中每一线路和每一配电所都应有明确的供电范围，一般不应交错重叠。

第五十五条 向市区供电的中压配电网应能保证当任何一条 10kV 线路的出口断路器计划检修停运时保持向用户继续供电，事故停运时通过操作能保持向用户继续供电，不过负荷，不限电。

第五十六条 为缩小 10kV 线路自身检修和事故时的停电范围，市区的 10kV 线路应用断路器（或隔离开关）分段，分段距离应根据中压配电网的结构和负荷决定。

第五十七条 中压配电网应不断改善并加强网络结构，有效地提高供电可靠性，以适应广大用户连续供电的需要。规划中应注意尽量减少个别小容量用户的专用供电线路和不带负荷且无助于提高城网利用率的连络线路，使网络发挥更好的作用。

第五十八条 当 35～110kV 变电所的 10kV 出线受走廊条件限制，或中压电网运行操作有需要时，可以建设 10kV 开闭所。

第七节 中性点运行方式

第五十九条 城网中性点运行方式一般规定为：

（1）220kV 直接接地（必要时亦可经电阻或电抗接地）；

（2）110kV 直接接地（必要时亦可经消弧线圈或电阻接地）；

（3）63、35、10kV 不接地或经消弧线圈接地；

（4）380/220V 直接接地。

35、10kV 城网当电缆线路较长，系统对地电容电流较大时，也可采用电阻接地方式。

第六十条　同一电压等级的城网应采用统一的中性点运行方式。

第八节　无功补偿及电压调整

第六十一条　无功补偿应根据就地平衡和便于调整电压的原则进行配置，可采用分散与集中补偿相结合的方式。接近用电端分散补偿可取得较好的经济效益；集中安装在变电所内有利于控制电压水平。

第六十二条　城网无功补偿容量的确定应保证在各种运行方式时都有足够的无功容量使城网电压保持在应有水平。

城网所需总的无功容量，一般可用 K 值估算

$$K = \frac{Q_m}{P_m}$$

式中　P_m——城网最大有功负荷；

　　　　Q_m——对应 Pm 所需的无功电源总容量，包括地区发电厂无功出力、电力系统可能输入的无功容量、运行中无功补偿设备（包括用户）和城网线路充电功率的总和；

　　　　K——大小与城网结构、电压层次和用户构成有关，可根据计算得出，一般可选 1.3 左右。

第六十三条　220kV 变电所应有较多的无功调节能力，使高峰负荷时功率因数达到 0.95 左右。调节容量可根据计算确定，一般可取主变压器容量的 1/6～1/4，调节设备可选用调相机、分组投切的电容器或静止补偿器等。在低谷时为了达到无功平衡，必要时可加装可投切的并联电抗器。

第六十四条　35～110kV 变电所内安装的电容器容量应使高峰负荷时功率因数达到 0.9～0.95 左右，可根据计算确定，一般可取主变压器容量的 1/6～1/5，并应能根据运行需要投切。

第六十五条　在供电距离远、功率因数低的 10kV 线路上也可适当安装电容器，其容量（包括用户）一般可按线路配电变压器总容量的 7%～10% 计算，但不应在低谷负荷时使功率因数超前或使电压偏移超过规定值。

第六十六条　自然功率因数达不到规定标准的各级电压用户，应安装无功补偿设备。用户的无功补偿设备应能随负荷大小投切。除计划安排者外，用户的无功功率不得向电网倒送。

第六十七条　在无功电力平衡的基础上，城网可采取下列调压手段：

（1）增减无功功率进行调压。如调整发电机无功出力及调相机励磁，投切并联电容器或电抗器等。

（2）改变无功潮流进行调压。如改变主变压器分接头或调整有载调压变压器分接头等。

（3）改变城网参数进行调压。

第六十八条　城网电压偏移和波动幅度较大时，应采用有载调压变压器。对 110kV 及以下至少采用一级调压，对 220kV 及以上根据计算确定。

第九节 短 路 容 量

第六十九条 为了取得合理的安全经济效益，城网各级电压的短路容量应该从网络的设计、电压等级、变压器容量、阻抗的选择，运行方式的确定等方面进行控制，使各级电压的设备、导线的电流能得到配合。城网各级电压的短路容量一般不超过下列数值：

220kV	15000MVA
110kV	4000MVA
63kV	2500MVA
35kV	1000MVA
10kV	300MVA

特殊情况下，经技术经济论证可超过上述数值。

第七十条 城网规划设计中应核算各种运行方式下的母线短路容量，仅在切换过程中可能出现的接线方式可不考虑。

第七十一条 各级电压网络短路容量控制的原则及采取的措施如下：

（1）城网最高一级电压母线的短路容量在不超过上述规定数值的基础上，尚应维持一定的短路容量，以减小受端系统的电源阻抗，即使系统发生振荡，也能维持城网各级电压不过低，高一级电压不致发生较大的波动。为此，如受端系统缺乏直接接入城网最高一级电压的主力电厂，经技术经济论证可装设适当容量的大型调相机。

（2）城网其他电压网络的短路容量应在技术经济合理的基础上采取限制措施，例如：

1）网络分片、开环，母线分段运行；

2）适当选择变压器的容量、接线方式（如二次绕组为分裂式）与阻抗，直接降压带负荷的变压器可选择高阻抗变压器，避免采用过大的变压比供电；

3）在变压器低压侧加装电抗器或分裂电抗器，出线断路器出口侧加装电抗器等。

第十节 电压损失及分配

第七十二条 保证各类用户受电电压质量是确定各级城网允许的最大电压损失的前提。《供用电规则》规定的电压合格标准（用户受电端的电压变动幅度）如下：

35kV 及以上供电和对电压质量有特殊要求的用户 ±5％

10kV 供电和低压电力用户 ±7％

低压照明用户 ＋5％、－10％

城网中低压配电网一般是动力和照明混合的，因此低压用户的允许电压变动幅度应为＋5％、－7％。

第七十三条 各地城网应按具体情况计算并规定各级电压城网的允许电压损失值的范围。一般情况可参考表 1 所列数值：

表 1　　　　　　　　　　　　　城网电压损失值

城 网 电 压	电压损失分配值（％）	
	变压器	线路
110、63 千伏	2～5	4.5～7.5
35 千伏	2～4.5	2.5～5
10 千伏及以下	2～4	2～6

城网电压	电压损失分配值（%）	
	变压器	线路
其中：10千伏线路	2～4	2～6
配电变压器低压线路（包括接户线）		4～6

第五章 供 电 设 施

第七十四条 城网的供电设施应满足城网规划设计的要求，适应城市建设的特点，与市容环境相协调。为简化设计和施工，方便运行和维护，城网供电设施应逐步实现规格化。

第七十五条 城网线路选用架空线或地下电缆应根据需要与可能，由当地供电部门与城建部门进行充分调查研究后确定。线路路径和走廊位置应与其他市政设施和管线统一安排。

第一节 变 电 站

第七十六条 城网变电变电站的所址应符合下列基本要求：

（1）便于进、出线的布置，交通方便，在条件许可的情况下尽量接近负荷中心；

（2）占地面积应满足最终规模要求；

（3）避开易燃、易爆及严重污染地区；

（4）注意对公用通信设施的干扰问题。

第七十七条 市区变电站的设计应尽量节约用地面积，采用占地较少的户外型或半户外型布置。市中心区的变电站应考虑采用占空间较小的全户内型并考虑与其他建筑物混合建设，必要时也可考虑建设地下变电所。

市区变电站的建筑物设计应考虑与环境布局协调，立面美观，并适当提高建筑标准。

第七十八条 户内型35～110kV 变电站的用地面积可参考表2数值：

表2   **户内型 35～110kV 变电站用地面积**

电压（kV）	110/35/10	110/10	69/10	35/10
用地（m²）	4000	2500	1000	800

220kV 变电站用地面积应根据具体情况确定。

第七十九条 为简化城网结构，变电站高压侧应尽量采用断路器较少或不用断路器的接线，如线路变压器组或桥接线。

一个变电站的主变压器台数（三相）不宜少于2台或多于4台。单台变压器（三相）容量不宜大于下列数值：

$$220kV \quad\quad 180MVA$$
$$110kV \quad\quad 63MVA$$
$$63kV \quad\quad 26MVA$$
$$35kV \quad\quad 20MVA$$

城网中同一级电压的主变压器单台容量不宜超过三种，在同一变电所中同一级电压的主变压器宜采用相同规格。

主变压器各级电压绕组的接线组别必须保证与电网相位一致。

第八十条　主变压器的外形结构、冷却方式及安装位置应充分考虑通风散热与噪音问题，力争节约能源及减少散热困难。主变压器应选用低损耗型。

第八十一条　市区变电站应优先选用定型生产的成套高压配电装置，并推广采用经过试运行考验及国家鉴定合格的新型设备，如 SF_6 全封闭组合电器、敞开式 SF_6 断路器、真空断路器、氧化锌避雷器、不燃性变压器、小型大容量蓄电池、大容量电容器等。

第八十二条　城网具有供电可靠性要求高、短距离线路多、容量大等特点，送电网一般应采取双重化的保护，不论何时发生故障均能可靠、快速切除。配电网的继电保护应随网络简化而简化。高压配电网发生各种类型单一故障均不应影响高一级电网的运行。单电源辐射性线路应尽量采用电流（或附加电压）保护，双电源线路在距离保护或双回线保护不能满足要求时可采用纵差保护。

第八十三条　当受电侧为线路变压器组接线并有条件设置远方跳闸通道时，经技术经济论证为简化受电侧变电所接线可不设进线断路器。

第八十四条　城网应根据运行需要，装设必要的自动装置，如重合闸、备用电源自动投入、低频减载自动解列等，以提高供电可靠性，防止发生大面积停电或对重要负荷长时间中断供电的事故。

220kV 及以上变电站及 110kV 枢纽变电所均应装设故障录波器或故障记录装置以便于分析事故和检查保护动作情况，及时判别故障地点。

在中性点不直接接地系统中，变电站出线必须装设有效的、能快速判明接地故障线路的检测装置。

第八十五条　市区变电所变压器室的耐火等级应为一级，配电装置室、电容器室及电缆夹层应为二级。变电所邻近有建筑物，且不能满足防火间距时，应采取有效的消防措施，并取得消防部门同意。

市中心区变电所的多油设备应设置容量满足要求的储油设施。储油设施正常条件下不能渗入雨水而且不得与下水管路直接相通。

第八十六条　市区变电所变压器室应装设可由外部手动或自动控制的灭火装置（如高压雾化水或化学灭火剂喷射装置）。

电缆夹层和隧道中应有防火措施。

第八十七条　市区变电所的建筑物及高压电器设备均应根据其重要性按国家地震局公布的所在地区地震烈度等级设防。7 度及以上地震烈度地区的建筑物设计，应对地震时可能给电器设备造成次生灾害的结构部分充分注意；电器设备应选用符合抗震技术条件要求的设备。变电所所址的地质条件应在建筑物设计前勘探分析。对不良土质应制定抗震对策。

第八十八条　市区变电所的噪音应符合国家标准规定，具体要求见 GB 3096—82 规定。

第二节　架空送电线路及高压配电线路

第八十九条　市区架空线路杆塔应适当增加高度、缩小挡距，以提高导线对地距离。杆塔结构的造型、色调应尽量与环境协调配合。

对路边植树的街道，杆塔设计应与园林部门协商，提高导线对地高度，与修剪树枝协调考虑，保证导线与树木能有足够的安全距离。

第九十条　城网的架空送电线路导线截面除按电气、机械条件校核外，一个城网应力求统一。每个电压等级可选用两种规格。一般情况下主干线可参考表3选择。

表3　　　　　　　　　　　城网架空送电线路导线截面

电压（kV）	钢芯铝线截面（mm²）
35	240　185　150　120　95
63	300　240　185　150
110	300　240　185
220	400　300　240

必要时还可采用多分裂导线布置。

第九十一条　通过市区的架空线路所用的各项安全系数应根据现场条件适当提高，导线一般在5以上；悬式绝缘子、瓷横担、金具、杆塔及其基础的安全系数一般可比通常设计所用安全系数大0.5～1.0。绝缘子的单位泄漏距离一般按污秽区考虑。

市区架空送电线路可采用双回线或与中压配电线同杆架设。35kV线路一般采用钢筋混凝土杆，63、110kV线路可采用钢管型杆塔或窄基铁塔以减少走廊占地面积。

第九十二条　市区架空线路应根据需要与可能，积极采用高强度的轻型器材、防污绝缘子、瓷横担、合成绝缘子以及铝合金导线等。

第三节　配电所及架空中、低压配电线路

第九十三条　市区配电所及开闭所应配合城市改造和新区规划同时建设，作为市政建设的配套工程。

第九十四条　市区配电所一般为户内型，单台变压器容量不宜超过630kVA，一般为两台，进线两回。

第九十五条　315kVA及以下的变压器宜采用变压器台，户外安装。在主要街道、路间、绿地及建筑物中，有条件时可采用电缆进出线的箱式配电所。

第九十六条　市区中、低压配电线路应同杆架设，并尽可能做到是同一电源。

同一地区的中、低压配电线路的导线相位排列应统一规定。

第九十七条　市区中、低压配电线路主干线的导线截面不宜超过两种，一般可参考表4选择。

表4　　　　　　　　　城网中、低压配电线路主干线导线截面

电　　压	钢芯铝线截面（mm²）
380/220V	185　150　120　95　70
10kV	240　185　150　120　95

第九十八条　市区架空中、低压配电线路可逐步选用容量大、体积小的新设备，如柱上产气负荷开关、柱上真空断路器、柱上 SF_6 断路器、柱上重合闸断路器、各种新型熔断器等。

第九十九条　大型建筑物和繁华街道两侧的接户线，可采用沿建筑物在次要道路的外墙安装架空电缆及特制的分接头盒分户接入。

第四节　电　缆　线　路

第一百条　市区送电线路和高、中压配电线路有下列情况的地段可采用电缆线路：

（1）架空线路走廊在技术上难以解决时；

（2）狭窄街道、繁华市区高层建筑地区及市容环境有特殊要求时；

（3）重点风景旅游地区的某些地段；

（4）对架空线严重腐蚀的特殊地段。

低压配电线路有下列情况的地段可采用电缆线路：

（1）负荷密度较高的市中心区；

（2）建筑面积较大的新建居民楼群、高层住宅区；

（3）不宜通过架空线的主要街道或重要地区；

（4）其他经技术经济比较，采用电缆线路比较合适时。

对不适于低压架空线路通过，而地下障碍较多、入地又很困难的地段，可采用具有防辐射性能的架空塑料绝缘电缆。

第一百零一条 市区电缆线路路径应与城市其他地下管线统一安排。通道的宽度、深度应考虑远期发展的要求。路径选择应考虑安全、可行、维护便利及节省投资等条件。沿街道的电缆隧道入孔及通风口等的设置应与环境相协调。

第一百零二条 电缆敷设方式应根据电压等级、最终数量、施工条件及初期投资等因素确定，可按不同情况采取以下敷设方式：

（1）直埋敷设，适用于市区人行道、公园绿地及公共建筑间的边缘地带，是最经济简便的敷设方法，应优先采用。

（2）沟槽敷设，适用于电缆较多、不能直接埋入地下且无机动负载的通道，如人行道、变电所内、工厂企业厂区内以及河边等处所。

（3）排管敷设，适用于不能直接埋入地下且有机动负载的通道，如市区道路及穿越小型建筑等。

（4）隧道敷设，适用于变电所出线端及重要市区街道电缆条数多或多种电压等级电缆平行的地段。隧道应在变电所选址及建设时统一考虑并争取与市内其他公用事业部门共同建设使用。

（5）架空及桥梁构架安装尽量利用已建的架空线杆塔、桥梁结构、公路桥支架或特制的结构体等架设电缆。

（6）水下敷设，其安装方式需根据具体工程特殊设计。

第一百零三条 电缆的选型应在首先满足运行条件下，决定线路敷设方式，然后确定结构和型式。在条件适宜时应优先采用塑料绝缘电缆。低压配电电缆可用单芯塑料电缆，便于支接。电缆导线、材料与截面的选择除按输送容量、经济电流密度、热稳定、敷设方式等一般条件校核外，一个城网内 35kV 及以下的主干线电缆应力求统一，每个电压等级可选用两种规格，预留容量，一次埋入。一般情况主干线的截面可参考表 5 选择。

表 5   城网内 35kV 及以下主干线电缆截面

电　压	钢芯铝线截面（mm²）			
380/220V	240	185	150	120
10kV	300	240	185	150
35kV	300	240	185	150

第五节 通 信 干 扰

第一百零四条 城网规划设计应在城市建设管理部门的统一规划下，尽量减少对通信线的危险及干扰影响，并且要在规划年代内留有适当裕度。

第一百零五条 市区内建设送电线路高压配电线路和变电所，应与有关通信部门共同研究，共同采取措施；必要时，强、弱电部门共同进行计算及现场试验，商讨经济可行的解决办法。

第一百零六条 城市屏蔽效应是城网解决电磁干扰影响的一个有利因素。城市中各种金属管道及钢结构建筑物的环境屏蔽效应，可用城市屏蔽系数表示。该系数应通过实测确定。测量工作可以用工频大电流或选频法进行。国内一些地区实测工频城市屏蔽系数在0.3～0.6之间。具体数值应根据屏蔽体数量、间距及接地情况而定。

第一百零七条 城网的无线电干扰，一般用干扰场强仪进行实测；如无实测资料时，可从干扰水平、频率特性和横向特性三方面进行估算。

第六章 调度、通信及自动化

第一百零八条 城网调度、通信及自动化应能满足现代化电气设备对速度、效能和精度的要求，以保证供电安全可靠，提高运行质量，加强负荷管理，实现经济调度。

第一节 调 度

第一百零九条 城网调度所是城网运行管理的指挥机构，在城网规划设计的同时，应按城市大小考虑设置相应的调度机构和调度室的技术装备。

第一百一十条 城网调度机构又是电力系统调度机构的一个组成部分，应根据城网的供电容量、接线方式和管理体制等条件实行分级管理，一般不超过两级。

第一百一十一条 调度所应设置为调度服务的通信、远动、自动、计算机等技术装备，以提高运行水平，增进调度指挥效能。

第一百一十二条 调度所应有可靠的供电电源，一般应有两路交流电源和必要的直流电源和事故备用电源。

第二节 通 信

第一百一十三条 城网通信应与城网规划的要求相适应，建立适用于电力生产需要的专用通信系统。通信设施应满足以下要求：

（1）调度人员在指挥操作、事故处理时通道畅通、语音清晰。

（2）继电保护、远动、自动装置等各项信息、数据的正确传达。

（3）行政管理等通信需要。

第一百一十四条 城网的通信方式：市区一般尽量采用音频电缆、高频电缆或光缆；对近郊和远郊可采用载波、特高频、微波通信、市内电话或其他通信方式。

通信系统的主干线至少应有两种通信方式，保证在事故情况下通信的畅通。

第一百一十五条 各级调度所之间以及与 220kV 枢纽变电所、大（中）型发电厂之间至少应各有两种方式的专用通信通道，两路信息传输专用通道和必要的行政电话通道。重要的 35～110kV 变电所与调度所之间应有专用通信通道并配备两路信息传输专用通道和一路行政电话通道。重要的用户变电所或自备发电厂与调度所之间应有专用的通信通道。

第一百一十六条 通信设备的电源必须稳定可靠，主要的通信设备除采用两路交流电源外，还应设置专用的直流电源。

第三节　自　动　化

第一百一十七条　城网规划设计应包括与城网自动化要求相适应的技术装备。

城网自动化应在各地现有设备运行可靠的基础上有计划地逐步开展，并根据需要与可能，由小到大、由点到面逐步发挥其效能。

第一百一十八条　城网中的 220kV 变电所和大（中）型发电厂一般由中心调度所和（或）地区调度所进行遥测、遥信，并可根据需要对重要的断路器和自动调节装置实行遥控、遥调。城网 35～110kV 变电所一般由地区调度所进行遥测、遥信，逐步实现遥控、遥调。无人值班变电所一般由地区调度所或集控中心站（基地变电所）进行信息遥测、遥控。

第一百一十九条　城网自动化应积极采用微机远动、音频控制、光纤通信等新技术、新设备，并根据各地实际情况实行计算机辅助城网调度管理。

第一百二十条　调度所和集控中心站（基地变电所）应逐步采用以计算机为中心的自动监控新技术，实现功率和电量总加、大用户计划用电监控、自动打印制表、故障记录、屏幕显示等功能；有条件时可实行网损检测、自动调压、负荷控制、安全监测等配电自动化运行控制。

第一百二十一条　自动化装置应配置可靠的不间断的供电电源。

第七章　特种用户的供电技术要求

第一百二十二条　特种用户包括具有重要负荷、畸变负荷、冲击负荷、波动负荷、不对称负荷和高层建筑的用户。特种用户的供电方式应从供用电的安全、经济出发，考虑用户的用电性质、容量，根据电网当前的供电条件和各个时期的电网规划，对具体供电方案进行技术经济比较，并与用户协商确定。

第一节　重要用户及保安备用电源

第一百二十三条　根据用户用电设备对供电可靠性的要求和中断供电后引起的后果，有下列情况之一者为重要负荷：

（1）中断供电将造成人身伤亡者；

（2）中断供电将造成环境严重污染者；

（3）中断供电将造成重要设备损坏，连续生产过程长期不能恢复或大量产品报废者；

（4）中断供电将在政治上或军事上造成重大影响者。

具有重要负荷的用户统称为重要用户。

第一百二十四条　重要用户除正常供电电源外，还应有保安备用电源。保安备用电源原则上应与正常供电电源来自两个独立的电源，如来自不同变电所（发电厂）的电源，或虽来自同一变电所而系互不影响的不同母线段供电的电源。

第一百二十五条　保安备用电源由何种电压供电，决定于用户需要的容量和电网的具体情况。一般不采用专线供电方式。保安备用电源的供电容量只限于用户的有关重要负荷，不包括其他负荷。

第一百二十六条　保安备用电源可由供电部门提供，也可由用户自备。在电力系统瓦解时仍需保证供电的重要负荷，以及通信枢纽、矿井等不能片刻停电的重要负荷，应由用户自备保安备用电源。如重要负荷容量不大，或由电网供给保安备用电源不经济时，应由

229

用户自备保安备用电源。

第一百二十七条 当重要用户由两路及以上线路供电时，用户侧各级电压网络一般不应环并，以简化保护，当其中任一回路故障重合闸（电缆除外）不成功时，采用备用电源自投，互为备用，以提高供电可靠性。

第二节 畸 变 负 荷

第一百二十八条 凡能产生高次谐波使系统电压或电流波形畸变的负荷（如整流设备、电弧炉、电气化铁道、交流弧焊机等），用户必须采取限制措施，以符合 SD 126—84《电力系统谐波管理暂行规定》的要求，防止干扰通信、控制线路和影响供用电设备及电能计量的正常运行。

第三节 冲击负荷、波动负荷

第一百二十九条 冲击负荷（如短路试验负荷、电弧炉等）的容量应有所限制，所引起供电母线的电压骤降幅度不宜超过 5%，其使用时间和频繁程度应按电网具体情况加以限制，波动负荷（如大型轧机、电焊机、拖动波动负荷的电动机等）引起线路电压闪变每小时超过 10 次，以及电压闪变幅度超过 4% 时，应采取必要的技术措施加以限制。

第一百三十条 为限制冲击、波动等负荷对电网产生电压骤降和闪变，除要求用户采取相应措施外，供电部门可根据电网实际情况制定可行的供电方案，如增加供电电源的短路容量，以减少电压波动数值；就地装置无功补偿设备，以减少线路阻抗引起的压降等。

第四节 不 对 称 负 荷

第一百三十一条 380/220V 用户，在 30A 以下的单相负荷，可以单相供电，超过 30A 的单相负荷应用二相或三相供电，使其负荷平衡分布在二相或三相线路上。

第一百三十二条 10kV 用户一般不供单相负荷，单相负荷应用三相到单相的转换装置或将多台的单相负荷设备平衡分布在三相线路上。

第一百三十三条 大型 10kV 及以上的（如电气机车）或虽是三相负荷而有可能单相运行（如电渣重熔炉等）的设备，当三相用电不平衡电流超过供电设备额定电流的 10% 时，应考虑采用高一级的电压供电，如 10kV 改用 35（或 63、110）kV 供电。

第五节 高 层 建 筑 用 户

第一百三十四条 10 层及 10 层以上的住宅建筑（包括底层设置商业服务网点的住宅）以及高度超过 24m 的其他民用建筑应备有保安备用电源，必要时还应自备发电机组等以作为紧急备用。

第一百三十五条 高层建筑应根据供电方式预留变、配电所和电能表室的适当位置，配电所根据负荷大小，可以集中布置，也可以分散布置，还可以在建筑物内分在几层分别在负荷中心布置。